All About Indian Buddhist Texts

An Introduction to the Philosophy of 30 Must Read Buddhist Sutras

印度佛教經典一本通

30本必讀佛經思想入門

黃國清——著

〔推薦序〕佛經思想的全方位導航

「深入經藏，智慧如海」，是每個佛弟子的共同心願，然而，如何探索浩瀚無邊的經藏呢？又如何讀懂佛經思想？《印度佛教經典一本通——30本必讀佛經思想指南》便是一本佛教徒必讀的佛經指南。

黃國清教授是中華佛學研究所畢業的優秀校友，因而黃教授出書，也讓佛研所沾上一份光彩。中華佛學研究所之所以策畫佛教典籍研究叢書，便是引領大眾探索佛經的智慧寶藏。黃教授長年熱心致力推動佛教學術論壇，弘講佛教經論並進行佛典的譯釋，不但是一位專精於佛學的學者，也是一位關注佛教動態發展的實踐家。他不僅撰稿帶動人們思考讀經的重要性，並透過各種講經課程來推廣讀經風氣。

黃教授在自序〈跨越千年的佛經行旅〉中說：「本書的著作旨趣是選取三十部重要的佛教經典，進行思想與實踐要義的導讀，使閱讀者得以藉此掌握各系佛經的義理大要，作為繼續探究佛教經藏的指南。」將作者著作本書的旨趣言明，以導讀的形式向讀者介紹三十部佛經的重要教義。由於作者深具佛學素養，對佛經的解讀自有其獨到之處，且時時考量佛經對讀者的實用性，大大地提高讀者對佛經的探究之心。

本書的三十部經典，從早期佛教的代表作《雜阿含經》開端，選取初期大乘《般若經》系、《無量壽經》、《華嚴經》系、《法華經》等經典，中期大乘《解深密經》、《如來藏經》、《勝鬘經》等經典，後期大乘密教《大日經》、《金剛頂經》等經典，分成上篇十部經，中篇八部經，下篇十二部經，每部經都標明核心思想，並給予精闢又實用性的導讀。作者於自序中言明選經的標準：「兼顧印度佛教與中國佛教的雙邊視域，文明互鑑，求取均衡。」得見作者的思慮縝密周圓。今為讀者試舉例，以介紹其特色：

黃教授在自序中說：「由於中印思想文化性格的差異，及佛教在漢地弘通的一些特殊因緣，中國佛教界對於佛典的研究與修學取向，對比印度佛教界有其自身的抉擇邏輯。」由此足見作者觀察到印度與中國文化在性格上的差異，所造成的弘通及取向的不同。

在《雜阿含經》導讀中，作者不但提出「印度方」的經典態度：「中觀學派的龍樹和提婆，瑜伽行派（唯識學派）的無著和世親等，都自《阿含經》中汲取許多思想的啟發與修行的指引。」並提出「中國方」的經典態度：「《雜阿含經》在中國佛教特重大乘的歷史流傳中，並未獲得足夠的重視，專門習誦者少，曾經發生錯卷的情形。」又如《佛遺教經》中提出因為印度與中國對佛法的性格喜好不同，所以在流傳上有很大差異，說道：「由於《佛遺教經》的早期佛法性格，在崇奉大乘佛法的中國佛教圈並未獲得應有的重視。……現今的華人佛教界已經意識到初期佛法的重要性，應自新的視角來審視此經價值，並從精神與宗旨上來把握其教理，使其為當代佛教所用。」作者還提醒讀者要用新的視角來掌握經典的價值，足見作者對中、印思想文化性格的差異，有著獨特的見解。

另外，本書還值得讀者關注的是，黃教授在導讀之後，常會苦口婆心地對讀者進行勸勉，比如在《雜阿含經》導讀後說：「《雜阿含經》幫助學佛者放下對生命存在的執著，完成定慧的修學。如果放不下對生命存在的執著而從事大乘佛法的入世踐行，易淪為有漏的人天善法而不自知。反之，能以不執取三界存在的出世精神來利益眾生，始為真正的大乘菩薩道。」作者提點讀者放下對生命存在的執著，是大乘佛法入世踐行的重要課題。

又如在《長阿含經》導讀後說：「這篇經文為現代學佛者帶來很大的啟示，學佛是向佛陀經典中的真理教法來學習，而非沉溺於與解脫修行無關的知識遊戲。」勸戒讀者學佛萬不可沉溺於與解脫修行無關的戲論中。又如在《楞伽經》導讀後說：「中國北宗禪早期依《楞伽經》修習禪法，透過對此經教理與禪法的詳密考察，有助對北宗禪法獲得較全面的認識，避免因了解不足而貶抑了北宗禪師的修證成就。」讓讀者透過《楞伽經》可以對北宗禪法全面認識，不致於不了解而錯亂貶抑。

又如在《金剛頂經》導讀後說：「修習金剛界大曼荼羅，不宜忘失大乘佛法以覺證無上菩提為終極目標，有自覺與覺他的菩薩道實踐要求，結合大乘佛法的真理教導，是修學密法的穩健進路。」文中指出修學密法必須了知大乘菩薩精神的理趣，方才是正確穩健的方向。

諸如以上等等的精彩內容不勝枚舉，於此不再一一例舉，留待讀者慢慢細細咀嚼其中之內涵深意。

最後，恭喜黃國清教授新書的問世，相信不久的未來，讀者們還能再看到黃教授具有學術深度又有普及實用的著作出版。

釋果暉

中華佛學研究所所長

法鼓文理學院副校長

漢傳禪學研究中心主任

二〇二四年九月十八日寫於法鼓山

〔推薦序〕學術弘法是當代佛教發展的重要路徑

國清教授又有新書即將面世。

此次即將面世的新書《印度佛教經典一本通——30本必讀佛經思想入門》，是其數十年研究、講學的結晶，其中一些讀本，比如「早期佛教經典」、「初期大乘經典」等，在各種場合，面向僧俗兩界廣大學佛者講過；值得一提的是，也曾在華東師範大學宗教文化研究中心和上海曹王禪寺聯合舉辦的「暑期中國化佛教經論研習班」，以及臺灣妙雲蘭若「佛教經論研習班」，給兩岸佛學愛好者講過。

學佛者都曾面臨這樣的處境：佛典浩如煙海，初學不知從哪部經典開始閱讀，《印度佛教經典一本通——30本必讀佛經思想入門》從印度佛教史的角度入手，按照早期佛教、初期大乘、中期大乘、後期大乘的線索，選取三十部佛教經典，以「開啟智慧」、「菩薩行願」和「如來功德」三個範疇將其分類，形成三篇讀本。經本的選擇雖依循印度佛教的線索，但也充分考慮了所選經本在中國佛教史上的影響和所發揮的作用，誠如作者所言，選經的標準「同時兼顧印度佛教與中國佛教的雙邊視域」。這種進路，既有下手處，又能通過循序漸進，「使閱讀者得以藉此掌握各系佛經的義理大要，作為繼續探究佛教經藏的指南」，對於讀者來說，不失為一種適切的進路。

《印度佛教經典一本通——30本必讀佛經思想入門》是一部適於一般學佛讀者的通俗的經典導讀，即初學者的閱讀指南；不僅如此，它也是一部適於具有一定佛學基礎的佛學研究者的研究參考。三十部經典分為三十三篇導讀，每篇導讀既有佛典漢譯者、所據底本、譯本、譯本存佚流布情況、經文的主旨等學術含量豐富的資訊，而且有學界關注的相關問題，及作者對於這些問題的獨到觀點。如關於《八大人覺經》「究竟應判屬大乘經還是聲聞經」的問題（〈佛教賢聖的修行要目——《八大人覺經》導讀〉），以及如何重新審視《小品般若經》的價值問題（〈般若經典的早期形態——《小品般若經》導讀〉）等。

中國佛教史上關於一闡提能否成佛的問題，向有分歧，導讀作者對此問題依據經典進行了辨析，認為：「雖然此經（《大般涅槃經》）前分否定闡提成佛的可能性，但後分對此做出了修正，教化一切眾生成就佛果，比較符合如來普度群萌的大慈悲精神，同時表彰如來大智慧的無邊功用。」（〈佛性常住與扶持戒律——《大般涅槃經》導讀〉）類似有學術價值的經義詮釋在導讀中隨處可見，如關於空性教理和如來藏法義關係的辨析（〈煩惱身中本具如來藏——《如來藏經》導讀〉）；關於阿賴耶識與如來藏關係的辨析（〈如來藏融會唯識禪觀——《大乘入楞伽經》導讀〉）；關於阿羅漢是否已斷生死的辨析，以及從理體與功德的關係角度對如來藏空與不空的辨析（〈空與不空的如來藏智——《勝鬘經》導讀〉）等。依據經典和學界的研究對一些重要問題做出自己的理解和詮釋，是《印度佛教經典一本通——30本必讀佛經思想入門》的顯著特色。

佛學研究有比較寬泛的意義，比如，有佛教義學的詮釋，有宗教學的審視，也有基於無神論立場的批判和解構。佛法義學的立場基於佛教正信；宗教學的立場以理性和客觀性為其特徵；無神論立場雖也標榜理性和客觀性，但其實質是主觀性。以主觀性為其認識根源的無神論的批判和解構，是基於有限認知對未知事物的妄斷，在佛學研究中不可取。佛法義學的研究雖基於佛教正信，但並不排斥理性的學術態度。《印度佛教經典一本通——30本必讀佛經思想入門》即秉持佛法義學的立場。

我與國清教授相識多年，每有佛學疑難問題請教之，都能獲得清晰、透徹的解答。佛教有善知識之說，善知識者，正直有德，於佛法身體力行；多聞經典，於佛典有廣泛、深厚的閱讀理解；深具智慧，能教人正確理解、領會佛法，引導人趨向佛道。而當此世學繁榮時代，善知識者亦當能善巧以學術的方式弘揚佛法。國清教授即是這樣的善知識。

華東師範大學哲學系教授
宗教文化研究中心主任

二〇二四年八月三十日於滬上寓所

〔自序〕跨越千年的佛經行旅

佛教起源於印度，現今在其故鄉已然衰微，而連枝分葉，傳播世界各地，形成南傳、漢傳、藏傳三大佛教傳統，均以印度佛典為其研修佛法的思想源泉。佛教經典於古代印度大陸的傳布情形，在不同時代、不同地域、不同教團，盛行流通或作為宗依的經典多所異趣。就歷史流衍而言，早期佛教、部派佛教、初期大乘、中期大乘、後期大乘，各派佛教學人所青睞的經典可說處於流變態勢。

早期佛教以四部《阿含經》（巴利佛教為《尼柯耶》〔Nikāya〕）為主，還有《法句經》、《經集》等小經。部派佛教時期傳出記述佛陀前世今生偉大行跡的《本生經》與佛傳經典。初期大乘以《般若經》系、《無量壽經》、《華嚴經》系、《法華經》為最重要的經典，尚有《阿閦佛國經》、《般舟三昧經》、《首楞嚴三昧經》、《維摩詰經》、原始《寶積經》等。中期大乘流出瑜伽行派（唯識學派）的《阿毘達磨大乘經》（已經失傳）、《解深密經》、《佛地經》等，及佛性如來藏系的《如來藏經》和大乘《大般涅槃經》、《大法鼓經》、《勝鬘經》等，亦有融合唯識與如來藏的《楞伽經》。後期大乘傳出密教化經典，諸如《理趣般若經》、《大日經》、《金剛頂經》、《蘇悉地羯羅經》等。尋求對印度佛經的整體狀況獲得適切了解，應對各部佛經的流通時代與教義系統有所分辨。

印度佛典在東漢時代即開始在中國傳譯，歷代佛經漢譯事業對印度各期流布的佛經有所反映，也見到一部經典歷經數度重譯的情形。由於中印思想文化性格的差異，及佛教在漢地弘通的一些特殊因緣，中國佛教界對於佛典的研究與修學取向，對比印度佛教界有其自身的抉擇邏輯。其犖犖大者，是中國佛教知識分子特別關注佛性思想，及對《法華經》與《華嚴經》的鑽研蔚然成宗，淨土系經典亦嶄露頭角。中國佛教文化圈的學術視域，因此亦是組建代表性佛經集合的一大考量。楊仁山居士所選定的「釋氏十三經」，收錄對漢傳佛教影響力較大的一批經典，足堪借鏡。

本書的著作旨趣是選取三十部重要的佛教經典，進行思想與實踐要義的導讀，使閱讀者得以藉此掌握各系佛經的義理大要，作為繼續探究佛教經藏的指南。選經的標準同時兼顧印度佛教與中國佛教的雙邊視域，文明互鑑，求取均衡，及提高本書助益漢文佛經研讀者的實用性。

在早期佛教方面，以聲聞佛法為範圍，於四部《阿含經》中選取《雜阿含經》與《長阿含經》，一本為根本聖典，一本則記述內容有其特色。又有在中國佛教圈中特別盛行的「佛遺教三經」——《四十二章經》、《佛遺教經》與《八大人覺經》。其中，《八大人覺經》在佛經目錄中原本歸於小乘經，後來散佚，於唐代重新發現的經本已含有某些大乘佛教元素。

初期大乘經典選出《小品般若經》（時代較早）、《無量壽經》、《華嚴經》、《法華經》、《維摩詰經》及本生經系的《六度集經》。在《般若經》系中，另增時代稍晚而在中國非常盛行的《金剛般若波羅蜜經》與《般若波羅蜜多心經》。淨土經系亦加入時代在後的《觀無量壽佛經》、《阿彌陀經》、《彌勒大成佛經》與《藥師經》。對於《法華經》，更將〈觀世音菩薩普門品〉獨立出來介紹。關於《華嚴經》，因其在初期大乘時代的單行經典以《十地經》（相當於〈十地品〉、〈十住品〉）與《不可思議解脫經》（相當於〈入法界品〉）為著，而選取大本《華嚴經》的〈十地品〉與〈入法界品〉進行導讀，再加上〈普賢菩薩行願品〉（唐代始譯出）。

中期大乘經典必然要納入瑜伽行派的《解深密經》與《楞伽經》。佛性如來藏系經典導讀《如來藏經》、《大般涅槃經》、《勝鬘經》。《圓覺經》與《楞嚴經》傳譯於中唐時代，翻譯過程顯得神祕，然因兩經對後來的中國佛學影響甚鉅，是無可忽視的經典。《金光明經》與《梵網經》的護國護法、菩薩戒行教義對漢傳佛教文化所發揮的作用亦不容小覷。再者，《地藏十輪經》與《地藏菩薩本願經》是廣受讀誦的地藏經典。至於後期大乘經典，挑選出唐代密教胎藏部與金剛部的代表經典《大日經》與《金剛頂經》。

本書計畫導讀三十部印度佛教經典，由於《法華經》與《華嚴經》有所析分，實際上共計三十三個篇章。全書分為三大篇：上篇「開啟智慧的經典」，涵蓋早期佛教經典、《般若經》系經典，及《維摩詰經》與《解深密經》等。中篇「菩薩行願的經典」，包括《華嚴經》的〈十地品〉、〈入法界品〉、〈普賢菩薩行願品〉，及《法華經》與〈觀世音菩薩普門品〉，還有《六度集經》、彌勒經典、地藏經典、《金光明經》與《梵網經》。下篇「如來功德的經典」，納入彌陀淨土經典（淨土三經）、《藥師經》與佛性如來藏系經典；密教的兩部經典為法身如來的呈現，亦列於此篇。

書中許多篇章在二十多年前陸續在《人生》雜誌刊載過，藉著這次集結出版因緣均加以大幅修訂，使書寫內容與文辭表達更為準確。此番為了求取印度佛學與中國佛學兩邊視域的均衡，增補了十四篇新稿，使全書更加完整與實用。這本書以佛教經典為導讀對象，並未納入印度佛教論書，留待為繼續努力研撰的方向。

本書寫作的順利完成，承蒙法鼓文化編輯總監果賢法師不棄，及編輯團隊的建議與督促。二十餘年來佛教學界師友的切磋砥礪，使最終修訂成果取得長足進步。於暨南大學中文博士班深造的孫淑儀女史對全書文字進行詳細校看，甚至將引用經文對回原典；就讀法鼓文理學院博班的洪琬雯、南華大學宗教所的廖幸華、劉璧華、吳婉容、孫赫熔、陳紅杏及其他同學，提供文字修改意見，於此一併致謝。最後，感恩成就此書的一切善因緣！

目錄

中篇 菩薩行願的經典

下篇 如來功德的經典

上篇

開啟智慧的經典

解脫教法的根本聖典

——《雜阿含經》導讀

初期佛教有經、律、論三藏，經藏以四部《阿含經》為主體。其中，《雜阿含經》是首要聖典，經文內容是釋尊在世時說法指引真理修習的樸實記錄。雖然在後世傳誦的過程中，聲聞佛教的不同部派對《阿含經》的經文與編排會有某種程度的異動，但修證的根本精神與教理並無改變。

縱然是在大乘佛教興起的時代，《阿含經》仍是佛教行者的共同必修科目，著名大乘論師如中觀學派的龍樹和提婆，瑜伽行派（唯識學派）的無著和世親等，都自《阿含經》中汲取許多思想的啟發與修行的指引。

聽聞教法，專精禪思

《阿含經》分為四部：《雜阿含經》、《中阿含經》、《長阿含經》、《增壹阿含經》。相當於南傳佛教的四部《尼科耶》（Nikāya，部類）：《相應部》、《中部》、《長部》、《增支部》。這四部經典都是釋尊說法的記錄，至於分成四部的緣由，印度古德提出不同見解。

依據劉宋佛陀什等所譯《五分律》卷三十所說，篇幅較長的經典集為一部，名為《長阿含經》。篇幅不長不短的中等經文集為一部，名為《中阿含經》。篇幅短小，為比丘、比丘尼、優婆塞、優婆夷、天神、天女等眾多群體所說者，集為一部，名為《雜阿含經》。依照法數從一法逐步增加至十一法，集為一部，名為《增壹阿含經》。

另有從教化功用來區別四部者，如《薩婆多毘尼毘婆沙》卷一說：「佛隨物適時說一切法，後諸集法藏弟子以類撰之。……為諸天、世人隨時說法，集為《增一》，是勸化人所習。為利根眾生說諸深義，名《中阿含》，是學問者所習。說種種禪法，是《雜阿含》，是坐禪人所習。破諸外道，是《長阿含》。」《雜阿含經》的短篇經文提供習禪者觀修真理的法義指引。《中阿含經》各經內容稍詳，法義解說更加深入。《長阿含經》的《梵動經》等是在破斥外道的各種錯誤知見。《增壹阿含經》將佛陀在各個場合為天神與人類應機說法的內容，依法數方式進行彙編。

本文導讀《雜阿含經》（收於《大正藏》第二冊）。關於「雜阿含」的經題意義，「雜」（saṁyukta）意為「相應」，漢文譯語想表達雜多、眾多之義，有眾多主題，將各篇經文依相應的主題而進行彙編。唐代義淨所譯《根本說一切有部毘奈耶雜事》卷三十九說：「但是五蘊相應者，即以蘊品而為建立；若與六處、十八界相應者，即以處界品而為建立；若與緣起、聖諦相應者，即名緣起而為建立；若聲聞所說者，於聲聞品處而為建立；若是佛所說者，於佛品處而為建立；若與念處、正勤、神足、根、力、覺、道分相應者，於聖道品處而為建立。若經與伽他相應者，此即名為『相應阿笈摩』（舊云『雜』者，取義也）。」至於「阿含」（āgama），意為「來」、「傳來」，指傳來的教法。佛陀時代佛經是透過口傳而代代相承的。

佛陀時代，弟子們通常會在傍晚時分圍繞在佛陀身邊，聽聞真理法義開示，通常是非常簡短的一段法語。集會結束後，就各自到樹下禪坐，專精思惟剛才師尊所說的法義。這就是佛法智慧修學的聞、思、修、證過程，其中「修」意指透過禪觀來思惟真理教法，以期達到親身體證。

例如，《雜阿含經》第十七經（依《大正藏》編號）說：「如是我聞，一時：佛住舍衛國祇樹給孤獨園。有異比丘從座起，偏袒右肩，合掌白佛言：『善哉！世尊！為我略說法要。我聞法已，當獨一靜處，專精思惟，住不放逸。』」「略說」就是精要地講說。弟子聽聞之後，立刻將經文記憶下來，作為禪觀思惟的對象。

《雜阿含經》比較完整的漢譯本，由劉宋求那跋陀羅所譯，屬於根本說一切有部傳本，今本有五十卷，一千三百六十二經。另有譯者不詳，比五十卷本更早傳譯的《別譯雜阿含經》，非為全本，有十六卷，三百六十四經。還有異譯的《雜阿含經》一卷，二十七經；以及許多從全本經典中抄出的單篇經文。

《雜阿含經》在中國佛教特重大乘的歷史流傳中，並未獲得足夠的重視，專門習誦者少，曾經發生錯卷的情形（如現今《大正藏》的卷次）。經呂澂及印順法師等學者依據《瑜伽師地論．攝事分》（第八十五卷到九十八卷為《雜阿含經》的本母）進行修訂，釐清全經次第，回復其本來樣貌。

印順法師《雜阿含經論會編》將《雜阿含經》經文分為七誦（七篇）五十一相應（主題），七誦為：

㈠〈五陰誦〉，說明對五蘊（色、受、想、行、識）的正確觀照。

㈡〈六入處誦〉，說明對內六入處（眼、耳、鼻、舌、身、意）及外六入處（色、聲、香、味、觸、法）的正確觀照。

㈢〈雜因誦〉，包括因緣相應，對十二因緣的正確緣起觀；食相應，對資益眾生的四食（麤摶食、細觸食、意思食、識食）的正確態度；諦相應，對四諦的如實了知；界相應，關於眾生的同界（類）相聚、十八界等；受相應，對於苦受、樂受、不苦不樂受三受（感覺）的正確了知。

㈣〈道品誦〉，包括三十七道品、安那般那（入出息）念、戒定慧三學，及四不壞淨（對佛、法、僧、戒的完全信受）等修行法門。

(五)〈八眾誦〉，對於比丘、魔、帝釋、剎帝利、婆羅門、梵天、比丘尼、耆婆舍（尊者名，能造偈頌讚如來功德）、諸天、夜叉、林（森林中天神與比丘的互動）等的相關主題。

(六)〈弟子所說誦〉，與舍利弗、目揵連、阿那律、大迦旃延、阿難等弟子及質多羅長者相關的經文。

(七)〈如來所說誦〉，有十八個相應，包含其他如來說法的內容。

五陰身心，如實觀察

對《雜阿含經》的全經組織有所了解之後，接下來，將概略介紹經中的重要法義。首篇〈五陰誦〉彙聚與五陰（五蘊）相關的經文。五陰是組成有情身心個體的基本要素，色陰為物質要素；受（感覺）、想（思想、分別）、行（意志）、識（覺知、認識）四陰屬於精神要素。《雜阿含經》經常舉出五陰，提點吾人對身心做整體的觀照，了知其實際性質，從而徹底放下執著。

想要放下對身心五陰的執取，必須對其性質有正確的理解與觀照，獲得如實、深刻的領悟。首先，應觀察五陰是無常的、苦的、空的、無我的。《雜阿含經》第八十四經說：「色是無常，無常則苦，苦則非我。非我者，彼一切非我、不異我、不相在。如實知，是名正觀。受、想、行、識亦復如是。」

觀察五陰都是無常的，因為它們時刻處於生滅變異當中。「苦」意謂缺陷、不圓滿；由於五陰無常，對身心無法常保，而有不圓滿、不如意之感，這是五陰是苦的深層意涵。觀察五陰無我，五陰的某一陰或全部都不是自我；非在自我之外；非包含於自我之中；也非將自我包含於其中。換言之，不管用什麼方式，在五陰當中都找不到「自我」。能如此正確觀察，對於自身與世間的一切都無所執取，朝向解脫生死的涅槃覺證。

「無我」可有兩層意義：其一，意謂無法主宰，不能自由支配五陰使其成為我們想要的那樣，如色陰的青春和健康，受陰的快樂覺受等。另一種特殊意義，即在五陰和合的身心個體當中，找不到一個「自我」（永恆不滅的精神實體；類似靈魂的概念），此即「五陰無我」的深義。既然沒有自我，則不會衍生「我所」的意識，認為有屬於自我的東西。五陰是空的，意謂五陰並非屬於我所有，也就是「無我所」。聲聞佛教並未有大乘佛教那種諸法皆空的法義。

如實觀照五陰的無常、苦、空、無我，有助生起厭離心，捨棄對身心與世間的愛欲、執取，證得解脫涅槃。《雜阿含經》第一經說：「當觀色無常（苦、空、非我）。如是觀者，則為正觀。正觀者，則生厭離；厭離者，喜貪盡；喜貪盡者，說心解脫。如是觀受、想、行、識無常。如是觀者，則為正觀。正觀者，則生厭離；厭離者，喜貪盡；喜貪盡者，說心解脫。」經文雖簡短，卻富含精深的真理訊息，熟記之後，獨自在樹下反覆進行禪觀思惟。

佛陀講述五陰，最重要的目的是在幫助佛教行者了知「無我」的真理。對「自我」的執取是發起煩惱而造作業行的最根本原因，以致因業力而無止盡地流轉生死。人類的存在狀態就是五陰和合的生命活動現象，在五陰的共同作用之外，並不存在一個永恆的（常）、一體的（一）、具自由支配力的（主宰）精神實體（自我），所以說無我。有情無中生有創造出一個「自我」的觀念，反過頭來將它執取為實有，從而衍生貪、瞋、癡、慢等種種煩惱，驅動生死業行。

對五陰的貪著，是生死流轉的源頭，帶來種種生命存在之苦。如實了知除了五陰的身心要素，並不存在一個獨立實存的自我；我執破除了，則不會將五陰執取為自我所擁有者。如此，依憑智慧對五陰做正確觀照，確信它們的無常、苦、空、無我性質，為我們所無法保有，無可掌控，則生起厭離之心，離開對它們的愛執，導向生死解脫，超越生、老、病、死、憂、悲、苦、惱等身心諸苦。

五陰是對身心要素的一種分類，另有十二入、十八界兩種分類方式。十二入包括「內六入」，眼、耳、鼻、舌、身、意六種感官，代表有情自身；及「外六入」，色、聲、香、味、觸、法等六種認識對象。「十八界」即十二入再加上眼識、耳識、鼻識、舌識、身識、意識的六種心識活動。無論是哪一種分類，錯誤的認知都會衍生對身心個體的愛執之心，形成自我意識與我所意識。可以像觀照五陰那樣，用正確的智慧來進行觀照，思惟它們的無常、苦、空、無我。

了悟緣起，截斷生死

「緣起」（十二因緣）是佛陀在《阿含經》中所說的「甚深法」，這是屬於聖者的自證法門，缺乏足夠的禪定觀照力，即無法親見生命流轉與還滅的幽微過程。緣起的支數不定，通常所說者是由十二支的相續連鎖所構成的「十二因緣」。十二因緣對絕大多數學佛者來說是「聖言量」，是佛陀所傳達的自覺聖智境界。了知緣起法，是為了找出生命流轉的根本原因，尋求截斷這個無盡頭的生死迴圈。

《雜阿含經》第二八五經說明佛陀在成正覺前對緣起法的「逆觀」。首先，佛陀思惟世間諸苦：出生、衰老、病痛、死亡、遷流、受生；眾生卻對於出生、衰老、死亡及其所依者無法如實了知。佛陀思惟有出生所以有生死諸苦痛，於是首先思惟生從何而來？發現生自「有」（招引生命存在的業力）而來。更思惟有從何來？自「取」（執取）而來。

如此，再繼續往前探究下去，取從愛（貪愛）來；愛從受（感覺，尤指快樂的覺受）來；受從觸（根、境、識三者的相合，認識的開端）來；觸緣自六入（六種感官，即六根）；六入緣自名色（身心要素，即六境）；名色緣自識（心識，即六識）；識緣自行（業行，指行為留下的業力）；而行緣自於無明（對真理的無知）。這是佛陀透過對緣起的「逆觀」，照見生命輪轉的根源。如果不將無明、貪愛的煩惱斷盡，這種生命流轉過程將無止盡。

通過對十二因緣的逆觀究明生死流轉的源頭，佛陀亦翻轉過來教導「順觀」的程序：依憑無明而有行；依憑行而有識；……依憑愛而有取；依憑取而有有；依憑有而有生；依憑生而有老死，生起眾苦的集合。告知佛教行者如何正確了知順著生死的緣起「流轉」歷程，應當使其「還滅」，也就是：無明滅則行滅；行滅則識滅；……愛滅則取滅；取滅則有滅；有滅則生滅；生滅則老死滅。如此，眾苦的集合消滅。

《雜阿含經》第二八四經教導佛教行者對於所執取的事物能隨順無常觀、生滅觀、無欲觀、滅觀、厭觀，心不戀眷、不繫著，從而心識不驅馳、追逐名色，則名色滅；名色滅則六入滅；六入滅則觸滅；觸滅則受滅；受滅則愛滅；愛滅則取滅；取滅則有滅；有滅則生滅；生滅則老、病、死、憂、悲、惱、苦滅。如此，整體生命存在苦海即可滅除。雖然這處經文只提到十二因緣中的十個環節，但可視為涵蓋緣起法全體。這如同伐樹截斷大樹根頭，徹底解決生死的問題。

在這十二因緣的連鎖中，無明與貪愛是最主要的問題所在。《別譯雜阿含經》第三三三經說：「一切眾生皆為無明之所覆蓋，愛所纏縛，流轉生死，無有窮已，過去億苦無能知者。」因此，解決生死問題應從斷除無明與貪愛的根源著手。《雜阿含經》第七一〇經說：「離貪欲者，心解脫；離無明者，慧解脫。」無明必須用般若智慧去對治，這有賴於對佛陀所說真理教法的正確思惟，達於真實體悟。心解脫與禪定有所連結，先以禪定壓伏貪愛等煩惱傾向，以幫助智慧的發起；智慧生起，貪愛始能從根斷絕。總之，定慧雙修是斷除無明與貪愛的不二法門。

四諦真理，趣向解脫

十二因緣是聖者的自證法門，幽隱難知；四聖諦則為化他法門，幫助學法者了知生命存在真相，及達到解脫的正確方法。聖諦即神聖的真理；或聖者所知所見的真理。

四聖諦即：㈠苦聖諦，顯明生命存在的真相即是苦，如三苦、八苦等。㈡苦集聖諦，顯明苦的真實原因，即煩惱。㈢苦滅聖諦，教導苦的徹底止滅，即涅槃。㈣苦滅道跡聖諦，教導通向苦之止滅的真實道路（修行方法），即八正道。一個人須先了知生命的存在狀態是苦，才會發起進一步探求苦的原因及追求滅苦的足夠動機。苦滅聖諦告知學佛者有種徹底離苦的安樂境地，而唯有通過正確修道，滅除苦因，始能證得。

佛陀在《雜阿含經》第三八九經用醫治疾病的譬喻來顯示四聖諦的意義。佛陀為大醫王，成就四件事情：㈠善知種種的疾病；㈡善知病源；㈢善知種種治療方法；㈣善知疾病已究竟治癒，不再復發。種種疾病譬喻眾生的種種苦厄（苦）；病源喻指苦厄的原因（集）；疾病治癒譬喻苦厄的止滅（滅）；治療方法喻指對治煩惱的修行法門（道）。

苦有苦苦（由苦受引發之苦）、壞苦（由快樂消逝引生之苦）、行苦（無常感引生之苦）三種區分，這是對苦的相對完整了解。通常以屬於苦苦的八苦作為苦聖諦的代表，比較不那麼抽象，貼近一般大眾的具體人生經驗。《雜阿含經》第三四四經說：「云何苦如實知？謂生苦、老苦、病苦、死苦、恩愛別苦、怨憎會苦、所欲不得苦；如是，略說（總而言之），五受陰苦（因有五陰而諸苦熾盛），是名為苦。」生命的具體存在，衍生身心眾苦，不值得世人戀眷不捨。《中阿含經・分別聖諦經》對此八苦的意義有詳盡解說。

關於苦集，一般說為貪、瞋、癡三類煩惱，《雜阿含經》比較從貪愛的角度來說明，如第三四四經以對未來生命存在的愛執（有愛）為苦集。第二一八經則說：「云何苦集道跡？緣眼、色生眼識；三事和合觸；緣觸受；緣受愛；緣愛取；緣取有；緣有生；緣生老、病、死、憂、悲、惱、苦集。如是，耳、鼻、舌、身、意亦復如是。」當六入、六境、六識相合（觸）之時，生起感覺（受），對此感覺的貪愛（愛）引生執取（取），從而引生存在的業力（有），這愛、取、有三支就是苦的原因。想要滅苦必須滅除苦因，也就是愛、取、有的滅除。

為了滅除苦集，必須修行八正道，屬於出世道的法門，其內容如下：正確的知見（正見，對四諦的如實了知）、正確的意念（正思惟）、正確的言語活動（正語）、正確的身體活動（正業）、正確的謀生方式（正命）、正確的修道努力（正精進）、正確的專注觀察（正念，四念處）、正確的禪定（正定，四禪）。其中正見、正思惟屬慧學；正語、正業、正命屬戒學；正念、正定屬定學；正精進可通於三學。以此戒、定、慧三學的實踐，斷除苦集，證得苦滅的解脫境地。

《雜阿含經》可說是一切經典教義的基礎，與大乘佛法的義理亦不相違，是佛教行者的必讀經典。《雜阿含經》幫助學佛者放下對生命存在的執著，完成定慧的修學。如果放不下對生命存在的執著而從事大乘佛法的入世踐行，易淪為有漏的人天善法而不自知。反之，能以不執取三界存在的出世精神來利益眾生，始為真正的大乘菩薩道。因此，同時修習《阿含經》與大乘經典，利於真實菩薩道的確立。

醒悟世間的長篇教導

——《長阿含經》導讀

《長阿含經》（收於《大正藏》第二冊）是早期佛教四部經典中，彙集敘事與說理的長篇經文而編成。此經除了講述佛教真理的法義內容，也包含佛陀生平遊歷的記事，以及七佛事跡、外教學說與宗教行法、種姓起源、轉輪聖王故事、宇宙生壞與樣態等各類主題，是了解佛陀真理教法及當時宗教文化環境的重要資料來源。

由於《長阿含經》所說內容非常豐富與精深，研讀此經前，先了解其所屬部派與漢譯資訊，各篇經文的主題與要旨，以便獲得綱要性的指引。本文所做的導讀也會根據古代註釋家對於此經所特別關注的幾類議題，介紹其重要思想。

教化世間，吉祥悅意

《長阿含經》是在後秦時代由佛陀耶舍與竺佛念所共同翻譯（於四一三年譯成），分為四分（四誦），共二十二卷，包含三十篇經文。每日讀誦一分，全本經文可在四天誦完。在《大正藏》第一冊中尚收錄二十四種「《長阿含經》單本」，是自大部經本中抽出而獨立流通的單篇經文；另有二經的異譯本被歸入「《中阿含經》單本」。

學者推斷《長阿含經》可能譯自法藏部的傳本，其傳譯者佛陀耶舍在罽賓所記誦者就是法藏部的《四分律》，且是這部律典的漢譯者。古代佛經翻譯要求譯者具備所譯經典的專業學養，傳譯自己所屬部派的經典是正常之事。又《四分律》卷五十四說明《長阿含經》集結情形時提到幾篇經文：「大迦葉即問阿難言：『《梵動經》在何處說？《增一》……《增十》……《世界成敗經》……《僧祇陀經》……《大因緣經》……《天帝釋問經》在何處說？』阿難皆答，如《長阿含》說。」《五分律》（屬化地部）卷三十的對應文句並未列出《世界成敗經》

（即《世記經》）；南傳上座部的《長部》亦無此篇的對應經文，應是法藏部等部派所增。

關於《長阿含經》的重要功用，《薩婆多毘尼毘婆沙》卷一說：「破諸外道，是《長阿含》。」《長阿含經》的《梵動經》即是專門在破斥外教的六十二種邪見。其他多篇經文中，亦可見到對異教者錯誤宗教觀念與實踐方法的批判。指出外道的錯誤知見，有助揭顯佛教的正見。

五世紀時南傳上座部的覺音（Buddhaghoṣa）論師將《長部》註釋書取名為「吉祥悅意」（Sumaṅgalavilāsinī），印順法師在《原始佛教聖典之集成》如此說明其義：「『吉祥悅意』，是『長阿含』，『世界悉檀』。如《闍尼沙經》、《大典尊經》、《大會經》、《帝釋所問經》、《阿吒囊胝經》等，是通俗的適應天神信仰（印度教）的佛法。思想上，『長含』破斥了外道，而在民眾信仰上融攝他。諸天大集，降伏惡魔；特別是《阿吒囊胝經》的『護經』，有『守護』的德用。」（頁四九〇）又於《初期大乘佛教之起源與開展》說：「雖然是破斥外道的，但一般人會由於天神、護咒、歌樂，而感到『吉祥悅意』。」（頁二七〇）認為顯示佛陀超越天魔、梵天、外道等經文，及融攝天神信仰、守護咒語、歌樂讚歎等吉祥事，使世人在讀經時油然生發喜悅。

與其他三部《阿含經》一樣，《長阿含經》的中心思想是佛教的出世真理與修行方法；然而，此經更多與世俗各界的互動，及言及世間道理以帶出佛教的深層法義。在《長阿含經》三十篇經文當中，有十三篇是對比丘說的；有十一篇是對婆羅門而說（包含對倮形梵志所說的一篇）；三經是向天神說的；二經的對象是長者或長者子；另有一經是對國王所說。（陳士強著：《大藏經總目提要．經藏》，冊一，頁十五）三十篇經文之中有超過半數的化導對象涉及出家僧團以外的人士。

顯正破邪，包羅宏富

《長阿含經》分為四分，計三十經；巴利《長部》則分為三部，共三十四經。將《長阿含經》與《長部》對照，有二十七經可以對應，但經典順序不同，經文內容亦有所出入。屬於《長阿含經》特有的三經是《增一經》、《三聚經》與《世記經》。

《長阿含經》的初分包含四經：㈠《大本經》，講述毘婆尸佛到釋迦牟尼佛七佛的因緣事略。㈡《遊行經》，佛陀涅槃前的遊歷教化行跡及入滅、分布舍利諸事。㈢《典尊經》，佛陀過去世為大典尊的出家事跡，及教導究竟梵行法。㈣《闍尼沙經》，摩竭國王命終生四天王天為闍尼沙藥叉，向佛陀轉述梵童子所說四念處、七定具、三徑路等正法。

第二分包含十五經：㈤《小緣經》，講述四種姓的起源，四姓平等，做惡墮落，行善超昇。㈥《轉輪聖王修行經》，藉由過去轉輪聖王的善法治世，教導比丘勤修四神足、四梵住、四諦等善法。㈦《弊宿經》，迦葉童女破斥弊宿婆羅門的斷滅見。㈧《散陀那經》，梵志詆毀佛陀，佛說清淨無垢穢法予以折伏。㈨《眾集經》，佛命舍利弗為僧眾說法，以增一法集結法要。㈩《十上經》，佛命舍利弗說法，以增一法講說「十上法」。(十一)《增一經》，佛以增一法講說法要。(十二)《三聚經》，講述趨惡趣、趨善趣、趨涅槃的三聚法要。(十三)《大緣方便經》，佛為阿難詳說十二因緣深義。㈣《釋提桓因問經》，佛為天帝釋講說因內心調戲（概念執取）而有想、欲、愛憎、貪嫉，乃至共相傷害；應滅除調戲執取。㈤《阿㝹夷經》，佛陀為梵志說明顯示神通與解釋世界起源非說法目的。㈥《善生經》，為長者子善生說離四惡行及禮敬六方之法。㈦《清淨經》，講說三十七道品的和合無諍正法。㈧《自歡喜經》，舍利弗讚歎佛陀所說教法微妙第一。㈨《大會經》，十方天神前來會集禮覲如來與比丘僧團，及佛說咒降伏鬼神的幻偽虛妄之心。

第三分包含十經：㈩《阿摩晝經》，外道阿摩晝受師命觀察佛陀是否具三十二相，佛說種種持戒、調伏、禪定之法。⑾《梵動經》，佛陀善知外道的六十二種錯誤知見，了知而不執著。⑿《種德經》，為婆羅門種德說持戒、修慧的正法。⒀《究羅檀頭經》，為婆羅門說勝於大祭祀法的供僧、三皈、五戒、慈心、出家等功德。⒁《堅固經》，佛陀教誡弟子不當顯現神通而引生譏謗；應於靜處禪修，思惟道法。⒂《倮形梵志經》，佛陀所說之法戒、見具足，超越苦行，微妙第一。⒃《三明經》，對婆羅門開示比丘所修清淨的四梵住（慈、悲、喜、捨），方為真實梵行。⒄《沙門果經》，佛向阿闍世王說沙門現世所得斷除煩惱的智慧果證，並接受其懺悔殺父罪業。㉘《布吒婆樓經》，破斥外道的無因論。㉙《露遮經》，向婆羅門開示世尊得漏盡智證，應說法令人得四沙門果。

第四分只有《世記經》一經，卻占五卷篇幅，內分閻浮提州、鬱單曰、轉輪聖王、地獄、龍鳥、阿須倫、四天王、忉利天、三災、戰鬥、三中劫、世本緣等十二品。這篇經文講述世界的起源與成壞、地理環境、時劫好壞、各類有情的生存形態等，是了解佛教宇宙觀與世界觀的重要資料。

佛陀晚年，諄諄教誨

《遊行經》對應於巴利《長部》的《大般涅槃經》，講述佛陀涅槃前三個月的最後遊化事跡與教導，及世尊入涅槃後八王分得舍利供養之事。佛陀首站停留在羅閱城（王舍城）的耆闍崛山，摩竭陀王阿闍世想攻打跋祇國，請大臣禹舍去探詢佛陀的意見。佛陀藉著與阿難問答，指出跋祇國人具備七事，能使國家長治久安：㈠數相集會，講議正事；㈡君臣和順，上下相敬；㈢奉法曉忌，不違禮度；㈣孝事父母，敬順師長；㈤恭於宗廟，致敬鬼神；㈥閨門真正，潔淨無穢，至於戲笑，言不及邪；㈦宗事沙門，敬持戒者，瞻視護養，未嘗懈惓。人民普遍遵循倫理道德的國度，是不易衰敗的。禹舍與阿闍世王應能聽出弦外之音。

佛陀接著將羅閱城周邊的比丘召集到講堂，以跋祇國七事為喻，教導佛教僧團使法不可壞的六種「七不退法」及二種「六不退法」。第一種七法如下：㈠數相集會，講論正義；㈡上下和同，敬順無違；㈢奉法曉忌，不違制度；㈣若有比丘力能護眾，多諸知識，宜敬事之；㈤念護心意，孝敬為首；㈥淨修梵行，不隨欲態；㈦先人後己，不貪名利。佛陀在生命的晚期，心心念著僧團的長久安穩住世。

第二組七法可以「令法增長，無有損耗」：㈠樂於少事，不好多為；㈡樂於靜默，不好多言；㈢少於睡眠，無有昏昧；㈣不為群黨，言無益事；㈤不以無德而自稱譽；㈥不與惡人而為伴黨；㈦樂於山林閒靜獨處。不荒廢時間心力於無益修行的事務，全心全意投身於禪修觀照真理。

第三組「令法增長，無有損耗」如下：㈠有信，信於如來、至真、正覺十號具足；㈡知慚，恥於己缺；㈢知愧，羞為惡行；㈣多聞，受持清淨教法；㈤精勤苦行，滅惡修善，勤習不捨；㈥昔所學習，憶念不忘；㈦修習智慧，知生滅法，趣賢聖要，盡諸苦本。佛陀由世間的治國之道引申出八組「不退法」，諄諄教誡僧團的和合無諍與清淨勤修法門。

其後，佛陀率領比丘們前往竹園，而後又到巴陵弗城（華氏城）。佛陀在天將亮時，以天眼觀見上、中、下等的天神都在畫分宅地，知道這裡是片大福地，告訴阿難說：「此處賢人所居，商賈所集，國法真實，無有欺罔，此城最勝，諸方所推，不可破壞。」沒多久，居士請佛前去受供，佛陀為他們開示說：「今汝此處賢智所居，多持戒者，淨修梵行，善神歡喜。」佛陀告知世人，所謂福地福人居，也要仰賴大眾持守戒律，修學善法，才能建設永續的福地。

佛陀遊行各地，隨緣應機為出家與在家二眾慈悲講說種種教法。最後在路途中病倒，預示將進入涅槃。阿難請問佛陀入滅後應採取何種葬法，佛陀答覆說用轉輪聖王葬法，及說明細節。佛陀不執取色身，但交代火化後舍利供養之事：「於四衢道起立塔廟，表刹懸繒，使諸行人皆見佛塔，思慕如來法王道化，生獲福利，死得上天。」佛陀圓寂後，舍利代表其色身，應在人們往來的交通要道旁興建佛塔供養，使眾人得以瞻仰、懷念佛陀，從而修學善法。然而，供養佛塔畢竟屬於人天善法範疇，出家僧團還是要在寂靜處精勤修學戒、定、慧。

以上自《遊行經》摘錄一些片斷，映現佛陀隨時隨地為僧俗二眾應機說法，諄諄教誨，關懷在家居士的今世與來世安樂，心念出家僧團的清淨勤修與安穩久住。細品經文，令人無限感動！

破斥邪說，指引正道

佛陀分析世間各種邪見的最詳細經典，當屬《長阿含經》第二十一《梵動經》，巴利《長部》的對應經文是放在首篇的《梵網經》（*Brahmajāla*）。譯為「梵動」，大抵是將 jāla（羅網）念成 cala（動搖），發音非常接近。佛陀在這篇經文中，首先講述寡聞凡夫用各種「持戒小小因緣」來稱讚如來，而不知如何正確地稱讚如來。

如來真正值得讚歎之處，是具足「甚深、微妙大法光明」，能了知世間種種錯誤知見的執取內容，及由此招致的報應；而如來了知最高明的境界，完全知曉種種邪見而不執著，達到寂滅、解脫的真實智慧覺證，能如此讚歎如來，方為如實地、正確地稱讚。

佛陀對當時沙門、婆羅門所抱持的各種知見有全盤的掌握，進行分析與歸納，以簡馭繁地道出當時各類哲學與宗教學說的複雜難解現象。在論說過程中，帶出世間沙門、婆羅門依於禪定神通與邏輯推論，獲致結論而宣稱種種見解，以致被困在六十二種錯謬知見的羅網當中。

這六十二種見解可分為「本劫本見」（對於過去時劫的過去事所生見解）及「末劫末見」（對於未來時劫的未來事所生見解）兩大類。在「本劫本見」中，有主張自我與世間是永恆不變的「常論」，可細分為四種；次為主張自我與世間是部分永恆而部分非永恆的「半常半無常論」，也有四種；再來是主張自我與世間是有邊際還是無邊際的「有邊無邊論」四種見解；另有「異問異答」的四種，也就是既不說是也不說不是的虛答；最後是「無因論」二種。總共有十八種見解。

第二大類的「末劫末見」中，涵蓋四十四種見解。首先，是主張世間眾生死後

「有想論」的十六種見解；其次，是抱持世間眾生死後「無想論」的八種見解；第三是保有世間眾生死後「非想非非想論」（非有想非無想論）的八種見解；第四是堅持「斷滅論」的七種見解，以為眾生死後滅盡無餘；最後是「現在生泥洹論」，包括對於眾生於此世體得涅槃所抱持五種謬見，分別將具足五欲快樂、初禪體驗、二禪體驗、三禪體驗、四禪體驗視為現世的至高涅槃。

佛陀羅列當時流行的各種錯誤知見，引導學佛者避免落入其間，而障礙佛教正道的修學。世間的哲學家與宗教家缺乏佛陀那種親身覺證的全知智慧，只是透過禪定所發的有限神通，或是邏輯推論能力，獲得部分的、局限的了解，就輕易地認為已經通達宇宙人生的終極真理，自誤誤人。明瞭錯誤知見，有助於找到正見。這篇經文為現代學佛者帶來很大的啟示，學佛是向佛陀經典中的真理教法來學習，而非沉溺於與解脫修行無關的知識遊戲。

專研初期佛教的水野弘元於《佛典成立史》說：「尤其，在《長部》與《長阿含》裡，有很多經典提到世尊和佛教的卓越部分，因此，有人說《長部》是最感人的，也最能表現佛教特徵的東西。」（頁五十七）《長阿含經》不僅詳述早期佛教的深層教理與修行方法，更能在與世俗學問及異教知見的比較當中，對顯出佛陀智慧教法的勝妙之處；還有那麼多天界善神前來崇敬與歌頌世尊偉大功德，讀來確實令人有「吉祥悅意」的深刻領受。

早期佛典的精華摘錄

——《四十二章經》導讀

《四十二章經》與《佛遺教經》、《八大人覺經》合稱「佛遺教三經」，經義內容屬於早期佛教的教導。然而，這部經典有著一些身世之謎。現今坊間流通較廣的經本包含一些大乘佛教或禪宗的觀念，此經究竟屬於哪個佛教學說系統？是否存在不同的版本？再者，這部經典的開卷處未見「如是我聞，一時……」的序分，結尾處也缺乏流通分的形式，算不算是一部佛經？當然，最重要的，是這部經典對於佛教修行能夠提供何種啟發與指導？

白馬馱經，佛法初來

《四十二章經》（收於《大正藏》第十七冊）相傳是在中國最早翻譯的佛典，有佛教文史典籍記載東漢明帝時代，攝摩騰與竺法蘭受到邀請用白馬馱經來到都城洛陽，為此特別興建白馬寺，在那裡譯出這部經典。然而，梁代僧祐在《出三藏記集》卷二「《四十二章經》」下註說：「舊錄云：孝明皇帝《四十二章》，安法師所撰錄闕此經。」在以嚴謹著稱的東晉道安所編撰佛經目錄中，並未見到這部經典的相關記載，此經的譯者與翻譯時間難以考證。

《高僧傳》卷一的〈攝摩騰傳〉與〈竺法蘭傳〉都提到他們翻譯《四十二章經》之事，放在蘭臺石室的第十四間。漢代應該有個最初譯本。聖嚴法師綜合幾位學者的觀點，指出三國時代吳國的支謙也曾譯過這部經典，可惜已經佚失，現今所見經本似乎與他有關。總之，縱然無法確定《四十二章經》的譯者，但可相信與攝摩騰、竺法蘭與支謙等人有密切的關係。（《佛陀遺教——四十二章經、佛遺教經、八大人覺經講記》，頁二十二—二十三）從東漢到晉代，《四十二章經》的譯本應該不只一種。

《四十二章經》屬於「經抄」性質，這四十二章經文是後人自早期佛教經典中將精要文句摘錄編輯而成。撰於三國時代的《牟子理惑論》記載：「（孝明皇帝）遣使張騫、羽林郎中秦景、博士弟子員王遵等十二人，於大月（氏）寫佛經四十二章，藏在蘭臺石室第十四間。」認為抄寫地點可能在西域的大月氏（中亞古國，曾建立佛教王國）。隋代費長房所編《歷代三寶紀》卷四引述舊錄說明此經「本是外國經抄，元出大部，撮要引俗，似此《孝經》一十八章」。此經原本從大部經典抄出，撮集修行大要，指引世人修學，就像漢地《孝經》的形式。

梁啟超看到流通的《四十二章經》版本之中含有許多大乘與老莊的觀念，因而懷疑是中國人所偽造的經典。事實上，這部經典在其歷史流傳過程中，文字曾經遭致不少改動，時間或許發生在晚唐與宋代。湯用彤於《漢魏兩晉南北朝佛教史》對比《高麗藏》本、宋真宗註本與宋代守遂註本的經文，認為《高麗藏》本較合乎南北朝所傳舊貌，真宗註本增添修改一些文句，守遂註本更是大幅妄改，摻入禪宗思想，偏離原義。（頁二十三—二十六）坊間流通的經文版本多依守遂註本，而《大正藏》版本是以《高麗藏》為底本，呈現改寫之前的面貌。閱讀《四十二章經》，必須注意到版本的選擇。本文是以《大正藏》本為依據。

貪欲渴愛，遮蔽智慧

《四十二章經》反覆提醒學佛者幾個障礙修行的重大精神弱點，是要積極予以對治的生命課題。其中提及次數最頻繁的，是愛欲和男女情欲的問題，可想而知，這是經典編輯者認為妨礙修行的重大因素。第二十章說：「財色之於人，譬如小兒貪刀刃之蜜，甜不足一食之美，然有截舌之患也。」第二十一章說：「人繫於妻子、寶宅之患，甚於牢獄、桎梏、鋃鐺。」財貨的貪求與男女的情欲將眾生牢牢地繫縛在生死輪轉的牢獄之中。

愛欲遮障了智慧的光明，使人愚鈍而造作惡行，第二章說：「使人愚弊者，愛與欲也。」愛欲攪擾內心，遮蔽智慧潛能，就無法證得覺悟，如第十三章說：「愛欲交錯，心中為濁，故不見道。」「道」是「菩提」（覺悟）的早期譯語。此經第三十一章又說：「人從愛欲生憂，從憂生畏。」追求不到東西，造成苦惱；東西得到了，又害怕失去，人生的憂愁和恐懼，絕大多數源自愛欲。

愛欲之中帶來最大障礙的，當屬男女之欲，第二十二章說：「愛欲莫甚於色，色之為欲，其大無外。」將注意力放在男女情欲上，就會忘失修道；即使嘗試去修行，也難以專心致志。更甚者是情欲常引生無可彌補的過錯與禍患，第二十六章告誡修行者說：「慎無與色會，色會即禍生。」第二十一章以虎口來比喻男女情欲：「妻子情欲雖有虎口之禍，已猶甘心投焉，其罪無赦。」然而，眾生寧可受情欲的牽引，貪圖暫時的享樂，無視生死輪迴的巨大苦楚，難道不值得悲憫嗎？

諸法無我，消解欲心

關於眾生對愛欲的執取，佛陀提出非常有效的對治方法。對於世間一切事物，必須有無常觀：「睹天地，念非常；睹山川，念非常；睹萬物形體豐熾，念非常。執心如此，得道疾矣。」（第十六章）了知現象事物都處於無常變異當中，一切都是因緣和合的暫時性存在，將時間拉長來看，連宇宙都有成、住、壞、空的巨變歷程，世人所珍愛的事物正如夢幻泡影一般，緊抱不捨有何意義？

即使是人類最寶貴的生命存在也是虛幻不實，第十八章教導說：「熟自念身中四大，名自有名都為無，吾我者寄生。生亦不久，其事如幻耳。」人類的身心個體由色、受、想、行、識五蘊和合而成，色蘊（物質要素）由地（堅性）、水（濕性）、火（煖性）、風（動性）四大元素構成，其餘受（感覺活動）、想（概念構作）、行（意志活動）、識（意識活動）四蘊為心理要素，只有假名而無實質，眾生卻執取有一個「自我」（吾我）寄託在五蘊之中，產生我執，衍生煩惱，造作惡業，流轉生死。生命現象不過是五蘊和合的共同活動，和合時則生，離散時則死，生生死死，變幻不居，在五蘊的內外根本找不到一個永恆不變的「自我」。擁有無常觀、無我觀的真實了知，對於身心內外的一切無所欲求，是通往生死解脫的首要智慧。

男女的情欲可用不淨觀來對治，佛陀告訴比丘說：「慎無視女人，若見無視。慎無與言；若與言者，敕心正行，曰：『吾為沙門，處于濁世，當如蓮華不為泥所污。』老者以為母，長者以為姐，少者為妹，幼者子，敬之以禮。意殊當諦惟觀，自頭至足自視內，彼身何有？唯盛惡露諸不淨種，以釋其意矣。」（第二十七章）因為是對男眾比丘的開示，所以說不要看視女人；舉一反三，就是不要觀看與想念異性。

當心中對異性生起欲念時，應將對方想成自己的親人，藉以遏制情欲。如此還無法達到不動欲念，則進一步觀照己身、他身在表皮之下，盡是種種不淨的器官與排泄之物，當能有效消除欲心。第二十四章說到魔王派遣美過天仙的三個女兒去干擾佛陀修行時，佛陀只看到「革囊眾穢」，臭皮囊裡面裝著種種不淨事物，毫不動心。無常觀、無我觀與不淨觀，是佛陀留給修行者對治愛欲的法寶。

淨治煩惱，開發智慧

《四十二章經》凸顯貪愛的問題，其實煩惱根本尚有瞋恚和愚癡二種，通稱「三毒」，第二十三章說：「貪婬、恚怒、愚癡之毒處在人身，不早以道除斯禍者，必有危殃。」貪、瞋、癡煩惱根深柢固，招感生死大苦，必須精進修道始能斷除。三毒煩惱擾濁內心，有礙修行者覺證菩提，第十三章說：「心中本有三毒涌沸在內，五蓋覆外，終不見道。」五蓋是指貪欲、瞋恚、睡眠、悼悔（躁動和懊悔）與疑（懷疑）五種心理傾向。由於煩惱心垢的擾動與遮蓋，心靈難以澄淨，進入不了禪定，無法發起覺照的力量。

當修行者精進掃除內心的煩惱，能夠進入禪定，甚至發起神通，自然會生出強大的覺照作用，所知所見超越時間與空間的限制，第十二章說：「心垢除，惡行滅，內清淨無瑕，未有天地，逮于今日，十方所有，未見之萌，得無不知、無不見、無不聞，得一切智，可謂明乎！」這種廣大神通智力的清淨心眼觀照，不論古今、遠近、粗細，對世間一切都能清清楚楚地照見，幫助了知佛法真理。

第十三章進一步說明：「要心垢盡，乃知魂靈所從來，生死所趣向，諸佛國土道德所在耳。」「魂靈」就是「識」，有宿命通則能了知過去之事與生死輪轉；而能知有情死後轉生哪一道的能力是天眼通，也可以見到諸佛國土的功德莊嚴。修行者淨治煩惱，得入禪定，獲致神通，了知天地人物與生命存在的真實情狀，會對佛法產生更深固的信解，同時有助於應機說法以引導他人學佛。佛陀不反對神通，神通有助了知真理與度化有情；然而，佛陀告誡不得將神通用於名聞利養的獲取，會招致重大罪業。

佛法難遇，及時精進

經中第十章告訴學佛者：「得睹佛經難，生值佛世難。」第三十六章又說：「夫人離三惡道得為人難。既得為人，去女即男難。既得為男，六情完具難。六情已具，生中國難。既處中國，值奉佛道難。既奉佛道，值有道之君難，生菩薩家難。既生菩薩家，以心信三尊值佛世難。」必須具足種種合宜條件才有辦法學習佛法，擁有良好學佛因緣，應當善加珍惜。

生為人身方能聽聞佛法；成為男子身則少一些修行障礙（這是源於古印度重男輕女的社會觀念）；六根（特別是眼根和耳根）是聽聞佛法的媒介。此外，還要出生在有佛出世說法的國度（中國）；正值佛陀出世教化的時代；而且政治清明、國王護法；自己也生長在正信的佛教家庭。即使以上種種因緣條件都具足了，如果自己不信三寶，依然無緣學佛。這章經文說明有緣值遇佛陀出世，又能信佛學法，這種機會是多麼難能可貴，不可輕易蹉跎！

釋迦如來在二千五百多年前出現在印度，下一位彌勒佛的出世時代又遙遙無期，生值佛世是如此稀有難得。佛陀的教法經過歷代祖師們用口傳、書寫輾轉流傳下來，古代想接觸佛法，不是容易的事情。吾人身處今日佛法流行之域，雖然未遇佛陀親身示現教化，但有佛陀遺留的法寶及護持佛法的僧寶在，隨處可聽聞佛法、請得佛經，應當珍惜這樣的良好因緣，及時努力修學佛法。

第三十七章提到佛陀問沙門：「人的壽命有多長？」有沙門回答「數日間」、「飯食間」，佛陀都說他們這樣不算精進修道。當另一個沙門回答在「呼吸之間」，佛陀稱許他是真正的修道人。保有這種生命隨時都可能終結的態度，才會積極把握當下，精進修學。佛陀說：「吾念諦道，不忽須臾。」（第十五章）無時無刻不把心放在佛法的真理上，憶念正道，實踐正道。

雖說要精進行道，然而，修行是很長遠的路，不可過於急切，否則容易產生退卻之心。第三十三章逑說一位法師晚上誦經感到很艱苦，生起想要還俗回家的心。佛陀知道他在家經常彈琴，就以調琴一事問說：「絃太鬆時如何？」答：「發不出聲音。」問：「絃太緊時如何？」答：「聲音消失。」問：「鬆緊適中時如何？」答：「音色優美動人。」佛陀最後告訴他：「學道也是這樣，將心調適合宜，覺悟可以體得。」修行應當鬆緊適中，細水長流地精進不懈。第三十四章也說：「學道以漸深，去心垢，精進就道。暴即身疲，身疲即意惱，意惱即行退，行退即修罪。」精進不是過度用功，而是保持在最適的努力狀態，才不致使身體疲勞，心生苦惱。

在《四十二章經》中，還逑及修行果位（第一章）、慈悲濟眾、果報自受（第五、六、七、八章）等重要觀念，並且以生動的譬喻來加深讀誦者的印象與領會。整體而言，此經是早期佛典中實踐法門的精華摘要，內容豐富，裨使研讀者在很短的時間內，即能掌握關於修行的正確觀念和方法。經常讀誦，有助於日常生活的念道、行道。

佛陀最後的教授教誡

——《佛遺教經》導讀

《佛遺教經》，又稱《佛垂般泥洹略說教誡經》，姚秦鳩摩羅什譯，收於《大正藏》第十二冊。這部經典屬於初期佛教系的經典，將佛陀所說的戒律與教法做出歸納性、濃縮性的整理，是很好的實修指引。與此經教法相關的經典，包括《長阿含經》卷十三的《阿摩晝經》，及《中阿含經》卷二的《七車經》與卷十八的《八念經》，可以互相參看。

二世紀的佛教大文豪馬鳴於《佛所行讚》的〈大般涅槃品〉，以詩頌體材展現此經內容。此經的印度註釋書現存有天親（世親）所造的《遺教經論》，被視為註解《佛遺教經》的範本，由陳代真諦譯為漢文。鳩摩羅什為中觀學派大師；世親是瑜伽行唯識學派的共同創立者，而真諦為此派著名學人，可見此經亦通行於大乘學派之間。

由於《佛遺教經》的早期佛法性格，在崇奉大乘佛法的中國佛教圈並未獲得應有的重視。聖嚴法師對此說明如下：「佛教流傳到中國之後，有些戒條一開始就已無法做到了，及至發展成寺院型態或叢林生活，更多半無法做到《佛遺教經》中的若干規定，因此讓出家眾感到很為難，不知道究竟應不應該弘揚此經，要弘揚，自己又做不到，徒然引起居士們的非議，於是陷入兩難的困境中。」（《佛陀遺教——四十二章經、佛遺教經、八大人覺經講記》，頁七十四）現今的華人佛教界已經意識到初期佛法的重要性，應自新的視角來審視此經價值，並從精神與宗旨上來把握其教理，使其為當代佛教所用。

佛臨涅槃，略說法要

《佛遺教經》開卷處說：「釋迦牟尼佛初轉法輪，度阿若憍陳如，最後說法度須跋陀羅，所應度者皆已度訖，於娑羅雙樹間將入涅槃。是時，中夜寂然無聲，為諸弟子略說法要。」佛陀一生說法四十餘年，最初是在鹿野苑為阿若憍陳如等五人講說四諦法門；圓寂前最後所度弟子是外道五通仙人須跋陀羅。相傳須跋陀羅當時已近一百二十歲，很快就證得阿羅漢，因不忍眼見佛陀入滅，先於佛陀進入涅槃。儘管阿羅漢已超越情執煩惱，但對師尊的無限感恩之心是徹入心髓的。

《長阿含經．遊行經》記載佛陀涅槃前三個月的遊化事跡，對於比丘們的佛法修行與僧團久住，可說諄諄示導；《佛遺教經》則是最後的叮囑了。在《佛遺教經》末尾，佛陀說：「汝等比丘勿懷憂惱。若我住世一劫，會亦當滅；會而不離，終不可得。自利利人，法皆具足，若我久住，更無所益。應可度者，若天上人間，皆悉已度；其未度者，皆亦已作得度因緣。自今已後，我諸弟子展轉行之，則是如來法身常在而不滅也。……汝等比丘常當一心勤求出道，一切世間動不動法，皆是敗壞不安之相。汝等且止！勿得復語！時將欲過，我欲滅度，是我最後之所教誨。」世間無常，佛陀教化因緣盡了，總歸有入滅之時；而經典承載如來的「法身」（真理的集合），佛弟子們依照經教精勤修行，代代相承，如來法身便會常住世間，猶如漫漫長夜之中的指路明燈。

明代蕅益智旭於《閱藏知津》卷二十九所示此經提要如下：「囑諸比丘以戒為師，離諸惡法，對治諸苦，及諸煩惱。勤修出世大人功德，所謂：無求、知足、遠離、精進、不忘、禪定、智慧，及不戲論。蓋是最後丁寧，不啻一字一血！宜深玩而力行之。」蕅益大師從兩方面來概括一經主要內容，其一是「以戒為師」，遠離惡行與煩惱；其二是出世修行的「八大人念」（請參閱本書頁七十六—八十七）。

關於《佛遺教經》各段的實踐指引，陳士強列出十四個綱目：㈠當持淨戒，勿令毀犯。㈡當制五根，勿令放逸。㈢受諸飲食，勿生好惡。㈣修習善法，無令失時。㈤忍辱攝心，無令瞋恨。㈥質直其心，無令諂曲。㈦少欲知足，脫諸苦惱。㈧當離憒鬧，獨處閑居。㈨當勤精進，如水穿石。㈩求善護助，攝念在心。⑾修習禪定，心則不亂。⑿修習智慧，則無貪著。⒀捨離戲論，而得寂樂。⒁捨諸放逸，如離惡賊。（《大藏經總目提要．經藏》，冊三，頁七三九—七四一）

以戒為師，正向解脫

傳統上認為《佛遺教經》是專為出家比丘而說；然而，其內容基本上是在講述正確的修行態度與生活規範，可通用於僧俗四眾。太虛大師於《佛遺教經講要》將此經的正宗分判為「共法要」與「不共法要」的二重法要。共法要是三乘、五乘的行者所共學，即經中前半所說戒行部分；不共法要是此經後半專為成就出世間聖人功德的講述。（頁一〇六—一二六）以大師的眼光看來，《佛遺教經》的戒行是對出家法師與在家行者的共通指導。

聖嚴法師說：「根據太虛大師的判教，認為此經屬於五乘共法，即人、天、聲聞、緣覺、菩薩都應以《佛遺教經》的教誡內容為基礎而修學。雖然這部經在當時主要是對出家的聲聞弟子說的，但在家居士仍應遵守其中的許多教誡。對僧俗四眾而言，此經可說是生活的規範，以及佛法的基礎，若不懂或不能遵守《佛遺教經》的教誡，那麼，對佛法的認識和實踐將會有所偏差。」（《佛陀遺教——四十二章經、佛遺教經、八大人覺經講記》，頁七十三—七十四）這是深刻的見地，比起律藏的嚴格細密規定來說，此經所說教誡是基礎戒行，有助建立正確實踐觀念，宜於日常生活中持守。

「以戒為師」是佛陀臨入涅槃前，對弟子最緊要的提醒，如來不在以後應以教法與戒律作為老師。若無持戒清淨的僧團，佛教正法即無法久住，南山律祖道宣於《四分律刪繁補闕行事鈔》卷上說：「《善見》云：佛語阿難：『我滅度後，有五種法令（正法）久住：一、毘尼者是汝大師。二、下至五人持律在世。……五、以律師持律故佛法住世五千年。』」「毘尼」（vinaya）就是戒律。這是佛陀的遠見，洞悉未來的佛教問題所在，預示佛弟子，清淨持戒是正法久住世間的基石。

「戒」在《佛遺教經》是以「波羅提木叉」（pratimokṣa）來表示。「波羅提木叉」具有多重意義，所以採取音譯，屬玄奘「五種不翻」理論的「含多義故不翻」。首先，詞頭 prati 有「個別的、分配的」之義，所以「波羅提木叉」意譯為「別解脫」、「別別解脫」、「處處解脫」等，持守戒律能於各方面的違犯獲得解脫，此如經中所舉種種「持戒之相」。其次，prati 又有「對向、朝向」之義，此即經文「戒是正順解脫之本，故名波羅提木叉」的意義。持戒是佛法實踐的根柢，能防範三業惡行，助成善法功德，導向究竟的解脫涅槃。

佛陀在此最後的教誡之初，為弟子概略講述「持戒之相」，告誡比丘們切勿透過販賣貿易、墾土種植、和合湯藥、占相算命等不正當手段獲取生活物資。再者，更不應蓄積田宅、財寶、奴婢、畜牲等，要遠離它們如逃避火坑一樣。此外，既然已經出家，就不應當涉入世俗事務，諸如擔任使者、咒術仙藥、結交權貴、阿諛奉承等事。為了名聞利養而覆藏過失、顯異惑眾的行為也在嚴禁之列。佛陀的最後教導，希望弟子們能保持剃髮出家的初心，確實放捨世間名利，專志於出世佛法的修學，以居士們的四事供養（飲食、衣服、臥具、醫藥）為正當的生活物資來源，而且不要貪求、蓄積。否則，又會再為世間塵勞所繫縛。

照察煩惱，調伏自心

尚未體得解脫的佛教行者，常起煩惱，驅動業行，佛陀為弟子們舉示應對治的生命問題。其一，必須守護根門：「當制五根，勿令放逸，入於五欲。」放縱眼、耳、鼻、舌、身五種感官去接觸色、聲、香、味、觸五種欲求對象，喜愛的生執取，厭惡的生瞋心，而發動種種惡業。其實，心才是造業的主宰，所以接下來說：「此五根者，心為其主，是故汝等當好制心。」只要心能受降伏，就能避免進一步造作不善的身、口二業。

另外，告誡比丘們要少欲知足：「多欲之人，多求利故，苦惱亦多。少欲之人，無求無欲，則無此患。」少欲能生出甚大的利益：「少欲之人，則無諂曲以求人意，亦復不為諸根所牽。行少欲者，心則坦然，無所憂畏，觸事有餘，常無不足。」少欲則不致為了追逐名聞利養而逢迎他人，少受到諸根的牽引，內心真誠淡泊，坦然自在。少欲之外還要能知足，經中說：「不知足者，雖富而貧；知足之人，雖貧而富。」少欲知足，方能真正在精神上富足，否則擁有再多的物質財富都離不開「求不得苦」。因此，對於生活物資應保有正確態度，以飲食為例：「受諸飲食，當如服藥，於好於惡，勿生增減，趣得支身，以除飢渴。」飲食好比服藥，只是為了維持色身正常運作，以便修行；如果貪求美味，那就捨本逐末了！

瞋恚、憍慢也是修道的重大障礙心理。瞋心猶如猛火一般，不僅傷害他人，自己內心不得安寧，將來也會感得苦果。表現出瞋恚、憍慢，還讓佛弟子受人譏評，不能成為世間表率。應以忍辱來對治瞋恚：「若有人來節節支解，當自攝心，無令瞋恨；亦當護口，勿出惡言。若縱恚心，則自妨道，失功德利。忍之為德，持戒、苦行所不能及；能行忍者，乃可名為有力大人。」具備忍辱力，才不致讓瞋火焚燒善法功德，而離解脫愈遠，甚至墮入惡道。懷有憍慢心，容易得少為足，自以為修證很高，障礙修學進步。增長憍慢心，「尚非世俗白衣所宜，何況出家入道之人為解脫故，自降其心，而行乞耶！」不知抱持謙沖的胸懷，就忘失了剃除鬚髮、穿糞掃衣、持鉢乞食所蘊含的謙卑修行意義。

遠離憒鬧，修習定慧

佛法修行如逆水行舟，必須精進，稍有懈怠，便會受煩惱牽引而向下沉淪。在經典中屢屢見到佛陀教導弟子必須精進修道，《佛遺教經》同樣如此。佛陀告誡弟子們勿因貪圖睡眠而使時光虛度：「無以睡眠因緣，令一生空過，無所得也。當念無常之火燒諸世間，早求自度，勿睡眠也。諸煩惱賊常伺殺人，甚於怨家，安可睡眠，不自警寤！」雖說人生有數十寒暑，但在懈怠當中，時間轉眼即逝。從積極面來說就是要精進，煩惱的力量強大，非精進勤修無法克服。

經中採用生動的譬喻來解說精進：「若勤精進，則事無難者，是故汝等當勤精進，譬如小水長流則能穿石。若行者之心數數懈廢，譬如鑽火，未熱而息，雖欲得火，火難可得。」修行無法獲得進展，多半由於不能精進用功。佛法實踐並無捷徑，猶如鑽木取火，必須投入足夠努力，長期堅持，始能跨越門檻，使修持得力。

在道業未成，須要專志用功之時，修學環境的選擇非常重要。佛陀提醒弟子應當遠離人群憒鬧：「當捨己眾他眾，空閒獨處，思滅苦本。若樂眾者，則受眾惱，……世間縛者，譬如老象溺泥，不能自出。」處於群眾之中易受世俗干擾，修行難以成就；唯有先遠離塵俗喧囂，專心致志於禪思教法。自己找到生命出路，方能為他人指引正確道路。

身處適宜修行的寂靜處所，應當修習正念、正定，助成般若智慧，這是達致解脫的核心法門。正念是正確的修習專注，將心念時刻收攝在方法上，使煩惱沒有侵入的空間：「若不忘念者，諸煩腦賊則不能入，是故汝等常當攝念在心。」通過正念可導入正定：「若攝心者，心則在定；心在定故，能知世間生滅法相。」心靈達到高度的安定與集中，提升覺照潛能，觀照世間法相的真實樣貌，發起般若智慧。

般若智慧的現起，始為斷除煩惱、解脫生死的保證。種種佛教修行法門的一致目標，全在朝向般若智慧的朗現。通過智慧的觀照，始能徹底解決一切生命的問題：「若有智慧，則無貪著，常自省察，不令有失，是則於我、法中能得解脫。……實智慧者，則是度老、病、死海堅牢船也；亦是無明黑闇大明燈也；一切病苦之良藥也；伐煩惱樹者之利斧也。」具有智慧則能照見自我與諸法的真實相狀，消除錯誤的執著。智慧須從聞、思、修得：「當以聞、思、修慧而自增益，若人有智慧之照，雖無天眼，而是明見人也。」佛教的「明」指向智慧的明照真理世界，而非天眼的明察物質世間。

聞、思、修都是扣著般若智慧的修學而說，是層層遞進的慧學實修次第。聖嚴法師解釋說：「聞、思、修，總名三慧，彼此有連帶關係。1. 聞慧，是以見聞經教而生的智慧；2. 思慧，是以思惟經教的義理而生的智慧；3. 修慧，是以修習禪定而生的智慧。一般人聽聞經教之後，觀念改變了，煩惱減輕了；進一步對經教的義理深入思惟，因此知見更加穩固，煩惱更加減輕；然後，如經教中所說的方法修行禪定，而開發出無漏的智慧。前兩種是以散智而開發修慧，第三種是以定智來正確地斷惑而實證空性的真理，所以三慧是有層次而相關的。」（《佛陀遺教——四十二章經、佛遺教經、八大人覺經講記》，頁一三〇）透過定學與慧學的結合修習，時節因緣成熟，自能息滅煩惱戲論，證得寂靜涅槃。

《佛遺教經》為佛教行者點出了重要修行問題及基本修持方法，再來的要務便是依教奉行。修行道業的成就並不取決於懂得多少高深精妙的佛理，而重在了知佛法的核心真理法義以後，能腳踏實地、精勤不懈地從事戒、定、慧三學實踐，否則無由脫離生死輪迴的漫漫長夜。就此意義而言，《佛遺教經》確實是一部精要實用的佛教修行手冊。

佛教賢聖的修行要目
——《八大人覺經》導讀

《八大人覺經》在佛經目錄的著錄情形，最早見於隋代開皇年間法經等所編撰的《眾經目錄》，列入「小乘修多羅藏錄」（小乘經）的「失譯經」（譯人與譯經資訊不詳），經名題為「八大人覺章經」。其後隋仁壽二年（六〇二）彥悰等撰《眾經目錄》，將此經列在「闕本」（舊錄有目而無經本）項下，表示當時經本已然亡佚。

唐代龍朔三年（六六三）靜泰等人重新整理法經《眾經目錄》，改列此經於「大乘經單本」，經名《八大人覺經》，並註明「二紙，闕本訪得」。也就是說，重新找到佚失的經文，但依然未記載譯主。直到武后時期（六九〇—七〇五）明佺等撰《大周刊定目錄》，又將此經列在「小乘單譯經」下，並指出「漢代安世高譯，出《寶唱錄》」。後來的經錄，都視此經為安世高的譯作。

《八大人覺經》究竟屬於聲聞經還是大乘經？「八大人覺」又譯作「八大人念」，「覺」與「念」的對應梵文是 vitarka，意為「思慮；深思」；「八大人覺」意即偉大人士（mahāpuruṣa，指佛教賢聖）應當思惟的八項要義。《中阿含經》卷十八有《八念經》；藏經中亦見單行流通的《阿那律八念經》；《長阿含經》卷九《十上經》列示「八大人覺」，這幾經的德目都是一致的。因此，藏經中存在聲聞經典與大乘經典二類《八大人覺經》，宜加以區分。兩種經本的關係為何？各提供何種修行指引？是研讀《八大人覺經》應有所了解之事。

八大人念，聲聞德目

《八大人覺經》究竟應判屬大乘經還是聲聞經，古代經錄編撰者的見解不一，他們所見的經本可能不同。「八大人覺」在漢譯佛教經論中又譯作「八大人念」，經文內容與現行流通經本有相當的出入。在唐代《眾經目錄》著錄含有大乘法義的經本之前，佛教古德對八個德目應有共識，如隋代灌頂《大般涅槃經疏》卷十說：「八大人覺者，出《遺教經》，少欲、知足、遠離、精進、正念、正定、正慧、不戲論。」帶有早期佛教聖典的修學色彩。

在《中阿含經．長壽王品．八念經》中，天眼第一的阿那律尊者在寂靜處禪坐思惟如此的內容：「道從無欲，非有欲得；道從知足，非無厭得；道從遠離，非樂聚會，非住聚會，非合聚會得；道從精勤，非懈怠得；道從正念，非邪念得；道從定意，非亂意得；道從智慧，非愚癡得；道從不戲、樂不戲、行不戲、非戲、非樂戲、非行戲得。」八個德目是無欲、知足、遠離、精勤、正念、定意（正定）、智慧、不戲（離戲論），通向菩提（道）的覺證。佛陀有他心通，就施展神通顯現在阿那律面前，印可他所深思的法義，進而說明藉此八念能得到四禪，更進一步能體得阿那含果（三果）或究竟智（阿羅漢果）。

佛陀於是讓阿難將鹿野苑的比丘們全部召集到講堂，開示「八大人念」的深義。首先，第一層意義是「得知足」意謂「自知得無欲，不令他人知我無欲」；其他七念也是如此。也就是說，佛教修行者自己思惟、領悟八項法義，而不求讓他人知道自己獲得領悟。修行體驗是個人之事，不是要讓他人知道自己的功德。

經中對「無欲」沒有多做解釋，這應是個容易理解的概念。「知足」思惟衣服只為遮蔽形體，飲食只為支持身體。「遠離」是指身與心二方面的遠離，不喜好群聚，不身處群聚。「精勤」意指專心一意地斷除惡不善法，修行善法，精進不懈。「正念」是修習身、受、心、法四念處。「定意」（正定）即是成就四禪。「智慧」是指觀察無常、四諦等真理，斷除苦本。「不戲」（離戲論）的意義是內心常遠離概念分別，喜愛安住於無餘涅槃，喜悅安樂。

《中阿含經》卷二《七法品．七車經》說明滿慈子（富樓那）受到比丘們的共同稱讚，因為他「自少欲、知足，稱說少欲、知足；自閑居，稱說閑居；自精進，稱說精進；自正念，稱說正念；自一心，稱說一心；自智慧，稱說智慧；自漏盡，稱說漏盡。自勸發、渴仰、成就歡喜，稱說勸發、渴仰、成就歡喜。」滿慈子自己修行少欲、知足、閑居（遠離）、精進、正念、一心（正定）、智慧、漏盡（離戲論）八法，也開示、教導、鼓勵他人修行，使人獲得歡喜。

「八大人念」是次第修行德目，由少欲、知足、遠離以擺脫俗世羈絆；而後導入精進、正念、正定的禪定修學；進而觀照四諦真理，終而達成止滅戲論，斷除煩惱，證得解脫涅槃。

擴充八覺，融會大乘

現今流通的《八大人覺經》（收於《大正藏》第十七冊），具有大乘菩薩道的實踐意涵，聖嚴法師指出：「然在第五項的經文中有『菩薩常念』，第六項的經文中有『菩薩布施』，第八項的經文中有『發大乘心』，在第八項之後又有經文說『如此八事，乃是諸佛菩薩大人之所覺悟……令諸眾生覺生死苦。』這些表達的方式，均非《佛遺教經》的模式，確實有大乘聖典的氣概，因此也被認作是大乘的經典。」（《佛陀遺教——四十二章經、佛遺教經、八大人覺經講記》，頁一四七—一四八）今日流通的經本在法義上融會了初期佛教與大乘佛教。

《八大人覺經》在中國的翻譯與流傳上雖留下一些難解的歷史問題；然而，一部經典的真正價值，取決於內容是否合於佛陀教說，是否能為讀經者帶來真理修學方面的重大啟發。就此意義而言，這部經典的法義是相當值得肯定的，所示教導完全符合佛教智慧經典所說。再者，融會聲聞與大乘教法，更能適應中國佛教文化環境的實踐需要。

大乘版《八大人覺經》經名中的「大人」意指諸佛菩薩，亦可涵蓋修學有成的菩薩行者。「八大人覺」是八個偉大人士所深思、領解的修行法要，佛弟子精勤修學這八個德目，可通向諸佛菩薩的智慧體悟。修學的重點是「常於晝夜，至心誦念」，在文義純熟、憶念不忘的狀態下，始能於日常行住坐臥、與人交接之際，都有「八大人覺」的引導。

人生存在，如實觀察

此經主體的八個德目，有共通的表述模式，先舉出世間人生的問題所在，然後指點對治方法。第一覺知指出世間環境、吾人身心等現象事物的真相，強調以智慧做正確觀察，以獲得領悟。「世間無常，國土危脆」，述說生存環境是非永恆的、脆弱不堅的，相信頻繁的地震令人對此有深刻體認。

「四大苦空、五陰無我」，說明構成有情形軀的地（堅性）、水（濕性）、火（煖性）、風（動性）四大要素也是無常的，與世人的青春長壽願望相違，所以是苦；四大由因緣和合所成，所以空無自性。組成人類身心個體的色（形質）、受（感覺）、想（概念、思惟）、行（意志）、識（認知）五類要素（五陰、五蘊）恆常處於變異之中，生命現象就是它們的和合作用，其中並不存在一個永恆不變的精神主體（自我）。

國土、四大、五陰都是「生滅變異，虛偽無主」，為因緣和合的虛妄性存在樣態，生滅無常，不具有實在的自性。凡愚眾生缺乏這種真實認識，在無常、苦、無我、不淨的現象世界中計執常、樂、我、淨的顛倒見（與真理完全相反的見解），致使心中貪、瞋、癡煩惱紛起，發動身、口造作惡業，所以說「心為惡源，形為罪藪」，這就是人類生命存在的根源性問題。「如是觀察，漸離生死」，告訴世人必須對世間、身心進行如實觀照，方能逐漸化去對自我與現象萬法的執取，解脫生死輪迴之苦。

第八覺知說明「生死熾然，苦惱無量」，有情生命存在的三種界域（欲界、色界、無色界）猶如火宅，有無量苦惱灼燒身心，但眾生不能醒覺，反而以存在為樂。佛弟子覺知生命中無可逃避的苦厄，推己及人，生發悲心，常念效法佛菩薩發起大菩提心，誓願救度一切有情；讓慈悲胸懷廣闊無垠，甚至「願代眾生，受無量苦」，亦不心生退卻。具足大悲心、菩提心，期願教化一切眾生，令他們出離生死苦海，獲得身心自在的「畢竟大樂」。

愚癡貪欲，生死根本

第五覺知講說「愚癡」的問題。經文說「愚癡生死」，愚癡才是讓眾生流轉生死的本根。《大法炬陀羅尼經．相好品》說：「貪愛為母，無明為父，往來輪轉生、老、病、死。」今世生養我們的父母，是生物上、倫理上的父母，真正造成眾生流轉生死的「父母」是愚癡與貪愛，而愚癡更是根本中的根本。

菩薩破除愚癡的法門是恆常憶念：「廣學多聞，增長智慧，成就辯才，教化一切，悉以大樂。」多聞佛陀正法，長養般若智慧，才能徹底破除愚癡。大乘菩薩並非只追求個己的解脫，也積極廣學一切利益有情的學問，培養演說佛法與攝受眾生的無礙辯才，以教化他人修學智慧佛法，使他們離苦得樂。

第二覺知點出「多欲」的問題。「多欲為苦，生死疲勞，從貪欲起」，貪欲是生命存在的大問題，對色、聲、香、味、觸五欲愈是貪求，苦惱也就愈多，廣造煩惱業行，業力將眾生牢牢繫縛在生死輪轉當中，一世又一世蒙受身心的苦痛。解決方案在於培養「少欲無為」的心志，生活物資夠用就好，不要有心追逐種種欲求對象，寡欲便能清心淡泊，少有憂愁苦惱，身心舒坦泰然。

第三覺知教導佛弟子須要「知足」。如果內心不知道滿足，就會「惟得多求，增長罪惡」，人世間的罪惡多因過度貪求而逾越道德界線，傷害他人來滿足自我。菩薩沒這個問題，他們能夠離欲，「常念知足，安貧守道，唯慧是業」，樂於過清貧的生活，將全幅心力用在智慧實踐，不會因多求而造作惡行。少欲與知足緊密連結，聖嚴法師解釋說：「知足和少欲是互為因果的，能少欲者必由於知足，能知足者必由於少欲，所以說了少欲之後，接著闡明知足的重要性。」（《佛陀遺教——

四十二章經、佛遺教經、八大人覺經講記》，頁一五九）

第六覺知指出「貧苦多怨，橫結惡緣」，人之所以貧苦，主要因為過去太過慳吝，不知布施結善緣。生活在貧苦中卻只會怨天尤人，不但無法擺脫貧困，反而結下更多惡緣。《四十二章經》說「貧窮布施難」，然而，身處貧窮時更應懂得布施，免得持續陷於貧困。菩薩以無分別心來從事布施，「等念怨親，不念舊惡，不憎惡人」，只問他人需不需要，不問朋友還是怨敵、善人或是惡人。《金剛經》說：「菩薩於法應無所住行於布施。」有智者在布施時，不執著任何的事物，不求任何回報，一切功德迴向成就佛果無上菩提。

遠離五欲，精進修道

第四覺知解說「精進」的意義。「懈怠墜落」，懈怠造成向下沉淪，《菩薩本行經》卷上說：「夫懈怠者，眾行之累。居家懈怠，則衣食不供，產業不舉；出家懈怠，不能出離生死之苦。」懈怠要用精進予以對治，「常行精進，破煩惱惡，摧伏四魔，出陰界獄」，唯有精進修行才有機會破除一切煩惱惡法，降伏四種魔障，出脫由五陰或十八界（六根、六塵、六識）構成的生死牢獄。

「四魔」意指奪人智慧生命的四種修行障礙：「天魔」是欲界第六天的魔王，怕修行者成就出世善根，脫離其掌握，刻意施加種種擾亂。「煩惱魔」意指種種煩惱會障礙菩提的生起。「五陰魔」意謂五陰構成的身心個體易生不調，起種種障害。「生死魔」是說善業尚未成就，命限已經到來，修行體驗無法延續。

第七個覺知強調貪求「五欲」會帶來種種過患，應生起出離世間欲樂的心志。雖然是在家居士，也要嚮往出家的清淨生活：「不染世樂，常念三衣、瓦鉢法器；志願出家，守道清白，梵行高遠，慈悲一切。」出家法師的隨身之物僅有三衣一鉢等簡單法器，不貪著世間財物，精進於身、口、意三業的清淨，是最適合修學真理的生活方式。此外，大乘菩薩道的出家態度不求急證涅槃，而是在自己修行成就後，更以慈悲願力來濟度一切眾生。

佛弟子實踐此「八大人覺」，在進入諸佛菩薩的智慧境界之後，還要乘願回到生死世界，以這八個德目來利濟眾生，完成自覺覺他的菩薩廣行。在此經的最後，提點佛弟子：「若佛弟子誦此八事，於念念中滅無量罪；進趣菩提，速登正覺；永斷生死，常住快樂。」當佛教行者全身心地思惟與踐行「八大人覺」，惡念便喪失生起的空間，時刻以善法洗滌心靈，自可消滅無量罪愆，精進修行菩薩道，以期快速證得無上覺悟，不再淪落生死，常處自在安樂。

般若經典的早期形態

——《小品般若經》導讀

《般若經》是初期大乘時代的核心經典，在印度佛教歷史的不同階段，有各種篇幅不一的般若系經典流出，思想亦有所發展。自二世紀的東漢時代開始，《般若經》就傳譯到中國，一直到宋代為止，各類大小經本幾乎都可找到對應的漢譯本，甚至同一種經本歷經多次重譯。

《般若經》研究專家孔澤（Edward Conze）將般若系經典的發展分為四期：

(一)西元前一百年到西元後一百年為「根本經典期」，代表者為《八千頌般若經》，東漢支婁迦讖所譯經名為《道行般若經》，姚秦鳩摩羅什譯本為《小品般若經》。

(二)一百年到三百年為根本經典的「擴充發展期」，代表經典為《二萬五千頌般若經》，羅什漢譯本為《摩訶般若波羅蜜經》，即《大品般若經》；篇幅最大者為《十萬頌般若經》，相當於玄奘所譯《大般若經》的初分。(三)三百年到五百年為「小本經典期」，如《金剛經》與《心經》。(四)西元六百年以後是「密教影響期」，如《理趣般若經》。（*Selected Saying from the Perfection of Wisdom*, pp.1-11.）各種般若系經典在中國的漢譯時代，也能對孔澤的分期觀點提供某些印證。

《八千頌般若經》（《小品般若經》）是最早流傳的般若系經典，「初品」更是包含「原始般若」的內容，即《般若經》教法的原初形態；後來其各品經文亦被整合到《二萬五千頌般若經》之中。有鑑於此，研讀般若系經典宜從此經讀起。《八千頌般若經》現存六種漢譯本，本文引用經文依羅什所譯《小品般若經》（收於《大正藏》第八冊），全經共十卷，二十九品。

原始般若，禪觀實相

《小品般若經》的〈初品〉（《道行般若經》為〈道行品〉），以「原始般若」為其主要內容，展現《般若經》的早期真理表述形式，講說通過菩薩三昧定境所直觀的般若智慧境界。

雖是部大乘經典，此經序分所列聖眾只說世尊與大比丘僧團一千二百五十人在一起，都是阿羅漢，全未提及菩薩聖眾，顯示其早期大乘經的風格。此經的說法主題是甚深般若波羅蜜，然而，佛陀卻讓聲聞弟子中解空第一的須菩提運用辯才為菩薩們說法，且在須菩提與智慧第一的舍利弗的交互問答脈絡中帶出般若波羅蜜法義。

舍利弗起初陷入困惑：須菩提是憑藉自己智力而說法？還是仰仗佛陀加持力而說？須菩提知悉舍利弗的心念，回應說：佛陀弟子凡有所說，全是仰仗佛力。原因何在？在佛陀所說教法中學習，能證得法性（諸法實相）；證得以後，所說出的一切都與法性不相違背，因為那是自如來真理法教中所流出者。依這樣的問答內容，在「原始般若」時期，聲聞佛教與大乘佛法之間似未存在難以跨越的鴻溝。

「般若波羅蜜」的涵義為何？須菩提向佛陀說：「世尊！佛使我為諸菩薩說所應成就般若波羅蜜。世尊！所言『菩薩、菩薩』者，何等法義是『菩薩』？我不見有法名為『菩薩』。世尊！我不見菩薩，不得菩薩，亦不見、不得般若波羅蜜，當教何等菩薩般若波羅蜜？若菩薩聞作是說，不驚、不怖、不沒、不退，如所說行，是名教菩薩般若波羅蜜。」須菩提以非常直觀的方式表達般若波羅蜜的空性體悟，那是離言說的智慧證境，沒有「菩薩」與「般若波羅蜜」的分別概念，那麼要向什麼菩薩教導何種般若波羅蜜？聽聞此義而能不驚恐、不退屈，表示已經信受、安住於般若波羅蜜，一切無執，始具備資格向菩薩教導般若波羅蜜。

須菩提又向世尊說：「菩薩行般若波羅蜜時，應如是學，不念是菩薩心。所以者何？是心非心，心相本淨故。」學習、修行般若波羅蜜時，不應在心中存有「菩薩心」的觀念，因為這樣就有某種「心」的概念執著，進入不了空性覺證。那個菩薩心是「非心」（即空性），因為心的本性是清淨的，不可說是有，也不可說是無。這裡讓人聯想到羅什所譯《金剛經》那句「應無所住而生其心」的神妙一筆。

菩薩所體得的這種與般若空慧相應的禪定稱為「諸法無受三昧」（對一切諸法無所執取的禪定），於色、受、想、行、識全不住著，照見五蘊了無實性，超越一切概念分別，連般若波羅蜜都不執取，也不生起自己在修學三昧的心念。於色不執取，色則為非色（意即色是空）；受、想、行、識同樣如此。如此始為真正地修行般若波羅蜜，勝過聲聞、辟支佛二乘境地，快速朝向「薩婆若」（一切智智，佛陀的全知智慧）的覺證。

菩薩大士，意義超勝

新發菩提心的菩薩信心與慧根尚未堅實，若受到惡知識（惡友）影響，聽聞般若波羅蜜法義，就會心生驚恐、退屈；如果隨順善知識引導，則不會陷入驚恐、退屈。怎樣是「惡知識」？佛陀說：「教令遠離般若波羅蜜，使不樂菩提；又教令學取相分別、嚴飾文頌；又教學雜聲聞、辟支佛經法；又與作魔事因緣，是名菩薩惡知識。」其中「魔事」指魔王的作為，專門破壞出世善法修學。反之，所謂大乘行者的「善知識」（善友），佛陀說明其義如下：「教令學般若波羅蜜，為說魔事，說魔過惡；令知魔事、魔過惡已，教令遠離。」菩薩善知識能教導行者正確學習、修行般若波羅蜜，及使人了解並遠離魔王的作為與罪過。

「菩薩」（志求無上菩提的有情）的意義為何？佛陀告訴須菩提：「為學一切

法無障礙，亦如實知一切法，是名菩薩義。」是從具備般若智慧，如實了知一切法的意義來界定菩薩。「摩訶薩」（大士，偉大的有情）的意義又是如何？佛陀首先回答說：「當為大眾作上首，名為摩訶薩義。」摩訶薩意謂在大乘佛法修行中，身為有情們的領袖，引領大眾成為最上者。在佛陀進一步解說之前，舍利弗與富樓那先表達他們對摩訶薩義的領會。

舍利弗說：「菩薩為斷我見、眾生見、壽者見、人見，有見、無見，斷見、常見等，而為說法，是名摩訶薩義。於是中心無所著，亦名摩訶薩義。」摩訶薩就是自己體得空性，心無執著，進而說法使人斷除我、法二執，證得中道空的大菩薩。大菩薩必須自己覺證般若波羅蜜，並能講授般若教法以使他人覺悟。

聲聞弟子中說法第一的富樓那彌多羅尼子提出：「菩薩發大莊嚴，乘大乘故，是名摩訶薩義。」菩薩大士是穿著大（誓願）鎧甲，乘坐大車乘前進的偉大人物。這時，須菩提向佛陀請問「發大莊嚴」（穿大鎧甲）蘊含何義？佛陀回應說：「菩薩作是念：『我應度無量阿僧祇眾生。度眾生已，無有眾生滅度者。』何以故？諸法相爾。」大菩薩發起大誓願廣度眾生，因了悟法性實相而無眾生想、法想，聽聞般若空教法而不驚恐、不退屈，如同穿上大鎧甲而心無所畏。

菩薩大士心無執取而在世間廣度有情這件事，譬如魔術師在熙來攘往的十字路口，變化出廣大群眾，然後用武器砍斷他們的頭顱，而無任何受傷者與死亡者。現實世間同樣如此，表面上有各類有情從事種種行為，並無任何固定不變的實有事物，一切存在現象都是虛妄無實。通達般若波羅蜜的菩薩大士自己發大心廣度眾生，而其智慧心中全然不起我在度眾生的想法。

菩薩為大乘佛教修行的典範人物，「大乘」（摩訶衍）具有何種殊勝意義？佛陀告訴須菩提：「大乘者，無有量、無分數故。是乘從何處出、住何處者，是乘從三界出，住薩婆若。無乘是乘出者。何以故？出法、出者，俱無所有，何法當出？」大乘的智慧境界是廣闊無邊的，無法衡量、沒有局限。大乘佛法使修行者超出三界生死，安住於佛陀的一切智智。大乘佛法的核心實踐是般若波羅蜜行，並無超出之法與超出之人，沒有任何所出與所入。大菩薩如此修行，即是穿上大鎧甲，行於大乘道，乘坐大乘法。

須菩提在佛陀面前總結「大乘」之義說：「所言『摩訶衍、摩訶衍』者，勝出一切世間天、人、阿修羅。世尊！摩訶衍與虛空等。如虛空受無量阿僧祇眾生；摩訶衍亦如是，受無量阿僧祇眾生。是摩訶衍如虛空，無來處，無去處，無住處；摩訶衍亦如是，不得前際，不得中際，不得後際，是乘三世等。是故名為『摩訶衍』。」大乘能超出一切世間各道，不落入時間與空間的限制，沒有來處、去處、住處；亦無過去、現在、未來，一切平等。大乘菩薩由此領悟而無所執取，心境開闊平等，容受一切有情。

般若為導，方便所護

般若波羅蜜可由三乘共學，本經〈初品〉說：「若善男子、善女人欲學聲聞地，當聞是般若波羅蜜，受持、讀誦、如說修行；欲學辟支佛地，當聞是般若波羅蜜，受持、讀誦、如說修行；欲學菩薩地，亦當聞是般若波羅蜜，受持、讀誦、如說修行。所以者何？般若波羅蜜中廣說菩薩所應學法。」三乘的覺證境地包含三種菩提：無上菩提（佛菩提）、緣覺菩提、聲聞菩提。證入三種菩提都需要般若智慧的體悟，只是深廣程度有別。三乘行者共同修學般若波羅蜜，而發心有出離心與菩提心之別，所得果證就有二乘涅槃與佛果無上菩提的巨大差異。《般若經》作為大乘經典，真正想要教導者是菩薩層次所應修學的教法。

「般若」是達到體悟的智慧；「波羅蜜」意為成佛的法門；「般若波羅蜜」因此是以佛果為直接目標的首要智慧修學法門。布施、持戒、忍辱、精進、禪定等五種法門原本各有其相應的修行功德，當與般若波羅蜜結合之後，都導向成佛的最高目標。

此經〈明咒品〉中，阿難問佛陀說：「世尊不讚說檀波羅蜜名，不讚說尸羅波羅蜜、羼提波羅蜜、毘梨耶波羅蜜、禪波羅蜜名，何以故但讚說般若波羅蜜名？」為什麼般若波羅蜜特別值得讚歎呢？佛陀回覆阿難：「般若波羅蜜導五波羅蜜。」因為有般若波羅蜜作為其他波羅蜜的眼目，其他法門才能「迴向薩婆若」，也就是修行功德能轉向佛陀的一切智智，從而獲得「波羅蜜」的名稱。佛陀說：「五波羅蜜住般若波羅蜜中而得增長，為般若波羅蜜所護故，得向薩婆若。」五波羅蜜與般若波羅蜜相結合而獲得成長，受到般若波羅蜜的攝持，得以朝向如來的全知智慧。

般若波羅蜜以佛果為終極目標，不執生死，不住涅槃，菩薩行者受到般若波羅蜜的方便智慧所攝持、守護，才不會在成佛之道的中途證入涅槃。〈大如品〉說：「是六千菩薩已曾供養親近五百諸佛，於諸佛所，布施、持戒、忍辱、精進、禪定，不為般若波羅蜜方便所護故，今不受諸法，漏盡，心得解脫。舍利弗！菩薩雖行空、無相、無作道，不為般若波羅蜜方便所護故，證於實際，作聲聞乘。」聲聞乘所發的出離心追求捨離生死，取證涅槃；如果菩薩修習空性智慧來引導其他法門的實踐，不知以佛果為最終目標，不明涅槃不應住著，就缺乏般若波羅蜜的方便力，會落入聲聞乘，過早斷盡煩惱，取證涅槃。

〈恒伽提婆品〉說明真正的菩薩行者心中明念著成就無上菩提，獲得方便所攝持，雖然思惟諸法實相，而不提早證入涅槃：「菩薩行般若波羅蜜，方便所護故，不證第一實際，為欲成就阿耨多羅三藐三菩提善根故。」又〈恒伽提婆品〉說：「是菩薩不捨一切眾生故，發如是大願。須菩提！若菩薩生如是心：『我不應捨一切眾生，應當度之。』即入空三昧解脫門，無相、無作三昧解脫門。是時，菩薩不中道證實際。何以故？是菩薩為方便所護故。」菩薩修行般若波羅蜜的方便守護力量，還包括在智慧心中思惟過去所發的大誓願，應當不捨棄一切有情，雖修習空、無相、無作三解脫門，而不半途取證涅槃。

經典法身，供養修學

釋迦牟尼佛入滅後，佛弟子已無從見到佛陀，其舍利取代如來色身，成為學佛大眾恭敬供養的神聖對象。在《長阿含經．遊行經》中，佛陀交代其身後要用轉輪聖王葬式，火化後在人來人往的大道旁興建佛塔，使大眾得以瞻禮與供養，生發善心，累積福德，以期轉生人天善道。這是對在家居士的指導，出家法師仍應在森林寂靜處勤修戒、定、慧，以發起智慧，證得解脫。《小品般若經》繼承佛陀示導的智慧修學傳統，又融攝一些世俗宗教信念與行法。

〈塔品〉校量供養如來舍利與受持《般若經》的功德大小，佛陀回應天帝釋說：「佛不以身故名為如來，以得薩婆若故名為如來。憍尸迦！諸佛薩婆若從般若波羅蜜生，是身薩婆若智所依止故。如來因是身得薩婆若智，成阿耨多羅三藐三菩提；是身薩婆若所依止故，我滅度後舍利得供養。」如來的全知智慧從般若波羅蜜生出，所以般若波羅蜜是第一殊勝的；而其色身是體證智慧的依止，因此也獲得神聖意義，使其舍利值得供養。不過，應知供養舍利所獲的福德遠遠不及供養與修學《般若經》的功德。

佛陀繼續說明供養《般若經》的重要意義所在：「若善男子、善女人書《般若波羅蜜》，受持、讀誦，供養、恭敬、尊重、讚歎，以好花、香、瓔珞、塗香、燒香、末香、雜香、繒蓋、幢幡而以供養，是善男子、善女人即是供養薩婆若智。」《般若經》承載般若波羅蜜教理，能生出如來智慧，書寫《般若經》加以供養，等於是在供養如來智慧，也就是真理法身。鼓勵供養經卷是攝受有情的權宜方法，更重要的，是進一步勸勉對《般若經》受持、讀誦、如說修行。

隨著佛教吸收世俗宗教元素，念誦咒語的修持方法在大乘佛教圈中逐漸流行，《小品般若經》也方便借用咒語的觀念。〈明咒品〉順著天帝釋請問《般若經》的咒語意義，佛陀解釋說：「般若波羅蜜是大明咒；般若波羅蜜是無上咒；般若波羅蜜是無等等咒。何以故？憍尸迦！過去諸佛因是明咒，得阿耨多羅三藐三菩提；未來諸佛亦因是咒，當得阿耨多羅三藐三菩提；今十方現在諸佛亦因是咒，得阿耨多羅三藐三菩提。憍尸迦！因是明咒，十善道出現於世，四禪、四無量心、四無色定、五神通出現於世。……世無佛時，所有善行正行皆從菩薩出生；菩薩方便力皆從般若波羅蜜生。」印度宗教相信咒語具有難以思議的大力量，佛陀隨順世俗說般若波羅蜜是智慧的咒語，佛陀與菩薩們所教導的正行與善行能帶來無與倫比的力量，而它們都自般若波羅蜜所生，所以般若波羅蜜是偉大的咒語、無上的咒語。

佛陀為了方便接引世人，講說供養《般若經》即等同供養如來的智慧法身，說般若波羅蜜是無上的智慧咒語，無非意在讓學佛大眾生起信心，親近《般若經》，由受持、讀誦，進而理解經義與如說修行。

《小品般若經》是早期形成的中型般若系經典，文句表述相對素樸，篇幅適中，說理明白，可說是理解般若波羅蜜法義的優良經本。後世重視《大品般若經》，漢譯《大智度論》與藏譯《現觀莊嚴論》都是這個大部經本的註釋書；甚至認為《小品般若經》是大部的精簡版。《小品般若經》的價值遭致低估，現今應結合傳統視域與學術視域來審視此經，藉以掌握《般若經》的真理教導與發展過程。

應無所住而生智慧心

——《金剛般若波羅蜜經》導讀

在般若經群之中，除《心經》以外，與中國佛教因緣最深者當是《金剛般若波羅蜜經》，簡稱《金剛經》。這部經典講述般若波羅蜜的甚深法義，而文句與內容的表達方式相對素樸與直觀，有學者推斷為早期般若經典。然而，以其一卷篇幅，應當容易流通，何以遲至五世紀初才由鳩摩羅什首度漢譯？孔澤（Edward Conze）認為此經屬於《般若經》發展的第三階段，濃縮大部經本的「小本經典期」，亦不無道理。無論如何，此經具有早期般若經典風格，是值得注意的。

《金剛經》現存姚秦鳩摩羅什、元魏菩提流支、陳代真諦、隋代笈多、唐代玄奘、唐代義淨等六種譯本，而以羅什本譯文優美曉暢，流傳最廣。據說六祖惠能因聽聞此本「應無所住而生其心」句，頓時開悟。現行流通本可見到「法會因由分」、「善現啟請分」、……「應化非真分」等三十二章標題，係梁代昭明太子蕭統所分，非經文本有，但可作為讀經參考。本經導讀係以羅什譯本為依據（收於《大正藏》第八冊）。

印順法師闡述此經宗要說：「如佛為須菩提說如此發心，直至究竟菩提，徹始徹終的歸宗於離相無住。……般若無所住，無所住而生其心；不取諸相，即生實相，即名為佛。須知般若無住的現覺，即離相菩提的分證。」（《般若經講記》，頁十五）以下依「破相無執」、「無住廣行」、「中道智境」三點說明一經旨趣。

破除諸相，心無執取

聖嚴法師指出《金剛經》的目的，在於讓學佛者發無上菩提心，成無上菩提果，而其全經要義就是：「心有所住，即離無上菩提之心；心能降伏，即是無上菩提之心。」（《福慧自在——金剛經講記與金剛經生活》，頁二十—二十一）也就是要成就「心無所住」的空性智慧領悟與無執自在人生。

《金剛經》的實踐要點，在於破除虛妄的我相與法相，徹底無執，證入離言說戲論的性空實相。經中多處文義脈絡都觸及須要破相的真諦指點，例如：「若菩薩有我相、人相、眾生相、壽者相，即非菩薩。」「我相即是非相；人相、眾生相、壽者相即是非相。」「如來說一切諸相，即是非相。」「無法相，亦無非法相。」「是實相者，即是非相，是故如來說名實相。」尚有一些文句，雖然未用到「相」字，但破相離執的意趣是相通的。可以說不能了解「相」的意義，很難讀通《金剛經》的真理教法。

「相」的意義為何？此字的對應梵語是saṁjñā，玄奘、義淨本都漢譯作「想」，印順法師解釋說：「想的定義是『取相』，就是認識作用。在認識境界時，內心就攝取境相，現起表象作用；再加構想、聯想等，成為概念；依此而安立種種的語言或文字。」（《成佛之道》，頁一四九）也就是說，眾生長久以來對於認識上所攝取的境相（nimitta），經過內心的加工之後，形成相對固化的概念分別活動——「想」；而相與想又是我們言語與思惟的底層構造。

「想」（戲論）的概念活動是執取性的、分別性的，總括來說，包含對「自我」的執取，及對「法」（現象事物；或構成事物的基本要素）的執取。舉例來說，如果自詡為「菩薩」者在教化「眾生」時，心中念著：「我將滅度無量無數的眾生。」那麼，他就不是真正的菩薩，因為在其心中還有我、眾生、滅度、數量等種種的「相（想）」，對空性真理缺乏正確與深切的體認。

凡夫從各種不同視角對人類的身心存在產生種種「自我」（永恆不滅的精神實體，類似靈魂觀念）的概念執取，形成「我執」。主張人擁有實在的自我而起「我相」；以為人具有別於他道眾生的獨立特質而執取「人相」；主張人是由五蘊組成的有情實體而起「眾生相」；認為人類擁有實在的生命力（壽者）作為生命存在本根而執取「壽者相」。這些我相、人相、眾生相、壽者相其實都是對所執永恆不滅的精神實體加以構擬的不同概念。

所謂的「法相」，是將一切萬法（種種現象事物）各各計執為個別獨立的存在（即「一合相」），不明它們是由眾因眾緣和合而成立的道理。或是知道現象事物是由因緣和合所成，屬於「假有」，卻又分析種種的因與緣，以為可找到無法再加以析分的基本要素（如五蘊、十二入、十八界等，參見本書頁一一九—一二〇），這是「法」的另一種概念。將這些作為基本要素的「法」執取為永恆不變的實有，而形成「法執」。

這些我相與法相的概念執取，其實都是世人強加於五蘊和合的有情與事物之上，五蘊和合的現象事物是虛妄的暫時存在，即使五蘊本身亦是緣起性空、虛妄無實的。由此衍生的「相」是虛妄中的虛妄，凡夫卻習慣性地將虛妄視為真實。能夠深觀現象世界緣起性空的真實情狀，心中自無始以來根深柢固所執取的「相」自能逐漸消解，妄想分別失去其生起所依。對於一切我、法掃除執取，以進趣言語道斷、心行處滅的實相體悟境界。

無住則悟，廣行善法

當佛教行者在禪修時努力使內心安住一境，以便靜心觀想真理法義，而取相的概念活動（想）卻一再產生妄念而無法修行得力。應知妄想分別的基礎就是想，若能將概念執取徹底破除掉，則行、住、坐、臥皆可不起妄念，隨處自在。《六祖壇經．坐禪品》說：「外離相為禪，內不亂為定。外若著相，內心即亂；外若離相，心即不亂。」所欲表達者正是這種無相意涵。《金剛經》一再表明修學般若慧觀者要離相（想）、破相（想），並說「離一切諸相，即名諸佛」，徹底離相就是諸佛的智慧境地。

如何正確從事真理修習才能夠離相呢？以世人執取的自我概念為例，《金剛經》說：「無我相、無人相、無眾生相、無壽者相。所以者何？我相即是非相；人相、眾生相、壽者相即是非相。」這是在表述般若空的深義。每一個人都由五蘊和合而成，其中並無恆常不變的「自我」，甚至連五蘊的本質也都是空。對於般若空教法，通過聽聞、思惟，深切領解真理意趣之後，進而修習禪定以進行實相禪觀，達到定慧雙修，依此般若智慧領悟而展開無所住的菩薩道廣行。

《金剛經》對於「離相」論說得非常徹底，除了一般現象事物的相是虛妄無實的，即使是六度法門、修行功德、佛陀的圓滿色身、聲聞的修證果位、莊嚴清淨的佛土，乃至佛陀所說的真理教法、如來所證的阿耨多羅三藐三菩提，也都屬於緣起性空的範疇，不應對這些善法的相產生執取。經中說：「知我說法如筏喻者，法尚應捨，何況非法！」佛弟子透過正確的佛法真理觀念破除錯誤知見，但如果最後還緊抱這些佛法觀念不放，仍然障礙空性的悟入。

就菩薩道的實踐而言，發菩提心是進入起點，智慧菩薩行的重點在於「菩薩應離一切相，發阿耨多羅三藐三菩提心」。有所執著即是迷法的凡夫，無所住著即同於諸佛所悟，「離一切諸相，則名諸佛」。《金剛經》強調以不著相的態度來從事布施等六度萬行：「菩薩於法，應無所住，行於布施，所謂不住色布施，不住聲、香、味、觸、法布施。須菩提！菩薩應如是布施，不住於相。何以故？若菩薩不住相布施，其福德不可思量。」如此始為真實的布施波羅蜜，不執取自我、眾生、布施物、布施行，全無任何條件限制，智慧心靈廣闊無邊，功德因此不可思議。以布施為代表，涵蓋一切菩薩萬行。

智慧菩薩行以清淨心踐履一切善法，就是破相離執，而能於六度萬行精進不息：「諸菩薩摩訶薩應如是生清淨心，不應住色生心；不應住聲、香、味、觸、法生心，應無所住而生其心。」正確了知諸法實相，破除一切相，智慧清淨心自然生起。真實修學般若波羅蜜，不執著有，不住於空，而能於空、有無礙自在。

《金剛經》有段法語很適合引來總結修學般若波羅蜜的菩薩道深觀與廣行：「是法平等，無有高下，是名阿耨多羅三藐三菩提。以無我、無人、無眾生、無壽者，修一切善法，則得阿耨多羅三藐三菩提。須菩提！所言善法者，如來說非善法，是名善法。」第一句強調應了知諸法實相的平等空性來發菩提心，使菩提心與般若慧相即不離。第二句強調以三輪體空的智慧領悟來廣修菩薩萬行，以圓成菩提心。第三句說明依善法超克不善法，於善法亦不住著，方能圓滿菩薩道一切功德。

中道智境，非有非空

《金剛經》中有種反覆出現的「三句義」句式，以「世界」為例舉示如下：「如來說世界，即非世界，是名世界。」物質性的事物小自微塵、大至世界，非物質性的觀念如眾生的心、法相、善法、佛法、忍辱波羅蜜、第一波羅蜜（般若波羅蜜）、實相等，《金剛經》都運用如此的句式來說明，引導般若智慧的思惟與領悟。

古今佛教學人提出不同的思辯形式解讀「三句義」的意涵，其中包含「有↓空↓中道」一種，是扣著中觀思想的精深詮解。「如來說世界」句為世俗諦，是「有」，這是隨順世俗語言而說。「即非世界」句了知世俗的一切現象是假有，所以強調「空」。最後的「是名世界」為非空非有、不落空有的「中道」實相，是空觀實踐的完成。

聖嚴法師如此闡釋「中道」的意義：「龍樹菩薩所造的《中觀論頌》，所談的是般若思想的『空』，般若的『空』也就是『中道』，論頌中對『中道』有很清楚的解釋：『捨二不執中』，捨兩邊而不取中間，這才是真正的『中道』，這才是最自由、最自在的。」（《福慧自在——金剛經講記與金剛經生活》，頁三十二）第二句的「即非世界」仍偏於見「空」；第三句的「是名世界」不但不執「有」，連「空」的相也破；以一切無執的智慧心來面對事物，即是中道空的體悟。

有關中道的體悟境界，參照《中論．觀四諦品》第十八頌，可獲致深入理解。羅什將此頌漢譯作：「眾因緣生法，我說即是空；亦為是假名，亦是中道義。」對讀現存梵本文句，此頌應做如此解讀：「一切因緣生法，我們說就是『空』；它

（指空）是個假名，空也就是中道。」前半頌藉語言文字來表達「因緣生法」是「假有」，所以是「空」，屬文字般若的理論指引。然而，空的真實體證是離言說的，一切「假有」與「空」的相都應予以破除，所以後半頌指出「空」也是個方便施設的假名，強調「雙遮空假」而進入非空非假的中道悟境。

《金剛經》中說：「如來所說法，皆不可取、不可說，非法、非非法。」「如來所得阿耨多羅三藐三菩提，於是中無實無虛。」「彼非眾生、非不眾生。」在實相之中，絕無法與非法、虛妄與真實、眾生與非眾生等的二元概念分別，離一切諸相，才真正不落於空，也不落於有，這是中道空觀的真實意涵。

般若空觀並未否定與取消現象事物，而是相即於一切現象來體悟空性，《金剛經》說：「所言一切法者，即非一切法，是故名一切法。」凡夫見到任何事物，就執取「有」這個事物，心隨境轉；二乘（聲聞、緣覺）只觀「空」，又落入偏空。悟入中道實相的菩薩聖者，通達諸法緣起性空的真實義，不執著空、有等相對概念，不起虛妄分別，對事物能有真實覺照，身處森羅萬象之中，無入而不自得。

青原惟信禪師某次上堂說：「老僧三十年前未參禪時，見山是山，見水是水。

及至後來，親見知識，有箇入處，見山不是山，見水不是水。而今得箇休歇處，依前見山祇是山，見水祇是水。」（《五燈會元》卷十七）所說禪語可會通於「有↓空↓中道」的不同迷悟層次。《金剛經》的中道空觀，不離於現象事物而觀照實相，是生活中的禪悟。

《金剛經》所講述的真理主題非常凝聚，聖嚴法師說：「《金剛經》較適合誦念，因為其中的觀念比較少，比較重複。」（《禪的智慧——與聖嚴法師心靈對話》，頁二五六）正因如此的特性，讀誦此經對般若空教理得以反覆熏習，是開發般若波羅蜜的優質經典。經常研覽《金剛經》，深思其間的真理法義，將在生活當中自然生發佛法智慧的覺照力量。

般若空觀的核心經典
──《般若波羅蜜多心經》導讀

《般若波羅蜜多心經》，即大眾熟知的《心經》，是漢譯佛經之中篇幅最小的經典。此經有七個漢譯本存世，經名除了《般若波羅蜜多心經》（四種），還譯作《摩訶般若波羅蜜大明咒經》、《普遍智藏般若波羅蜜多心經》、《佛說聖佛母般若波羅蜜多經》等。依照「般若波羅蜜多心經」的經名來看，此經主題是在講述般若波羅蜜多（圓成佛果的智慧法門）的核心要義，是大本《般若經》的精華。

《心經》有廣本與略本之分，鳩摩羅什與玄奘所譯者為略本，其餘均屬廣本。廣本的「序分」與「流通分」對此經的說法因緣及勸勉流通方面，解說得稍微清楚。然而，兩類經本在「正宗分」的主體部分大抵是一致的。流通最廣的經本是唐代玄奘譯本（收於《大正藏》第八冊），全經計有二百六十字。這個版本的譯文精到凝鍊，讀誦起來音韻和諧，自古及今感動與撫慰了無數佛子的心靈，無論他們能否了解經文法義。

不落空有，圓融觀照

《心經》篇幅雖短小，卻包含極其豐富與精深的教理內涵。這部經典闡揚般若性空義理，若能如實了知《心經》教理，等於知曉了全體般若經典的中心思想，及整體大乘佛法的核心教法，誠如印順法師所給的提示：「上面所說的心義，一、整個佛法以大乘佛法為主要為中心；二、大乘法中以般若波羅蜜多法為主要為中心；三、般若波羅蜜多中，又以此經為主要為中心，所以名為《般若波羅蜜多心經》。」（《般若經講記》，頁一六七）全經易於背誦，適宜用作大乘真理禪觀的冥思對象。

玄奘譯本的序分說：「觀自在菩薩行深般若波羅蜜多時，照見五蘊皆空，度一切苦厄。」可謂精簡扼要。廣本如唐代般若與利言共譯本的此經宣講因緣如下：

「如是我聞，一時：佛在王舍城耆闍崛山中，與大比丘眾及菩薩眾俱。時，佛世尊即入三昧，名『廣大甚深』。爾時，眾中有菩薩摩訶薩，名『觀自在』，行深般若波羅蜜多時，照見五蘊皆空，離諸苦厄。即時，舍利弗承佛威力，合掌恭敬，白觀自在菩薩摩訶薩言：『善男子！若有欲學甚深般若波羅蜜多行者，云何修行？』」說明這部經典是舍利弗向觀自在菩薩請法，而由這位大菩薩為他開示如何修行甚深般若波羅蜜多的法要。

「觀自在菩薩」即是大家耳熟能詳的「觀世音菩薩」。菩薩以德立名，「觀自在」蘊含解脫自在的智慧面；「觀世音」表現聞聲救苦的慈悲面，兩個名號合明這位大菩薩的悲智雙運。想要究竟超越生命存在的苦海，必須具足般若智慧；想要成就廣大菩薩事業，還須具足大慈悲心。

觀自在菩薩憑藉甚深智慧照見組成身心內外的基本要素「五蘊」（色、受、想、行、識）全是空無自性（不具永恆不變的性質），悟入空性而於一切法無所得，自能超離所有的苦厄。世人不明我空與法空，執取身心個體，衍生生理面與心理面的種種苦痛。觀自在菩薩長久修行般若波羅蜜多，已於身心體得大自在，而能依據自身的智慧體悟，為眾生開示甚深的般若空義。

般若空義之所以甚深難解，是因這種對世間萬象的如實了知，全然翻轉愚癡凡夫的常識認知。一般人以為世間各個事物都是獨立真實的存在，出於無明煩惱而在色、聲、香、味、觸、法等認識對境中處處執取。對感受到愉悅的對境生起貪愛，對感受到不愉悅的對境則生起瞋心，以致貪、瞋、癡三毒煩惱紛起擾動，遮蔽智慧潛能。

〈信心銘〉開頭說：「至道無難，唯嫌揀擇。」了知最高真理本應是正確修學佛法智慧得以水到渠成之事，然而，要一個已在無數世生命輪轉中，根深柢固地認定事物具有實在自性的無明凡夫跳脫普通常識，接受一切萬法皆空的佛法正見，就變得極其困難。緣起性空的道理遠超出凡人的理解範圍，就此意義而言，般若波羅蜜多是相當深奧難明的。如果不是在過去生中曾種下足夠善根，今生實難對般若空法義生起真實信心。

「色不異空，空不異色；色即是空，空即是色」一句，闡明對空、有不二的圓融觀照。現象世界的一切事物，都是眾因眾緣和合的臨時性存在，為「假有」；假有的事物不具永恆不變的自性，所以本質是「空」。「空」意指因緣所生法的「無自性」，而非取消事物之後的虛無狀態。除了因與緣之外，並無另一個獨立實存的事物；甚且各各因與緣也還是因緣所成的。同一件事物，既是「假有」，本質又是「空」，不應離開現象事物來了知空性，所以說「色不異空，空不異色」。

那麼，為什麼還要說「色即是空，空即是色」？聖嚴法師告訴我們：「可能有些人聽了，以為色與空雖不相離，可是色是有，空是沒有，色與空畢竟是有別。所以，觀自在菩薩接著告訴舍利子說：『色即是空，空即是色』。……色與空，空與色，只是一體兩面的說法，彼此是沒有分別的。」（《心的經典——心經新釋》，頁九十二）不僅色法如此，受、想、行、識諸法亦是如此，其他現象世界的一切何嘗不是如此！

心無所執，即大自在

般若經典特重實修精神，理解空性法義之後，必須通過禪觀修習來達到體悟，而非停留於知解層次。《般若經》對於空義主要採取隨說隨破的義詮進路，以免世人轉而對法相產生執取。空性的真實體悟是言語道斷、心行處滅的，絕無任何概念的執取。因此，對於諸法的空性實相，《心經》通過「不生不滅、不垢不淨、不增不減」來指引悟道，不給予任何實質內容的規定。生與滅、垢與淨、增與減，是二元對立世界的概念產物，聖者的空性覺證超越種種的相對分別。

世人內心深層有種種概念（相）的執取，依此產生分別，是一切語言、思惟的基礎。《心經》用語言文字來承載佛法，引導佛教行者走向空性體悟的同時，也時時提醒不應住著於任何法相，縱然是正確的佛教概念亦須放下。因此，經文接著說：「是故，空中無色，無受、想、行、識；……無苦、集、滅、道，無智亦無得。」由此呈現悟入空性者所照見的徹底離言無執的真理境界。五蘊、十二入、十八界、四諦等都是佛教的重要觀念，幫助佛弟子建立有關宇宙人生的佛法真理觀，但達於空性體悟之時，既已破除一切執取的法相，當然也超越佛法概念的執取，此即《金剛經》所說：「知我說法如筏喻者，法尚應捨，何況非法！」

「無所得」即無所執取，自然就沒有心識的妄想分別而獲得自在，這是依止般若波羅蜜多的極致成就。唯有開發般若智慧方能達到真正的無所得，般若波羅蜜多行是通向菩提的最直捷徑路。然而，觀察世間的普遍情形，眾生的心靈無不被紛飛的煩惱所遮障，因而不斷造作業行流轉生死，卻又害怕自己遭遇生命的苦厄，一直陷落在恐懼情緒之中而不得自在。「無所得」的清淨心不會被任何煩惱塵垢所覆蓋（心無罣礙）；沒有煩惱，也就不生恐懼，遠離一切顛倒夢想的無明心理。

植基於緣起性空的透徹領悟，不執取、離煩惱，體得究竟涅槃，這完全是般若波羅蜜多的巨大功用。三世諸佛證得至高無上、最真實、最圓滿的覺悟境地——阿耨多羅三藐三菩提，同樣仰仗般若波羅蜜多的力量。《金剛經》說：「一切賢聖皆以無為法而有差別。」表達的正是這種意趣，佛教的大成就者都是體證無為法而成；就般若經典而言，體悟「無為法」就是悟入「空性」。

舉示法相，概論佛學

《心經》舉出許多重要的佛教名相，雖然最後徹底掃除包括佛法觀念在內的一切法相，但似乎預設讀誦經典者已經知曉這些佛學概念，了知法義而後不加執著，才是空有不二相即的圓融智慧。想要深度理解《心經》法義，亦應掌握這些佛教名相的意義，以尋求對般若空教理的厚實理解。

細加檢視，《心經》當中提及五蘊、十二入、十八界、十二因緣、四諦、聲聞智證、菩薩境地、佛果菩提等重要的佛教概念，聖嚴法師認為可將此經視為一部很好的佛學概論。（《心的經典——心經新釋》，頁七十六）期盼對《心經》教理獲取全盤與深刻的了知，除了般若空義的探求之外，還須對佛教的五蘊、十二入等基本觀念具備充分的認識，否則易局限於見林不見樹的泛泛視域。

五蘊、十二入、十八界在佛教稱為「三科」，是對構成有情身心個體與現象世界之基本要素的三類解析方式。「五蘊」詳於心理要素的分析，「色」是物質要素（肉體元素）；「受」是感覺作用；「想」是思想、分別作用；「行」是意志作用；「識」為心識自身的認識作用。「十二入」又稱為「十二處」，比較從認識發生的維度來分析有情與世界的構成，有情身上有眼、耳、鼻、舌、身、意六種認識感官（內六入、六根），分別接收色（視覺對象）、聲（聲音）、香（氣味）、味

（味道）、觸（觸覺對象）、法（心念內容）六種認識對象（外六入），而發起認識活動。在十二入的基礎上，再加進眼、耳、鼻、舌、身、意六識，便成了「十八界」，將心識更析分為六識。

聲聞部派如說一切有部可接受「無我」思想，卻將蘊、入、界等諸法執取為實有，此為「人空法有」論。大乘《般若經》提出「人法二空」，不僅五蘊、十二入、十八界之中並無恆常實在的自我，連蘊、入、界本身也都是空性。了悟一切諸法皆空，心靈無執自在，進入世間修行菩薩道時不致處處障礙。

十二因緣解釋生命緣起面的「流轉」與「還滅」歷程（世俗諦），同時也觀照緣起的各個環節都是空性（勝義諦）。佛陀藉由禪定照見緣起理則後，教導十二因緣的「順觀」：無明→行→識（六識）—名色（六境）—六入（六根）→觸→受→愛→取→有→生→老死。這是人類生命存在的「流轉」程序。若想解脫生死輪迴，必須觀想十二因緣的「還滅」程序：無明滅→行滅→識滅—名色滅—六入滅→觸滅→受滅→愛滅→取滅→有滅→生滅→老死滅。其中最關鍵者是「無明」與「愛」二支，有情因無明與貪愛的驅動而不斷造作煩惱業行，以致受業力牽引而流轉生死不息，必須截斷煩惱根本以成就解脫。

苦、集、滅、道為「四聖諦」，四個「神聖」的真理，或「聖人」所說的真理，依四個角度說明如實的真理。苦、集二支屬於世間的因果，苦是生命存在的苦果；集是招感苦果的原因，也就是煩惱。滅、道二支屬於出世間的因果，滅意味著苦之滅，即是煩惱的滅盡，亦即解脫三界生死的涅槃境地；道是達到苦滅的道路，即正確的修行方法，以八正道為代表。

「無智亦無得」的「智」與「得」意指佛法真理修學所得的智慧與果證，《大智度論》卷三十六解釋說：「『智』者，是無漏八智。『得』者，初得聖道須陀洹果，乃至佛道。」經文接下來說到菩薩依止般若波羅蜜多的修證境地，由於無所得，安住於心的無障蔽，而不生恐懼心理，超越顛倒知見，悟入究竟涅槃。三世一切諸佛同樣依止般若波羅蜜多，圓成無上菩提。般若波羅蜜多確實是大乘佛法的核心法門。

在《心經》的最後，告訴經典讀誦者「般若波羅蜜多」是大神咒、大明咒、無上咒、無等等咒，其中蘊含不可思議的神妙力量，能開發受持者的智慧，無任何一法可與之倫比，而且這種力量是真實不虛的，能除去眾生的所有苦厄。至於「般若波羅蜜多咒」的內容，雖有現存梵本可據以推敲其意，但佛教傳統對於真言一向不加以意譯，甚至不做解釋，留待持誦者自行去誦持與參悟。在《小品般若經》中，「咒」則指經文本身，非通常所言的咒語，持誦《般若經》的真理文句可獲取至大的力量。

不可思議的解脫境界

——《維摩詰所說經》導讀

《維摩詰經》屬於初期大乘時期的經典，闡釋般若空性與不二中道的教理。這是一部在中國佛教圈中甚受歡迎的經典，歷經數度漢譯，流傳至今的譯本有吳代支謙所譯《佛說維摩詰經》、姚秦鳩摩羅什譯《維摩詰所說經》，及唐代玄奘譯《說無垢稱經》。

此經以羅什譯本最為通行，原因興許是譯出時間早於玄奘本及譯文清新曉暢。中國古代著名義解法師如僧肇、慧遠、智顗、吉藏、窺基等，都為此經作過註疏，多依羅什的譯本，只有窺基所撰《說無垢稱經疏》是以其師玄奘的譯本為註解底本。本文所引經文若無特別註明，係根據羅什譯本（收於《大正藏》第十四冊）。

羅什譯本的經題《維摩詰所說經》，「所說」對應於梵文名詞 nirdeśa（記述、詳述），此經內容是在記述維摩詰尊者的智慧境地與菩薩行跡，非指經文是由維摩詰所說。由於這部經典闡明大菩薩的不可思議解脫境界，所以又稱作《不可思議解脫經》。此經義理精深雋永、饒富文學趣味，對中國佛教知識分子形成深遠影響。

隨其心淨，則佛土淨

維摩詰尊者從東方妙喜國來到此土娑婆世界，本是一生補處的法身大士，而以居士形象現身於中印度的毘耶離大城，混跡塵俗之中為眾生說法。經中〈方便品〉敘述其智慧境地與修證功德，說他過去曾供養無量諸佛，深種善根；證得無生法忍，辯才無礙，遊戲神通；具足無畏自信，降伏魔王與怨敵；進入甚深法門，成就般若波羅蜜，通達方便，大願成就；明了眾生內心傾向，又能分辨根機利鈍。他長久投身佛道，堅定大乘佛法，安住佛陀所行，內心廣大如海；為諸佛所讚歎，受到聲聞弟子、帝釋、梵天王等普遍恭敬。

他為了度化有情，以方便善巧住在毘耶離大城，廣行諸波羅蜜，以財富無量攝受貧民；以清淨持戒攝受破戒者；以柔和忍辱攝受瞋怒者；以大精進攝受懈怠者；以一心禪定攝受散亂者；以如實智慧攝受愚癡者。雖然身為白衣，奉持沙門淨戒；雖擁有家庭，不執著於三界；示現有妻兒子女，過著聖潔生活；示現有親眷隨從，喜好遠離群聚；穿著珍寶服飾，而以相好莊嚴身體；雖受用飲食，而以禪悅為美味。他成就如此的智慧與方便，廣為人所尊敬，自在出入賭場、街市、學堂、淫舍、酒肆等場所，隨順根機向世人宣說甚深法義。這是人間佛教行者的典範。

維摩詰尊者在即將結束此土的示現之旅時，假藉生病及文殊探病的因緣，以問答方式展開全經論述。菩薩是自覺、覺他的修行者，朝向覺行圓滿的佛果無上菩提而精進不懈。菩薩本已具備證入涅槃的能力，因不忍眾生苦，願意在生死世間一再轉生，示現與眾生共同生活與承受苦厄，潛移默化地教導佛法。是因眾生有貪、瞋、癡煩惱，無法解脫生、老、病、死苦海，才讓菩薩們跟著受累，〈文殊師利問疾品〉說：「從癡、有愛則我病生。以一切眾生病，是故我病；若一切眾生病滅，則我病滅。所以者何？菩薩為眾生故入生死，有生死則有病；若眾生得離病者，則菩薩無復病。」有情的生、老、病、死根源是無明與生存貪愛（有愛），菩薩深具偉大精神，留駐世間是為了救濟有情，度盡有緣眾生方為菩薩道的最終完成。

存在應受度化的眾生，始有菩薩事業的成就。初品〈佛國品〉強調菩薩是為利益眾生而建立清淨佛土：「眾生之類是菩薩佛土。所以者何？菩薩隨所化眾生而取佛土；隨所調伏眾生而取佛土；隨諸眾生應以何國入佛智慧而取佛土；隨諸眾生應以何國起菩薩根而取佛土。所以者何？菩薩取於淨國，皆為饒益諸眾生故。」菩薩們都發過廣大無盡的誓願，要建立清淨的佛國土，從而積極踐履菩薩道，以圓成所發的大願。

淨土的實現，須要生於這個國土的全體有情在心靈上達到一定程度的淨化。國土是由有情心識集體建構的共業環境，其清淨或穢汙狀態是其中眾生普遍心靈淨染程度的外在映現。菩薩成辦清淨國土，既要成就自己，也要成就國中眾生，〈佛國品〉說：「菩薩隨其直心（真誠心志）則能發行（努力修行）；隨其發行則得深心（深固心志）；隨其深心則意調伏（內心安寂）；隨意調伏則如說行；隨如說行則能迴向；隨其迴向則有方便；隨其方便則成就眾生；隨成就眾生則佛土淨；隨佛土淨則說法淨；隨說法淨則智慧淨；隨智慧淨則其心淨；隨其心淨則一切功德淨。是故，寶積！若菩薩欲得淨土，當淨其心；隨其心淨，則佛土淨。」菩薩隨著自心的提升與淨化，由自覺而開展覺他實踐，成就了智慧與方便，方能廣度有情，自心清淨，也使眾生的心清淨。集體心靈清淨，清淨國土因而呈現；在清淨國土中演說清淨教法，達於智慧清淨，成就一切功德。

國土的清淨是菩薩與所化眾生共同努力的成果。佛教行者可以發願往生他方淨土，亦可選擇為我們這個地球社區的淨化盡一分心力，同心協力將此世建設為清淨國度，後者更符合大乘佛法的本來精神。法鼓山聖嚴法師提出「提昇人的品質，建設人間淨土」的理念，《維摩詰經》是重要的教理依據。（《修行在紅塵——維摩經六講》，頁五—六）

智慧方便，相須相成

菩薩必須教化眾生，提升大眾的心靈品質，方能成辦清淨莊嚴的國土。真正能成為眾生導師的大菩薩，必須具足智慧與方便，〈文殊師利問疾品〉指出：「無方便慧縛，有方便慧解；無慧方便縛，有慧方便解。」不用方便來助成智慧，或不用智慧來引導方便，都會發生束縛；方便與智慧的相輔相成，始能達於大解脫、大自在。

為何缺乏方便法門來助成智慧會是一種束縛？羅什譯本此段文義不甚明了，玄奘《說無垢稱經》譯文如下：「云何菩薩無有方便善攝妙慧名為繫縛？謂諸菩薩以空、無相、無願之法而自調伏，不以相好瑩飾其身，莊嚴佛土成熟有情，此諸菩薩無有方便善攝妙慧，名為繫縛。云何菩薩有巧方便善攝妙慧名為解脫？謂諸菩薩以空、無相、無願之法調伏其心，觀察諸法有相、無相修習作證，復以相好瑩飾其身，莊嚴佛土成熟有情，此諸菩薩有巧方便善攝妙慧，名為解脫。」菩薩修習空觀法門而發起智慧，達於自我覺悟，但此時智慧仍然有限，必須透過菩薩道方便法門的廣大實踐，使智慧獲得擴充與深化，以至於全面朗現。這種菩薩道實踐成果表現在菩薩的正報色身和依報國土，就是圓滿身相的具足，及嚴淨國土的現起。

般若波羅蜜是整體菩薩道的修學核心，修行者若缺乏般若智慧，受煩惱執著所束縛，縱使從事布施、持戒等善行，所累積者為有漏功德，並不導向無上菩提的究竟體證。〈文殊師利問疾品〉說：「何謂無慧方便縛？謂菩薩住貪欲、瞋恚、邪見等諸煩惱，而植眾德本，是名無慧方便縛。何謂有慧方便解？謂離諸貪欲、瞋恚、邪見等諸煩惱，而植眾德本，迴向阿耨多羅三藐三菩提，是名有慧方便解。」度化有情的方便善巧必須在般若智慧的基礎上展開。在菩提心的引導之下，開發般若波羅蜜，自能消解種種煩惱，此後所種善根即能迴向佛果的圓成。

智慧與方便二種波羅蜜同時具足，正體現在維摩詰尊者這類大菩薩身上。〈不思議品〉將此境界的功用稱為「不可思議解脫菩薩智慧方便之門」，智慧與方便圓融無礙地共起作用，〈文殊師利問疾品〉說：「雖行三界，而不壞法性，是菩薩行。雖行於空，而植眾德本，是菩薩行。雖行無相，而度眾生，是菩薩行。雖行無作，而現受身，是菩薩行。雖行無起，而起一切善行，是菩薩行。」維摩詰尊者的般若智慧已接近極致，隨時隨處為他人開演上乘法義；同時，他對種種方便法門運用自如，以無所住心廣行菩薩道。《維摩詰經》本身即是智慧與方便的結晶，教理至深圓妙，說法方式又是那麼活潑生動與易於了解。

開決聲聞，彰明大乘

維摩詰尊者的修行境地與大乘佛法的甚深意涵，在《維摩詰經》的〈弟子品〉與〈菩薩品〉，以極具戲劇化的情節來演示。世尊的聲聞弟子及多位菩薩，過去都曾因所說教義流於小乘或不盡圓滿，受到維摩詰居士的彈訶，以致不敢接受世尊的命令，前去探問這位臥病中的睿智居士。

中國天台古德有以「彈偏斥小，歎大褒圓」（糾彈偏至，訶斥小教；讚歎大乘，褒揚圓教）來概括這兩品的涵義；然而，如此一來似乎將包括彌勒在內一些菩薩的修證境地也輕看了。其實，這兩品旨在透過對顯、疏通的表現手法，以凸顯大乘佛法的殊妙境界。

舍利弗某天在林中坐禪，正好維摩詰居士經過，告訴他禪坐的深妙意義不在拘泥形式：「唯！舍利弗！不必是坐為宴坐也。夫宴坐者，不於三界現身意，是為宴坐。不起滅定而現諸威儀，是為宴坐。不捨道法而現凡夫事，是為宴坐。心不住內，亦不在外，是為宴坐。於諸見不動而修行三十七品，是為宴坐。不斷煩惱而入涅槃，是為宴坐。若能如是坐者，佛所印可。」吾人當然不會相信舍利弗只是為打坐而打坐，經文意在強調大乘的禪定是與般若智慧合為一體，達於無分別、無所住，而全不礙種種菩薩行。《維摩詰經》運用這種對比明顯的生動敘說方式，使讀誦者立即明瞭禪坐的真實精神所在，並且印象深刻。

又有一次，持律第一的優波離尊者正為兩位比丘說戒，也遇到維摩詰居士，居士便為他們解說罪性本空的深義：「唯！優波離！無重增此二比丘罪。當直除滅，勿擾其心。所以者何？彼罪性不在內，不在外，不在中間，如佛所說：『心垢故眾生垢；心淨故眾生淨。』心亦不在內，不在外，不在中間；如其心然，罪垢亦然，諸法亦然，不出於如。」罪業由心所生，心性本空，罪性亦空。如果不明罪業的緣起性空，被看作實有的罪性如何可能懺除？因為若將罪性視為實有，即無法加以變革，如此則懺悔亦無作用。就是因為罪性本空，始能藉由正確懺悔而獲致清淨。維摩詰居士所講述的持戒精神，也與般若波羅蜜相應。

至於菩薩方面，於此舉光嚴童子與維摩詰居士的會遇為例。光嚴童子正要出城，遇到居士進城，便問他從何處來？居士回說從道場來。光嚴童子再問道場是什麼地方？居士回答：「直心是道場，無虛假故。發行是道場，能辨事故。深心是道場，增益功德故。菩提心是道場，無錯謬故。布施是道場，不望報故。持戒是道場，得願具故。忍辱是道場，於諸眾生心無礙故。精進是道場，不懈怠故。禪定是道場，心調柔故。智慧是道場，現見諸法故。慈是道場，等眾生故。悲是道場，忍疲苦故。喜是道場，悅樂法故。捨是道場，憎愛斷故。……如是，善男子！菩薩若應諸波羅蜜教化眾生，諸有所作，舉足下足，當知皆從道場來住於佛法矣。」真正的道場非指特定的修行場所，而是內心與菩提覺證的相應狀態。只要從事正確的智慧修學，領悟無上菩提，當下即身處道場，道場可說無所不在。在這段對話中，與其說維摩詰尊者是在訶斥他人，無寧說是在表達自在圓通的菩提悟境。

因此，對這兩品的理解，不能只看字面意義，而忽略經典文義的表述用心與內在意涵。彈破聲聞行者與菩薩的偏滯教法，只是一種方便善巧的教學表達，令人更容易體會大乘佛法的智慧奧義。

不二法門，實相離言

在《維摩詰經》的〈入不二法門品〉中，透過環環相扣的巧妙安排，層層深進地呈顯出最高的般若慧悟境界。先是由菩薩們各自表述「入不二法門」的超越二邊意義，最後由維摩詰居士以無言說法作為終結，沒有先前菩薩們透過言說的義理展示，就彰顯不出維摩詰杜口不言的真實意趣。

所謂的「入不二法門」，是指達於無分別境界之智慧體悟的法門。世人的認識活動是以二元分立概念為基礎，所使用的語言也是二元概念的產物，分別性的思維傾向充遍於人類整個生活之中。吾人一直用分別的眼光觀看世界，以致心中妄念紛起，無法擺脫煩惱，所以體證不二的無分別智境一直都是佛教修證的終極目標所在。

龍樹《中論》說：「若不依俗諦，不得第一義；不得第一義，則不得涅槃。」想要證入言語道斷、心行處滅的無分別涅槃境地，起先還是得仰仗言說指引。文殊菩薩廣邀菩薩們發表「入不二法門」，法自在菩薩率先發言說：「生、滅為二。法本不生，今則無滅。得此無生法忍，是為入不二法門。」世人視生、滅為對立的實在現象，以從無到有為生，從有到無為滅，問題是真有生起與消滅的實在現象嗎？

每一件事物皆由因緣和合而現起，當眾因眾緣的結合方式發生異動，事物的存在形態就跟著改變。人們看到事物有新的狀態現起，便以為有某個「新」的事物「生」了，其實世間並未從無到有多出一個事物來。同樣的，當事物的因緣結合狀態變異，就以為原來的事物「滅」了，其實這個事物只是改變其存在的樣貌，而非從有到無徹底從世界上消失了。從實相的立場看，諸法並無實在的生起與消滅，破除對生、滅的執取與分別，是一種入不二法門。

聲聞佛教厭棄生死，欣求涅槃，將生死與涅槃視為全然相對的兩個界域，以為生死的界域有生有滅，從而企求不死不生的涅槃寂靜。在般若智慧的觀照下，生死與涅槃事實上是不二的，善意菩薩說：「生死、涅槃為二。若見生死性則無生死，無縛無解，不生不滅。如是解者，是為入不二法門。」生死與涅槃的區分，來自有情心中的概念執著，然而生死是緣起性空的虛幻現象，並無實在不變的本質，本來不生不滅。能如此體悟，生死即是涅槃，何來生死的繫縛？何來涅槃的解脫？

在其他菩薩各從不同方面說明入不二法門之後，文殊菩薩於此基礎上詮解入不二法門的更深層意境：「如是諸菩薩各各說已，問文殊師利：『何等是菩薩入不二法門？』文殊師利曰：『如我意者，於一切法無言、無說、無示、無識，離諸問答，是為入不二法門。』」文殊菩薩的意思是說，既然不二境界是離言說的，那麼通過無言說、離問答的進路，更能逼近這種悟境。如果菩薩們先前未針對入不二法門各抒己意，文殊菩薩的解釋內容便會流於空洞，從這裡可窺見《維摩詰經》在演示法義方面的精心安排。

文殊菩薩的詮說內容，已是能用語言來表達離言境界的極致，但總感到仍隔一層。文殊與維摩兩位大士之間的對答是完美的休止符：「文殊師利問維摩詰：『我等各自說已，仁者當說何等是菩薩入不二法門。』時，維摩詰默然無言。文殊師利歎曰：『善哉！善哉！乃至無有文字語言，是真入不二法門。』」實相真理的體悟者以默然不語的方式來表達離言悟境，是最直接的呈現，全無間隔。入不二法門的最終圓滿呈現，是諸位菩薩、文殊菩薩與維摩詰尊者的集體創作，每位菩薩都扮演著無可或缺的角色。

《維摩詰經》的「入不二法門」的精神，與般若波羅蜜相通，全經的修行觀念基本上是般若空思想的開顯。〈觀眾生品〉追究諸法的根本說：「（文殊）又問：『善不善孰為本？』（維摩）答曰：『身為本。』又問：『身孰為本？』答曰：『欲貪為本。』又問：『欲貪孰為本？』答曰：『虛妄分別為本。』又問：『虛妄分別孰為本？』答曰：『顛倒想為本。』又問：『顛倒想孰為本？』答曰：『無住為本。』又問：『無住孰為本？』答曰：『無住則無本。文殊師利！從無住本立一切法。』」一若問造作善惡業行的因緣是什麼，是因吾人擁有身心個體，由此衍生欲貪、虛妄分別、顛倒妄想。一切萬法都是緣起性空，虛妄分別以顛倒想為基礎，顛倒想亦非真實的存在，其根本是無住，也就是空性。緣起與性空兩不相妨，無住始能無礙自在。

最後，關於依於此經的修學態度，〈法供養品〉提供極佳的觀念：「若聞如是等經，信解、受持、讀誦，以方便力為諸眾生分別解說，顯示分明，守護法故，是名法之供養。又於諸法如說修行，隨順十二因緣，離諸邪見得無生忍，決定無我，無有眾生，而於因緣果報無違無諍，離諸我所。……隨順法相，無所入、無所歸，無明畢竟滅故，諸行亦畢竟滅；乃至生畢竟滅故，老死亦畢竟滅。作如是觀十二因緣無有盡相，不復起見，是名最上法之供養。」法供養的特勝功德，遠超其他種種物質性供養。所謂的法供養，就是菩薩行者自己深入經典法義，進而為他人演說真理教法。了知經義之後，重在如說修行，悟入諸法實相，這是最上的法供養。

唯識佛學的先驅經典

——《解深密經》導讀

印度瑜伽行派（唯識學派）的早期經典有《阿毘達磨大乘經》與《解深密經》。唯識學派創立者無著論師依前經著作《攝大乘論》，足見其重要性；然而，此經未曾被譯成漢文或藏文，已經失傳。《解深密經》大概成立於西元三世紀，屬於中期大乘佛教經典，有漢、藏譯本存世，且在《瑜伽師地論．攝抉擇分》中幾乎引述了全部經文，成為考察早期唯識思想的主要經典資源。

此經的漢譯本有北魏菩提流支所譯《深密解脫經》，唐代玄奘所譯《解深密經》，另有陳代真諦節譯的《解節經》。其中，玄奘譯本流通最廣，有五卷八品，收於《大正藏》第十六冊。此經論述阿陀那識（阿賴耶識）、三性、三無性、奢摩他（止）與毘鉢舍那（觀）、菩薩十地修證、如來成所作事，是了解唯識禪觀法門的經典依據。

阿陀那識，深密難明

在此經第二品〈勝義諦相品〉，說明一切法大分為有為法與無為法，「有為」與「無為」都是假名施設，二類法的實相均是非有為非無為，聖者依其所自證的聖智聖見透過言說施設教法，不外是為了引導修行者對離言法性達於真實覺證。經典修學者在聽聞、思惟真理教法有所領悟之後，應當通過禪觀修習以獲得修所成慧，進而趣入真實體證。

第三品〈心意識相品〉闡釋根本心識（阿陀那識、阿賴耶識）的涵義，及其與前六識的關係。第七識（末那識）的觀念在此經中尚未出現，這點應當注意。依於根本心識建立萬法唯識的教理，是唯識學派極其特殊的思想，《解深密經》為其先驅形態。

這個根本心識在此經中的首要名稱是「阿陀那識」（執持識），因其執持有情身體，使一期生命得以維持。此識又稱為「阿賴耶識」（藏識），因此識住在有情身中，隱藏其中，實現共同的生存目標（同安危義）。這個心識並且稱為「心」（積集義），理由是此識使色、聲、香、味、觸等諸法得以積集與滋長。

根本心識稱為「心」的積集意義，可理解為積集與滋長諸法的種子，稱為「一切種子心識」。〈心意識相品〉說：「於六趣生死彼彼有情，墮彼彼有情眾中，或在卵生、或在胎生、或在濕生、或在化生，身分生起，於中最初一切種子心識成熟、展轉、和合、增長、廣大。依二執受：一者，有色諸根及所依執受；二者，相、名、分別言說戲論習氣執受。」這個根本心識在此世生命之初即與身體結合，其「執受」（支持）作用，一是支持五色根（淨色根）及其所依（浮根塵），也就是指身體，使這一世的生命得以存續。其二是攝持相、名、分別言說戲論習氣，也就是種子，支持其感果力能使不散失。在唯識學人看來，人類唯識所現的整個生命現象，通屬語言概念（言說戲論）形式的心識作用，因此現起萬法的「種子」（習氣）具有相、名、分別等語言概念性質。

根本心識與前六識的關係，〈心意識相品〉說明以阿陀那識為依止、為基礎，有六識的現起，亦即眼、耳、鼻、舌、身、意六識。眼根接觸色法，生起眼識；眼識生起時亦有分別意識與其同時現起，認識同一對象。耳、鼻、舌、身諸識現起認識活動時同樣如此。唯識學容許前五識同時並起，當前五識當中有多個心識同時現起時，仍只有一個分別意識與它們俱起，至於此時意識的認識對象，經中說明顯得模糊。

雖然有阿陀那識與前六識雖因緣和合而現起活動，但各個心識及其作用都是空性，〈心意識相品〉說：「若諸菩薩於內各別如實不見阿陀那，不見阿陀那識；不見阿賴耶，不見阿賴耶識；不見積集，不見心；不見眼、色及眼識；不見耳、聲及耳識；不見鼻、香及鼻識；不見舌、味及舌識；不見身、觸及身識；不見意、法及意識，是名勝義善巧菩薩，如來施設彼為勝義善巧菩薩。」唯識佛教的修證目的，是為了體得人法二空所顯的真如實相，一切諸法皆由心識所顯現，虛妄不實；心識本身也是緣起性空，不可見、不可得。能見此真理，了悟空性，不生執取，就是善巧於最高真理的菩薩。

〈心意識相品〉最後用一個偈頌來總結：「阿陀那識甚深細，一切種子如瀑流。我於凡愚不開演，恐彼分別執為我。」根本心識甚深微密，剎那生滅，其中所攝持的萬法種子如急流般流動不息。佛陀一直不為愚癡凡夫講說這個心識，就怕他們理解錯誤，反將其計執為永恆不滅的自我。

三性無性，空有中道

此經提出佛陀隨順三類根機的有情而講說「三時法輪」，實施漸次的化導。第一時為聲聞弟子開示四諦教法，〈無自性相品〉說：「初於一時，在婆羅痆斯仙人墮處施鹿林中，惟為發趣聲聞乘者，以四諦相轉正法輪。雖是甚奇、甚為希有，一切世間諸天、人等先無有能如法轉者，而於彼時所轉法輪有上、有容，是未了義，是諸諍論安足處所。」四諦法門雖然已是稀有難得，能使人解脫生死，過去沒有任何天神或人類所能說出，然而，仍為非了義（未解說完備）的教說，還會引發意義爭論，尚有更高層級的教法。

第二時為大乘根機者講說空性法輪：「在昔第二時中，惟為發趣修大乘者，依一切法皆無自性、無生無滅、本來寂靜、自性涅槃，以隱密相轉正法輪。」不生不滅的空性教法講說大乘真理，但說空而不說有，仍為非了義，並未將圓滿教理和盤托出，有其隱含的更深真理法義，也會產生教理爭論。

第三時講述唯識學說的中道教法：「於今第三時中，普為發趣一切乘者，依一切法皆無自性、無生無滅、本來寂靜、自性涅槃、無自性性，以顯了相轉正法輪。第一甚奇、最為希有，于今世尊所轉法輪無上、無容，是真了義，非諸諍論安足處所。」第二時與第三時同樣旨在顯明大乘真如實相，而第二時依空性教法來密顯，第三時則是以「顯了相」（解說完全而明白）開顯的了義教說，是世尊所說一切教法之中的最高教義，不會引起法義爭論。

唯識教法不偏於有，不偏於空，講說亦有亦空、非有非空的中道教理。《解深密經》在〈一切法相品〉解說遍計所執相、依他起相、圓成實相的「三性」（三自性，即三種性質）教理。其中第一相為無，第二相為假有，第三相為實有，無者說其為無，有者說其為有，顯示亦有亦無的意義。再者，第一相為非有，第二相、第三項為非無，顯示非有非無的意義。

所謂的「遍計所執相」，其定義如下：「謂一切法名、假安立自性、差別，乃至為令隨起言說。」意思是說依據各個事物的性質或特殊性，安立名稱或符號，成為世俗習慣言說（世俗諦）的基礎。遍計所執相是無中生有的，例如，當看見一顆蘋果時，不知它是在心識內部因緣和合所顯現的境象，誤以為它是在心外的獨立實存事物，依其有別於其他事物的特性而衍生「蘋果」概念及安立名稱。事實上，除了眾因眾緣之外，全不存在另一個叫作蘋果的東西；再者，其因緣和合是發生在心識內部，非在心外。因此，遍計所執相是一種慣性的錯誤認知模式，不明萬法唯識的緣起道理，以言說戲論為中介，將不存在於心外的事物執取為心外的實我與實法。

「依他起相」的定義如下：「謂一切法緣生自性，則此有故彼有，此生故彼生，謂無明緣行，乃至招集純大苦蘊。」此處借用十二因緣的緣起教法，說明一切法都是因緣和合而生，且現起於心識內部，由此了知「萬法唯識」；其次，因見到因緣和合的真相，而不以獨立實存的概念來執取事物。

「圓成實相」的定義如下：「謂一切法平等真如。於此真如，諸菩薩眾勇猛精進為因緣故，如理作意、無倒思惟為因緣故，乃能通達。於此通達，漸漸修集，乃至無上正等菩提方證圓滿。」平等真如實相是由了悟人法二空所照顯。菩薩依據唯識真理教法而正確地精進修習，能通達真如實相，發起真實菩薩行，直至證得佛果無上覺悟。

至於這三種性質之間的關係，〈一切法相品〉說：「相、名相應以為緣故，遍計所執相而可了知。依他起相上，遍計所執相執以為緣故，依他起相而可了知。依他起相上，遍計所執相無執以為緣故，圓成實相而可了知。」遍計所執相是對依他起相所顯現的對境，透過概念和名稱而進行虛妄分別，執取為心外的實我、實法。若在依他起相上，能了知緣起性質，捨離遍計所執相，則可觀見圓成實相。能照見依他起相，即能同時觀照圓成實相；反之，若為遍計所執相的虛妄分別所遮蔽，也就見不到依他起相與圓成實相。

「三無性」是對應於「三自性」而說，掃除相關的錯誤實有知見，助成真如實相的體悟。對於遍計所執相，了知所執的「相」是虛妄無實的，只是假名施設，稱為「相無性」。對於依他起相，由於了知一切諸法由因緣所生，並不存在無因的

「自然生」，稱為「生無性」。對於圓成實相，了知「勝義」（最高真理意義）即是一切諸法的「法無我性」（法空），稱為「勝義無性」。藉由三無性，破除概念相、自然生、真理相的錯誤知見或分別執取，幫助豁顯圓成實相的離言智境。

止觀合修，圓成佛智

佛教最高真理的修學路徑，是聞、思、修、證的智慧漸次開發與悟入。在獲得聞所成慧與思所成慧之後，必須運用禪定觀想真理，獲得修所成慧，以期進入真實體悟。《解深密經》的〈分別瑜伽品〉扣著唯識學的心識義理，分辨奢摩他（止）與毘鉢舍那（觀）的基本意義區別，以及兩法如何融通併用。

奢摩他與毘鉢舍那都以禪觀行者的「心」作為所緣對象，兩者的基本區分是奢摩他所觀者為無分別影像，毘鉢舍那所觀者為有分別影像；當修行功深時，兩者則可融通合一。由於止、觀修習所觀照的對象是觀行者的心，「影像」意指心識所顯現的心相。

奢摩他與毘鉢舍那的實修方法，都應先行熟記佛陀所教導的契經、應誦、記別、諷誦、自說、因緣、譬喻、本事、本生、方廣、希法、論議等十二分教，以之作為所觀的心相。換言之，是在禪觀佛陀所說的真理法義；就瑜伽行派而言，當指唯識教理。奢摩他只是單純地專注觀照能顯現法義的心，而不做分別，達到心一境性，以獲得身心輕安為進入禪定的判斷標準。這種操作方法類似四念處的「法念處」，專注覺知所現起的心相而不加以分別。

毘鉢舍那是在奢摩他的定心基礎上進行法義思惟：「彼由獲得身心輕安為所依故，即於如所善思惟法、內三摩地所行影像，觀察勝解，捨離心相。即於如是三摩地影像所知義中，能正思擇、最極思擇、周遍尋思、周遍伺察，若忍、若樂、若慧、若見、若觀，是名毘鉢舍那。」當進入禪定安住於無分別影像後，想要進行毘鉢舍那的真理觀想，須先捨離無分別的禪定心相，以便進行智慧思擇活動。所思擇的真理所緣境，就是思所成慧所得的真理意義在安定心中所現起的影像。忍、樂、慧、見、觀都在指稱進入真理體悟的慧觀成就。

如果正確運用止、觀法門專注思擇如來所說法義，修習純熟時，達到止與觀合一，可深入照見「事邊際所緣境」與「所作成辦所緣境」。根據玄奘弟子圓測所撰《解深密經疏》卷六的解釋，「事邊際所緣境」意謂如實觀察一切法，包括盡所有性與如所有性。盡所有性意指窮盡地觀察一切法的差別相，可用五蘊、十八界、十二處等作為一切法代表。如所有性意指觀察諸法的真理共相，如四聖諦十六行相、真如、三法印等。

「所作成辦所緣境」的所作成辦意謂圓滿成就一切修行；其所緣境是圓滿止、觀修習而達到轉依後所見的智慧境界。《瑜伽師地論》卷二十六說：「云何所作成辦？謂修觀行者於奢摩他、毘鉢舍那，若修、若習、若多修習為因緣故，諸緣影像所有作意皆得圓滿。此圓滿故，便得轉依，一切麁重悉皆息滅。得轉依故，超過影像，即於所知事有無分別現量智見生。」轉依意為轉染成淨、轉識成智，轉捨一切煩惱障與所知障的粗重種子，轉得佛地的大涅槃與大菩提，此時無分別的現量智慧生起，對於一切諸法無不覺照。

《解深密經》教導瑜伽行派的唯識真理觀，這些心意識、三性、三無性等教理，就是用於聞、思、修的智慧修習歷程的真理觀境。慧觀行者應對這些真理法義深入研究與明記在心，使其成為止、觀修學的真理所緣境。此經亦對奢摩他與毘鉢舍那的意義做出分辨，及提供智慧禪觀行法的指導。慧學是佛法修行的首要，而所欲通達的實相真理甚深；經典所說法義深奧，並非理論，是智慧修行的整套教學。

中篇

菩薩行願的經典

菩薩修證的最高階位

——《華嚴經．十地品》導讀

《華嚴經》全稱《大方廣佛華嚴經》，在中國主要有三種大部經典的譯本：㈠東晉佛馱跋陀羅所譯六十卷本；㈡唐代實叉難陀所譯八十卷本；及㈢唐代般若漢譯的四十卷本。般若譯本相當於前兩本〈入法界品〉的擴充版，內題為〈入不思議解脫境界普賢行願品〉；比較值得注意的是，著名的〈普賢菩薩行願品〉即出於此本最後一卷。除了三種大部經本，尚有經中某品或某部分的單行流通本，從東漢到宋代續有傳譯。

《華嚴經》現存梵本有相當於〈十地品〉與〈入法界品〉的經本，這兩品屬於全經早期成立部分中相對重要者，原本都是單行流通。〈十地品〉講述大乘菩薩道最高十個階位的修證法門與體悟境地，對於了解初期大乘佛教的菩薩思想與實踐而言，是極為重要的資源。本文以八十卷《華嚴經》（收於《大正藏》第十冊）第三十四到三十九卷的〈十地品〉為導讀經本，依十地順序概述大要，說明各地的趣入發心、主要的實踐內容，以及所體得的修證成就。

殊勝因緣，演說十地

《華嚴經》是由法身佛毘盧遮那（光明遍照）如來所說，有別於一般顯教經典以釋迦牟尼佛為本師。世尊在他化自在天宮的摩尼寶藏殿，現場有以金剛藏菩薩為上首的無數大菩薩群體。那時，金剛藏菩薩憑藉如來的威神力，進入名為「菩薩大智慧光明三昧」的勝妙禪定。在禪定當中，立即有十方無數同名為「金剛藏」的佛陀現身，共同為他加持，使他具有殊勝的智力與辯才，能為現場一切菩薩們演說深妙的「菩薩摩訶薩智地」，也就是菩薩十地：歡喜地、離垢地、發光地、焰慧地、難勝地、現前地、遠行地、不動地、善慧地、法雲地。

演說菩薩十地的重要意義，是為了使聽聞者得以了解與修學高深的菩薩道，包含十大目的：為了使他們能進入菩薩的智慧地；積集一切善根；善於抉擇一切佛法；廣知一切教法；善於講說教法；無分別智達於清淨；不染著一切世法；出世善根達於清淨；獲得不可思議智慧境界；獲得一切智人（佛陀）的智慧境界。這十個教學目標相應於十地各個階位的修學成就。

佛教行者要發起（勝義）菩提心以進入菩薩初地，須先在十方面精進提升：「深種善根；善修諸行；善集助道（資糧）；善供養諸佛；善集白淨法；為善知識善攝；善清淨深心；立廣大志；生廣大解（信願）；慈悲現前。」進入菩薩十地修學的終極目標在追求圓成佛陀一切功德：「為求佛智故；為得十力故；為得大無畏故；為得佛平等法故；為救一切世間故；為淨大慈悲故；為得十方無餘智故；為淨一切佛剎無障礙故；為一念知一切三世故；為轉大法輪無所畏故。」總括而言，就是「上求菩提，下化眾生」的圓滿成就。

發菩提心，入歡喜地

大本《華嚴經》有十住、十行、十迴向、十地、佛地等四十一個階位，初住是初發菩提心及開始親證如來智慧的見道位次，如〈梵行品〉說：「初發心時，即得阿耨多羅三藐三菩提。」初地部分的經文同樣富含發菩提心的意涵，那應是在已具高度智慧體悟之下所發的菩提心。發菩提心的修行在整體菩薩道徹始徹終，必須到達佛位始為究竟。

初地菩薩的發菩提心修行是如此甚深廣大：以大悲為前導；以般若與智慧為主導力；善巧方便所守護；深固信心所支持；蒙受如來無量力量；善於觀察與明辨的智力；無礙自在的智慧現前；隨順自然智（佛智）；能接受一切佛法，以智慧從事教化；如法界那樣廣大，如虛空那樣窮盡，達到未來的邊際。從十個方面說明初地菩薩發菩提心所具足的各種大功德力，而且強調發心必須在時間與空間上達到無邊無際。能於這些心志達到不動搖，即進入初地「歡喜地」。

何以稱為「歡喜地」？因為安住於這個境界，使菩薩行者產生莫大的歡喜及其他助益修證的心靈品質：「菩薩住歡喜地，成就多歡喜、多淨信、多愛樂、多適悅、多欣慶、多踊躍、多勇猛、多無鬥諍、多無惱害、多無瞋恨。」極大歡喜的獲得，在於心中所憶念者，都是與佛法相應的觀念，諸如：念佛、念佛法、念菩薩、念菩薩地殊勝、念菩薩不可壞、念如來教化眾生、念能令眾生得利益、念入一切如來智方便、念轉離一切世間境界、念親近一切佛、念遠離凡夫地、念近智慧地、念永斷一切惡趣、念與一切眾生作依止處、念見一切如來、念生佛境界中、念入一切菩薩平等性中、念遠離一切怖畏等。登上初地後，能深度參預這些成佛的菩薩事業。

菩薩安住於初地，以大悲為導首，菩薩道志願堅固，精勤修習而成就一切善根，堅定無盡大誓願，以此為基礎推動廣大菩薩行。此地菩薩接引眾生的法門，於四攝法著重布施、愛語，對後二攝（利行、同事）雖具信解力，實踐上尚未通達；在十波羅蜜中著重布施波羅蜜，其餘波羅蜜則隨著能力修行。初地菩薩在人間多成為國王，福慧兼備，護持正法。如果出家，可於一念間體得百種三昧，能進入百法門，能觀見百佛，教化百世界眾生，示現百種身形等。

得離垢地，善戒清淨

初地修行圓滿，佛子必須發起十種深固心志以進入第二地：正直心、柔軟心、堪能心、調伏心、寂靜心、純善心、不雜心、無顧戀心、廣心、大心。這是歷經初地修學淨治後，成就全心全意投入大乘菩薩行的廣闊心靈。

第二地稱為「離垢地」，安住於此地的菩薩清淨持守十善業道，遠離一切殺生、偷盜、邪淫、妄語、兩舌、惡口、綺語、貪欲、瞋恚、邪見等不善業行。十善業道是初期大乘時期借為菩薩戒的修持德目，翻轉十不善行，從事利濟有情的積極善行。菩薩見到一切墮入惡趣的眾生都因造作十惡業，於是自己修行十善業道，也教化他人修學十善法。

離垢地菩薩修行十善業道，由於深具善根與智慧，是從本性上遠離十惡業，更展現為成佛的持戒波羅蜜行。不僅不殺生，且對有情生起利益慈念之心；不偷盜，常知止足；不邪淫，不起欲念之心；不妄語，常說真實語；不兩舌，不離間他人（使人和合）；不惡口，說柔軟語、悅意語；不綺語，說有義語、法語；不貪欲，對他人財物不願不求；不瞋恚，對眾生恆起慈心；離邪見，安住正道，對三寶起堅定信心。

修行十善業道，如果心量狹小，缺乏大悲心，不具備度眾方便，即便能開發出解脫智慧，也流於聲聞乘或獨覺乘。菩薩是以成佛為目標，發起高遠廣闊的心志，清淨修持上品十善業道：「心廣無量故；具足悲愍故；方便所攝故；發生大願故；不捨眾生故；希求諸佛大智故；淨治菩薩諸地故；淨修一切諸度（波羅蜜）故；成菩薩廣大行。」使此最上的十善業道達到清淨，直到成就一切佛陀功德為止。發起廣大無盡的菩提心，結合大悲心、大誓願與方便善巧，以十善法從事自覺利他的菩薩道，十善業道即成為修證無上菩提的波羅蜜法門。

第二地菩薩於四攝法實踐之中，以愛語為特出；十波羅蜜中，持戒波羅蜜達於圓滿。安住於離垢地的菩薩行者，若是在家身分，多成為轉輪聖王，用十善法化導眾生破除一切慳貪、破戒等垢染，使其安住於十善道。如果出家修行，則勤行精進，於一念間體得千種三昧，能觀見千佛，了知千佛神力，震動千個世界，能示現千種身形。

發光境地，禪生智光

想從第二地進趣第三地，應當生起十種深固心志：清淨心、安住心、厭捨心、離貪心、不退心、堅固心、明盛心、勇猛心、廣心、大心。「發光地」意謂此地能多聞佛陀教法，修習禪定以觀察法義，生發智慧之光。

第三地的菩薩行者觀見一切世間現象全為無常、苦、不淨、不安穩、敗壞、不久住、剎那生滅、非從前際生、非向後際去、非於現在住。世間有情的生命存在狀態是缺乏救護、沒有依靠，與憂、悲、苦惱同住，為貪愛、瞋恚所繫縛，愁苦愈來愈多，煩惱火焰熾然不息，種種過患日夜增長；然而，這一切都是如幻不實的。菩薩如此觀照以後，對於一切世間現象生起厭離心，趣向如來智慧。

菩薩見到如來智慧具足無量利益，而一切有為法具有無量過患，便對戀著世間不捨而承受無量苦厄的有情生起悲憫心，想要救度他們，使其獲得解脫，如此思惟：「欲度眾生令住涅槃，不離無障礙解脫智；無障礙解脫智，不離一切法如實覺；一切法如實覺，不離無行無生行慧光；無行無生行慧光，不離禪善巧決定觀察智；禪善巧決定觀察智，不離善巧多聞。」於是精進追求正法，努力修習，日夜只希求聽聞佛法，如說修行。

第三地菩薩精勤修習四禪、四無色定、四無量心等種種禪定，而不樂著禪定，發起五神通，開發助成無上菩提的智慧能力。菩薩於此發光地，能見到眾多佛陀，恭敬聽聞教法，盡己力修行，觀照一切法不生不滅，由因緣和合而有，先斷除錯誤知見纏縛（見惑），使一切慣習性的煩惱纏縛（修惑）轉趨微薄而不積集，所有善根愈來愈明淨。

第三地菩薩於四攝法中以利行為特出；十波羅蜜中，安忍波羅蜜達到圓滿。這個境地的菩薩多成為三十三天之王（帝釋天），以方便法讓眾生捨離貪欲。如果勤行精進，則於一念間體得百千（即十萬）三昧，得見百千佛，了知百千佛神力，能震動百千佛世界，示現百千種身形。

智慧火焰，焚燒我執

欲從第三地提升到第四地，應當修習「十法明門」，觀察眾生界、法界、世界、虛空界、識界、欲界、色界、無色界、廣心信解界、大心信解界。通過對這些世間領域如實觀察，進入第四地，生出十種智慧成就：深心不退；於三寶中生淨信畢竟不壞；觀諸行生滅；觀諸法自性無生；觀世間成壞；觀因業有生；觀生死涅槃；觀眾生國土業；觀前際後際（過去與未來）；觀無所有盡（不存在與滅盡）。藉由對世間各種界域的正確觀照而使智慧更加成熟，生為如來種族（繼承如來法脈）。

第四地名為「焰慧地」，意謂智慧火焰更加熾盛光亮，能焚燒煩惱。菩薩安住於此地，因為不捨一切眾生，及為了成就佛果一切智慧與功德，精勤修習三十七道品（四念處、四正勤、四神足、五根、五力、七覺支、八正道），獲得通達。此地菩薩的主要智慧修證成就為斷除我執、我所執，及六十二見等一切邪見，對如來所訶斥的煩惱業全加以捨離，於如來所讚歎的清淨業則精進修行。

第四地菩薩在前一階位圓滿安忍波羅蜜的基礎上，進一步圓滿精進波羅蜜；於四攝法中以同事（示現與眾生共同的修行目標）為特出。此地菩薩多成為須夜摩天（欲界第三天）之王，以善巧方便斷除眾生的身見（我見）等煩惱，令他們住於正見。如果展開精進修行，於一念間能體得以億（俱胝，應為千萬）為計的三昧及成就神通功德。

難勝境地，修習二諦

「難勝地」意謂深入禪波羅蜜，善知俗諦與真諦，通曉種種利益眾生的學問與技藝，更能展現廣大的利他教化事業。在第四地修習圓滿後，應以十種平等清淨心趣入第五地，即：「過去佛法平等清淨心、未來佛法平等清淨心、現在佛法平等清淨心、戒平等清淨心、心（定）平等清淨心、除見疑悔平等清淨心、道非道（正道與邪道）智平等清淨心、修行智見平等清淨心、於一切菩提分法上上觀察（逐步向上觀察）平等清淨心、教化一切眾生平等清淨心。」前三項顯示三世諸佛果德；第四項明戒行，第五項明禪定，接下來四項明智慧，這六項屬自利；最後一項屬利他。追求對真俗二諦的了知達到均衡融通，生出善巧方便。

難勝地菩薩如實了知四諦（苦聖諦、苦集聖諦、苦滅聖諦、苦滅道聖諦），又善於了知種種層面的真理：「隨眾生心樂令歡喜故，知俗諦；通達一實相故，知第一義諦；覺法自相、共相故，知相諦；了諸法分位差別故，知差別諦；善分別蘊、界、處故，知成立諦；覺身心苦惱故，知事諦；覺諸趣生相續故，知生諦；一切熱惱畢竟滅故，知盡無生智諦；出生無二故，知入道智諦；正覺一切行相故，善知一切菩薩地次第相續成就乃至如來智成就諦。」此地菩薩對這些真理內容是依信解智力而得了知，尚非以究竟智力證知的層次；儘管如此，對二諦真理的觀照已經非常微妙了。

此位菩薩於十波羅蜜中，禪波羅蜜達於圓滿。多成為兜率陀天（欲界第四天），能摧伏外道邪見，令眾生安住實諦之中。如果勤行精進，於一念間能體得千億種三昧與神通功德。

觀照緣起，般若現前

第六地稱為「現前地」，圓滿般若波羅蜜，無分別智慧現前。從第五地進入第六地須先觀察十種平等法：「一切法無相故平等；無體故平等；無生故平等；無成故平等；本來清淨故平等；無戲論故平等；無取捨故平等；寂靜故平等；如幻、如夢、如影、如響、如水中月、如鏡中像、如焰、如化故平等；有無不二故平等。」菩薩行者依這種法思惟、領悟諸法實相的平等、不二意義，而進入第六地的智慧覺證。

菩薩行者於第六地出於大悲心憫念有情，以智慧力深觀世間生滅現象，了知眾生的十二因緣輪轉無盡，根本原因在於執著自我、不了知第一義諦、貪欲與無明的驅動等。從種種的視角順逆觀察十二因緣的生起之後，了知「無我、無人、無壽命、自性空、無作者、無受者」，得空解脫門現前；了知十二因緣各支「皆自性滅，畢竟解脫，無有少法相生」，得無相解脫門現前；了悟空、無相後而「無有願求，唯除大悲為首，教化眾生」，得無願解脫門現前。菩薩修習這三個解脫門，遠離彼、我之想，作者、受者之想，有、無之想等，深入空性體悟。

其後，菩薩的大悲心更加增長，精勤修習，觀察有為法具有許多過患，並無自性，不生不滅，而恆常生起大悲，不捨眾生，即得般若波羅蜜現前，稱為「無障礙智光明」。此地菩薩於十波羅蜜中，般若波羅蜜達於圓滿。大多成為善化（自在）天王，展現自在作為，一切聲聞行者的問難所無法勝過；善於使有情滅除自我傲慢，及深入緣起法。若勤行精進，於一念間體得百千億種三昧與神通功德。

遠行境地，功用行滿

第七地是「遠行地」，想要進入這個智慧境地，必須在般若波羅蜜的基礎上，修習十種方便智慧，生起十種妙行：「雖善修空、無相、無願三昧，而慈悲不捨眾生；雖得諸佛平等法，而樂常供養佛；雖入觀空智門，而勤集福德；雖遠離三界，而莊嚴三界；雖畢竟寂滅諸煩惱焰，而能為一切眾生起滅貪、瞋、癡煩惱焰；雖知諸法如幻、如夢、如影、如響、如焰、如化、如水中月、如鏡中像，自性無二，而隨心作業無量差別；雖知一切國土猶如虛空，而能以清淨妙行莊嚴佛土；雖知諸佛法身本性無身，而以相好莊嚴其身；雖知諸佛音聲性空寂滅，不可言說，而能隨一切眾生出種種差別清淨音聲；雖隨諸佛了知三世唯是一念，而隨眾生意解分別。」在第六地般若波羅蜜圓滿之後，第七地發起廣大的方便智慧，使殊勝的菩薩行恆常現前，所以稱「遠行地」。

遠行地的菩薩依於無分別的清明心智發起觀照，能於一念中了知廣大法界的種種差別相貌——即「無量如來境界」，但未如佛陀那樣圓滿。這是廣行菩薩道所需具足的方便智慧，菩薩行者於行、住、坐、臥，甚至睡夢中，都不離這種方便智慧。他於念念中常能具足十波羅蜜：「念念皆以大悲為首，修行佛法，向佛智故。所有善根，為求佛智，施與眾生，是名檀那（施）波羅蜜。能滅一切諸煩惱熱，是名尸羅（戒）波羅蜜。慈悲為首，不損眾生，是名羼提（忍）波羅蜜。求勝善法無有厭足，是名毘梨耶（精進）波羅蜜。一切智道常現在前，未嘗散亂，是名禪那（禪定）波羅蜜。能忍諸法無生無滅，是名般若波羅蜜。能出生無量智，是名方便波羅蜜。能求上上勝智，是名願波羅蜜。一切異論及諸魔眾無能沮壞，是名力波羅蜜。如實了知一切法，是名智波羅蜜。」此外，四攝法、三十七道品、三解脫門，及一切助成無上菩提的法門，於一念中都能圓滿具足。

第七地在菩薩道上有其特殊位置，從初地修行到第七地，「功用行」（具努力作為的實踐）始得圓滿，成就「智功用分」；以此力量，引發第八地至佛地「無功用行」（任運自然的實踐）的成就。從有功用行跨越到無功用行，從殘存一點煩惱的雜染行跨越到第八地斷盡三界煩惱的清淨行，有賴第七地所成就的大願力、大方便、大智慧，這是名為「遠行地」的殊勝意義。

此地菩薩已能超越三界生死輪轉，體得「具足大智神通門百萬三昧」，以如此的三昧力與大方便，雖然示現於生死世間，卻恆常安住於涅槃；以願力在三界受生從事度化事業，但不為世間法所染。七地菩薩於十波羅蜜中，圓滿了方便波羅蜜。大多成為（他化）自在天王，善為眾生演說證智法，引發眾生悟道的因緣。

證無生忍，登不動地

第八地是「不動地」，體證無生法忍而不退轉，猶如比丘入滅盡定，「一切動心，憶想分別，皆悉止息」。此地的特色即是證得無生法忍：「入一切法本來無生、無起、無相、無成、無壞、無盡、無轉、無性為性、初中後際皆悉平等、無分別如如智之所入處。離一切心、意、識分別想，無所取著，猶如虛空，入一切法如虛空性。」於不生不滅的諸法實相能信受、通達、無礙、不退，這種智慧境地稱為「無生法忍」。

八地菩薩捨除一切有功用行，體得無功用法，任運自然地發起菩薩行方便。此地菩薩斷盡三界煩惱，本來應立即進入究竟涅槃，而由其本願力而感得諸佛現前加持，使其清楚憶念本願力，及授與如來智慧，令其生起「無量無邊差別智業」，而能不住涅槃，繼續廣行度眾事業，直到成就如來的十力、四無所畏與十八不共法等圓滿功德。

菩薩憑藉如來加持得以進入如來智慧境界，能隨意願化現無數分身，於一佛剎中身心不動，即可到無量佛土的集會群眾當中示現其形象，順應眾生的種種信解，於不同群體中顯現沙門形、婆羅門形、剎帝利形、毘舍形、首陀羅形、居士形、種種天神形，以及聲聞身、辟支佛身、菩薩身、佛身等，同時又能「遠離一切身想分別，住於平等」。八地菩薩已得無過失的身、語、意業，身、語、意業隨智慧而行，深入如來境界，於無量國土廣修菩薩行。

不動地菩薩能以三昧力，常得親身見到無量諸佛，恭敬尊重，承事供養，於諸佛處獲得如來甚深法藏，及了知世間差別的無量智慧，善能為眾生開闡智慧門，滅除他們的煩惱黑闇。十波羅蜜中，願波羅蜜達於圓滿，以大願力與大智力留住世間度化有情。大多成為統領千個世界的大梵天王，善說種種法義，能實踐聲聞、辟支佛與菩薩波羅蜜道。若勤行精進，於一念間體得百萬三千大千世界微塵數三昧與大神通功德。

善慧境地，辯才無礙

從第八地再向上精進，為了晉升至第九地，以如此的無量智慧進行思量觀察：「欲更求轉勝寂滅解脫；復修習如來智慧；入如來祕密法；觀察不思議大智性；淨諸陀羅尼三昧門；具廣大神通；入差別世界；修力、無畏、不共法；隨諸佛轉法輪；不捨大悲本願力。」第九地稱為「善慧地」，如實通達如來一切教法，了達眾生的種種心行與根機差別，展現無礙辯才，說法教化調伏，使他們獲得解脫自在。

善慧地菩薩如實了知一切法：善、不善、無記法，有漏、無漏法，世間、出世間法，思議、不思議法，定（確定）、不定法，聲聞、獨覺法，菩薩法，如來地法，有為法，無為法。再者，如實了知眾生心種種相、煩惱種種相、業種種相、根機高下相、信解高下相、樂欲高下相、隨眠種種相、受生種種相、習氣種種相、三聚（正定聚、邪定聚、不定聚）差別相。

了知一切諸法與眾生在各方面的差異，應病與藥，善慧地菩薩施展四無礙智（四無礙辯，即法、義、辭、樂說四種無礙智辯，經中有詳細解明），以廣大辯才演說種種層次的法義，聲聞乘法、獨覺乘法、菩薩乘法、如來地法，成為大法師，守護如來法藏。一切所作能隨順智慧而行，隨著眾生的不同根性、喜好、業行、煩惱、習氣等，演說相應的佛法，讓他們生起信解，增長智慧，各於相應的教乘獲得解脫。

菩薩安住此第九地，晝夜精勤，無其他意念，深入諸佛境界，深入諸菩薩甚深解脫，常在三昧，恆見諸佛，未曾捨離，一一劫中見無量無數佛陀，恭敬尊重，承事供養，於諸佛面前詢問種種法義，得說法陀羅尼。此菩薩於十波羅蜜中，力波羅蜜最為特出，勝過一切外道與魔眾。多成為統領二千（一千平方）個世界的大梵天王，能為一切聲聞、緣覺、菩薩詳盡演說波羅蜜行；能回答一切眾生的問難。若勤行精進，於一念間體得百萬阿僧祇國土微塵數三昧與神通功德。

成法雲地，鄰近佛智

當菩薩從初地到九地以種種智慧觀察覺了之後，智慧與功德近於圓滿：「善思惟修習；善滿足白法（善法）；集無邊助道法；增長大福德智慧；廣行大悲；知世界差別；入眾生界稠林；入如來所行處，隨順如來寂滅行；常觀察如來力、無所畏、不共佛法，名為得一切種一切智智受職位。」進入受職位後，得百萬阿僧祇三昧，能善巧出入；最後的三昧名為「受一切智勝職位」，進入後即刻有種種勝妙莊嚴的景象出現，大菩薩前來會集，諸佛眾會顯現，此菩薩放光普照一切眾生，滅眾生苦；普照十方一切諸佛如來眾會，廣興供養；若有眾生見此景象，皆於阿耨多羅三藐三菩提得不退轉。

所有受職位的菩薩都放出大光明普照十方，示現無量神通變化，最後進入這位大菩薩身中，使其所有智慧與力量增長。十方諸佛也從眉間放出清淨光明，廣照十方一切世界，示現種種莊嚴景象，最後從這位大菩薩的頭頂進入，使其體得過去未得的百萬三昧，名為「已得受職之位」，進入佛陀的境界。雖然尚未成佛，已成法王之子，即將繼承佛位。接受此「大智職」的菩薩，能實踐無量無數的難行之行，增長無量智慧功德，稱為安住「法雲地」。

法雲地菩薩的智慧極為接近如來智慧，通過一切智（全知的智慧）如實了知一切諸法的全部內容；能夠進入一切諸佛智慧的廣大無量境界；成就菩薩的無量無數解脫門、三昧門、陀羅尼門、神通門等。通達如此的智慧，能隨順無量菩提智力，成就善巧正念力，對於十方無量諸佛所有的無量大法明、大法照、大法雨，於一念間都能安住、領受、攝取、憶持。好比娑伽羅龍王所降下的大雨，只有大海能夠受容，所以這個境地稱為「法雲」。

第十地菩薩的智慧明達，神通自在，能隨心念顯現華嚴一即一切、一切即一，相即相入、廣狹自在無礙的不可思議境界。於十波羅蜜中，智波羅蜜達於圓滿。大多成為摩醯首羅（大自在）天王，於法自在，能教授眾生、聲聞、獨覺、一切菩薩波羅蜜行，所有問難都能回應。可於一念間得十不可說百千億那由他佛剎微塵數三昧與神通功德。

菩薩十地是聖位菩薩道的最高修證層次，智慧與功德逐步趨向圓滿，最後達到鄰近諸佛的不可思議智慧境地。〈十地品〉教導高階菩薩行的圓融無礙真理觀及般若波羅蜜智慧觀，一地一地晉升的深廣發心與波羅蜜行，及慈悲、禪定、智慧、神通、辯才等無量修證功德，可說是真實菩薩道旅的修行地圖展示，是大乘佛法自覺利他實踐的最高典範。〈十地品〉法義精深，但非不可理解，值得慢慢品鑑，回味無窮；依教奉行，利益無限。

善財童子的求道之旅

——《華嚴經・入法界品》導讀

中國佛教徒所熟知的「善財童子五十三參」，出於大本《大方廣佛華嚴經》的最後一品〈入法界品〉。在流通最廣的唐代實叉難陀譯本中，是收於第六十到八十卷，達二十一卷之多；本文導讀即依據此本。此品被判於《華嚴經》七處九會的第九會「逝多林會」，當時世尊在「室羅筏國逝多林給孤獨園大莊嚴重閣」。

東晉佛馱跋陀羅所譯六十卷《華嚴經》亦見〈入法界品〉，但在摩耶夫人以下至彌勒菩薩前，缺少九位善知識。唐朝地婆訶羅與法藏共同對校後，補譯了〈續入法界品〉一卷。另有西秦聖堅漢譯的《羅摩伽經》，為此品部分經文的古譯。唐代般若漢譯四十卷《華嚴經》，其實是此品的擴增版，內題為〈入不思議解脫境界普賢行願品〉。

有人指出善財一共參訪了「五十五善知識」，但是最先參訪並鼓勵他繼續訪求善知識的文殊師利菩薩，與第五十二參的善知識為同一人，初參文殊菩薩未被計入五十三參之中。又第五十參有德生童子與有德童女二人，併為一參。因此，實際上應有五十四位善知識。這五十四位善知識各自講述他們所通達的深妙解脫法門，是修學華嚴普賢行海的高階指引。

善財出世，眾寶顯現

文殊師利在逝多林供養世尊之後，辭別南行，遊行人間，漸漸來到福城，住在城東的莊嚴幢娑羅林中過去諸佛所住錫以教化眾生的大塔廟（佛塔）處。福城民眾聽聞文殊菩薩到來，許許多多的優婆塞、優婆夷、童子、童女都出城參謁文殊菩薩。

其中五百童子的首位是善財童子，他得名的因緣如下：「此童子初入胎時，於其宅內自然而出七寶樓閣，其樓閣下有七伏藏。於其藏上，地自開裂，生七寶芽，所謂：金、銀、瑠璃、玻瓈、真珠、硨磲、碼碯。善財童子處胎十月，然後誕生，形體肢分端正具足。其七大藏縱廣高下各滿七肘，從地涌出，光明照耀。復於宅中，自然而有五百寶器，種種諸物自然盈滿。……又雨眾寶及諸財物，一切庫藏，悉令充滿。」伏藏是埋於地中的寶藏。善財的入胎到出生，如此眾多珍寶自然出現，父母雙親與相師因此將他取名為「善財」。

善財的福報非常大，源自過去種下的深厚善根，經中說：「此童子已曾供養過去諸佛；深種善根；信解廣大；常樂親近諸善知識；身、語、意業皆無過失；淨菩薩道；求一切智；成佛法器；其心清淨，猶如虛空；迴向菩提，無所障礙。」他是轉世於人間的大菩薩，不單擁有物質財富，也具足佛教法財。

善財深具福德與智慧資糧，孜孜不倦地親近有修行的善知識。文殊菩薩觀察善財的殊勝相後，相當讚許，為他演說一切佛法，透過各種善巧方便加以開覺，使他發起大菩提心。最後，勸勉他說：「若欲成就一切智智，應決定求真善知識。善男子！求善知識勿生疲懈，見善知識勿生厭足，於善知識所有教誨皆應隨順，於善知識善巧方便勿見過失。」這是參訪善知識的正確態度，找到真善知識之後，應當真誠皈依與受教。之後，文殊菩薩向善財推薦南方勝樂國妙峰山的德雲比丘。以此為始，善財展開一系列的求道之旅，每位善知識都對自己所學法門傾囊相授，並推薦其他卓越的善知識。

發菩提心，引導修證

《華嚴經》處處講說諸佛如來的廣大無邊智慧，及在無數長劫中度化眾生的無量功德，這些法義都可作為發菩提心的觀想內容。菩提心必須透過思惟「上求菩提，下化眾生」的義理，在深刻信解的狀態下油然生發。發菩提心是〈入法界品〉的主要思想之一，善財聽聞文殊菩薩開示而發起菩提心；文殊菩薩指引他去廣參善知識，其中幾位聖者傳授發菩提心的意義與方法。

第二位參訪的對象是海雲比丘，這位善知識先為善財開示發菩提心的深層意義，需要廣種善根的厚實基礎：「要得普門善根光明；具真實道三昧智光；出生種種廣大福海；長白淨法無有懈息；事善知識不生疲厭；不顧身命無所藏積；等心如地無有高下；性常慈愍一切眾生；於諸有趣（六道）專念不捨；恆樂觀察如來境界。」如此發起的菩提心具有勝義菩提心的意涵，是植基於大慈悲及福德與智慧資糧而產生堅固道心，是支持與推進菩薩道實踐的一大力量。

海雲比丘告訴善財，發菩提心是受到不捨眾生的大悲心與大慈心所驅策，發心不能有所限制，應當無邊無際：「發菩提心者，所謂：發大悲心，普救一切眾生故；發大慈心，等祐一切世間故；發安樂心，令一切眾生滅諸苦故；發饒益心，令一切眾生離惡法故；發哀愍心，有怖畏者咸守護故；發無礙心，捨離一切諸障礙故；發廣大心，一切法界咸遍滿故；發無邊心，等虛空界無不往故；發寬博心，悉見一切諸如來故；發清淨心，於三世法智無違故；發智慧心，普入一切智慧海故。」希望一切有情遠離苦厄與獲致安樂，深刻思惟其義而推動菩提心的生發，誓願成就佛陀的全知智慧來圓滿普度有情的菩薩事業。此外，強調發菩提心不帶任何條件，廣大無礙，無邊無際。

第二十一參的善知識是鬻香長者，善財向他表明自己發菩提心以企求修習一切佛法的真誠心跡：「我已先發阿耨多羅三藐三菩提心，欲求一切佛平等智慧；欲滿一切佛無量大願；欲淨一切佛最上色身；欲見一切佛清淨法身；欲知一切佛廣大智身；欲淨治一切菩薩諸行；欲照明一切菩薩三昧；欲安住一切菩薩總持；欲除滅一切所有障礙；欲遊行一切十方世界。」此處所列舉的成佛實踐目標，涵蓋求證諸佛無量智慧與功德，以及於十方世界廣修菩薩行，為此發起無盡的菩提誓願。菩薩道是久住生死世間的難行苦行，很容易令人心生退屈，唯有發起菩提心，始能在成佛之道上挺立。

彌勒菩薩為善財授與最多的發菩提心教導，以文學性的宏大敘事廣引譬喻來讚歎菩提心的重要意涵：「菩提心者，猶如種子，能生一切諸佛法故。菩提心者，猶如良田，能長眾生白淨法故。菩提心者，猶如大地，能持一切諸世間故。……菩提心者，如婆樓那風，能動一切所應化（應受教化者）故。菩提心者，如因陀羅火，能燒一切諸惑習（煩惱與習氣）故。菩提心者，如佛支提（塔），一切世間應供養故。」菩提心能生出與支持一切成佛善法；菩提心能使菩薩行者實現自覺與覺他的修證功德；具備菩提心是成佛的根據與保證，已發菩提心的菩薩因此值得一切世人供養。

彌勒菩薩最後總結說：「菩提心者，成就如是無量功德。舉要言之，應知悉與一切佛法諸功德等。何以故？因菩提心出生一切諸菩薩行，三世如來從菩提心而出生故。是故，善男子！若有發阿耨多羅三藐三菩提心者，則已出生無量功德，普能攝取一切智道。」發菩提心以後即進入菩薩行的道旅，通過菩薩事業而成就無上菩提，因此說三世諸佛都是由菩提心所生出的。若能發起菩提心，必然會廣修一切菩薩行而圓成佛果，從因說果，所以說發菩提心之時等於已生出一切功德，獲得如來的圓滿智慧。彌勒菩薩接著舉出一百多個譬喻來顯示菩提心的無邊功德。

求善知識，成就智業

發起菩提心之後，為了多聞佛陀教法，以從事菩薩道的深觀與廣行，必須訪求真善知識，聽聞真理教說與實踐法門。第十四參的明智居士告訴善財有關發菩提心與求善知識的緊密聯結：「發阿耨多羅三藐三菩提心，是人難得。若能發心，是人則能求菩薩行，值遇善知識恆無厭足；親近善知識恆無勞倦；供養善知識恆不疲懈；給侍善知識不生憂慼；求覓善知識終不退轉；愛念善知識終不放捨；承事善知識無暫休息；瞻仰善知識無時憩止；行善知識教未曾怠惰；稟善知識心無有誤失。」

真誠發起菩提心，策勵強烈的求法心志，自然一心一意地訪求真善知識，在他們的指導之下修學真實佛法。真正的善知識必須具備很高的條件，人格高尚，廣知佛法，真修實練，擁有如實慧悟，能夠應機說法，而且不求回報。有緣親近這樣的真善知識，深深感銘在心，全心恭敬供養，諦聽教法，如說修行。

大乘佛法的修行目標在於成就如來的無上真實圓滿菩提，而此智慧境界甚深難知，學法總是遭遇瓶頸，依憑己力難以突破，有賴通達法義與深具體驗的善知識引導始得以知曉與趣入。善財向第五參的解脫長者說：「我今得與善知識會，是我獲得廣大善利。何以故？善知識者，難可得見，難可得聞，難可出現，難得奉事，難得親近，難得承接，難可逢值，難得共居，難令喜悅，難得隨逐。我今會遇，為得善利。」除非是非常利根的修行者，否則都必須仰仗善知識的指引以深入佛法寶藏。在大乘佛法的甚深真理學修歷程之中，真善知識是極難遇到的；如能逢遇大善知識，有緣蒙受其深度指導，可獲得無法思議的大利益。

發起菩提心以後，以無上菩提為終極目標，為了完成甚深廣大的菩薩道因行，需要善知識們的多方教導，這是善財遠行遍訪善知識的緣由。第五十參的德生童子與有德童女指引他去參見彌勒菩薩，並且不厭其煩地講述善知識對於修學菩薩道的提升作用：「菩薩由善知識任持，不墮惡趣；由善知識攝受，不退大乘；由善知識護念，不毀犯菩薩戒；由善知識守護，不隨逐惡知識；由善知識養育，不缺減菩薩法；……由承事善知識，修一切菩薩行；由供養善知識，具一切助道法；由親近善知識，不為業惑之所摧伏；由恃怙善知識，勢力堅固，不怖諸魔；由依止善知識，增長一切菩提分法。何以故？善男子！善知識者，能淨諸障，能滅諸罪，能除諸難，……能離諸邪道，能示菩提路，能教菩薩法，能令安住菩薩行，能令趣向一切智，……能令增長一切佛智慧，能令安住一切佛法門。」

修學大乘佛法種種功德的成就，善知識在其中扮演相當重要的角色，示導與勉勵行者，使他們在難行苦行的智慧道途上不斷前行。〈入法界品〉反覆解說訪求善知識的道理，實因欠缺善知識是無由成就無上菩提的；尤其是像《華嚴經》所示的普賢行海與如來性海，難知難解，善知識是必要的津樑。

訪求善知識，除了善知識之間的互相推薦，還須以自己所學的經典法義作為判斷依據，不可盲目隨從。〈入法界品〉中並未言及善知識的適格標準及鑑別方法，因為善財所參訪者均為真正大善知識；然而，此經絕非要人不經判斷即完全信任老師。前段提到善知識能守護修學者不隨逐惡知識，幫助他們擯棄惡知識，即具有這方面的意義。〈入法界品〉所提供的教導，是深種善根、廣結善緣方能遇著真正的善知識，而後應以最誠敬的心來奉事他們及追隨他們學法。

有關如何思惟善知識的大功德，如第三十八參的大願精進力救護一切眾生夜神以十點指點善財：「於善知識生同己心，令我精勤辦一切智助道法故。於善知識生清淨自業果心，親近供養生善根故。於善知識生莊嚴菩薩行心，令我速能莊嚴一切菩薩行故。於善知識生成就一切佛法心，誘誨於我令修道故。於善知識生能生心，能生於我無上法故。於善知識生出離心，令我修行普賢菩薩所有行願而出離故。於善知識生具一切福智海心，令我積集諸白法故。於善知識生增長心，令我增長一切智故。於善知識生具一切善根心，令我志願得圓滿故。於善知識生能成辦大利益心，令我自在安住一切菩薩法故，成一切智道故，得一切佛法故。」

菩薩行者能成辦種種成佛修證功德，可說是由善知識所生，在善知識的真確指導之下，加上自身依教奉行的精進努力，得以完成一一方面的菩薩行，最終圓證無所不知的如來一切智智。圓滿成佛事業應當修學的面向極為廣闊，深度無可測知，善財因此參訪如此多位善知識，他們以各種身分示現，為他方便開示自己所精通的解脫法門，統合起來構成相對完整的普賢行教導。

般若智境，豁顯法界

《華嚴經》的〈入法界品〉在初期大乘時期已經傳出，而以般若波羅蜜為中心的菩薩教理為當時佛學主脈，般若空思想在〈入法界品〉中可說與法界圓融無盡思想平等呈現，通過般若智慧覺證以悟入法界真理。唐代華嚴宗實際創立者法藏法師在《華嚴經探玄記》卷十八，注意到般若法門與普賢法門的緊密關聯：「此五十五會二主統收：初文殊至後文殊，是文殊位，屬般若門；後普賢一位，屬法界門。非般若無以入法界，是故善財創見於文殊；非入法界無以顯般若，是故善財終見於普賢，是故二人寄二位以明入法界。」如此詮解般若智與普賢行的相成關係，深具啟發意義。然而，善財參訪的諸位善知識所開示的解脫法門，恐非前五十二位屬於般若思想，最後一位普賢菩薩始為普賢妙行，實際情況應是兩種思想密切交織為一體。

善財第五位參訪的解脫長者得到「如來無礙莊嚴解脫門」，能觀見十方無數諸佛及其道場眾會，了知這一切都由自心所生，如夢如幻：「如是一切悉皆即見。然彼如來不來至此，我身亦不往詣於彼。知一切佛及與我心，悉皆如夢。知一切佛猶如影像，自心如水。知一切佛所有色相及以自心，悉皆如幻。知一切佛及以己心，悉皆如響。我如是知，如是憶念：所見諸佛，皆由自心。善男子！當知菩薩修諸佛法，淨諸佛剎，積集妙行，調伏眾生，發大誓願，入一切智自在遊戲不可思議解脫之門，得佛菩提，現大神通，遍往一切十方法界，以微細智普入諸劫，如是一切悉由自心。」

雖然觀見一切佛陀及其集會的莊嚴景象，然而，這一切都是自心的顯現，如夢、幻、泡、影，皆非真實，不執著有，也不住空，透過一切正確修道方法以淨治自心，達到對離執真理的深刻體悟，成就無礙莊嚴解脫法門。這段經文蘊含濃厚的緣起性空的般若思想，一切皆由自心緣起幻現，佛法修證功德同樣不外於此。法界中的一切，均是唯心所造，縱使見佛亦是如此。心無所住，方能如實照顯與自在發起法界真理功德。

接著解脫長者之後，第六參的善知識是海幢比丘，他證得「普眼捨得」法門，又名「般若波羅蜜境界清淨光明」或「普莊嚴清淨門」，是由修習般若波羅蜜而體得無數三昧，入此三昧境界則於了知一切世界與眾生，及實行一切菩薩廣大功德，達到無所障礙。

第九位為善財所參訪者是勝熱婆羅門，善財聽其開示後，在前往師子奮迅城訪尋慈行童女的路上，一心思惟：「於善知識所，起最極尊重心，生廣大清淨解，常念大乘，專求佛智，願見諸佛，觀法境界，無障礙智常現在前，決定了知諸法實際、常住際、一切三世諸剎那際、如虛空際、無二際、一切法無分別際、一切義無障礙際、一切劫無失壞際、一切如來無際之際。於一切佛心無分別，破眾想網，離諸執著，不取諸佛眾會道場，亦不取佛清淨國土；知諸眾生皆無有我，知一切聲悉皆如響，知一切色悉皆如影。」這是了知諸法實相的性空如幻，體得無分別、不執著的般若波羅蜜，連對一切莊嚴佛陀與清淨佛土都不執取。

第十七位參訪的無厭足王也依般若思想說明無生法忍的甚深智境：「如諸菩薩摩訶薩得無生忍，知諸有趣悉皆如幻，菩薩諸行悉皆如化，一切世間悉皆如影，一切諸法悉皆如夢，入真實相無礙法門，修行帝網一切諸行，以無礙智行於境界，普入一切平等三昧，於陀羅尼已得自在。」無生法忍觀照法性，所見一切萬法皆如夢幻，證入平等實相，於一切境界無礙自在。善財童子向無厭足王辭行後，在路途上一心思惟無厭足王所得的幻智法門，思惟其如幻解脫，觀察如幻法性，發起如幻誓願，清淨如幻法門，普於一切如幻三世現起種種如幻變化。了知一切菩薩行法無非性空而如幻緣起，依般若智慧修習善知識所傳授的如幻解脫法門。

第三十二位參訪的普德淨光主夜神，他體得「寂靜禪定樂普遊步解脫門」，普遍觀見三世一切諸佛，也清楚觀見諸佛的清淨國土、道場、眾會、神通、名號、說法、壽命、言音、身相，種種不同，而了無執取，因為他了知：「諸如來非去，世趣永滅故；非來，體性無生故；非生，法身平等故；非滅，無有生相故；非實，住如幻法故；非妄，利益眾生故；非遷，超過生死故；非壞，性常不變故；一相，言語悉離故；無相，性相本空故。」這無疑是般若空思想，觀照如來法身無來無去、不生不滅、非實非虛、一相無相。

〈入法界品〉的教法以初期大乘佛學為背景，除了作為本身思想特色的法界無盡圓融教理之外，深受當時主流佛學的般若波羅蜜法門所影響，映現鮮明的空性實相法義思惟，強調一切諸法的如夢如幻、空性不二、一相無相，體現無分別、不執著的甚深般若慧觀。般若波羅蜜的無執空性思想，是閱讀《華嚴經》之時應該關注的義理層面，與法界圓融無礙思想一體相成。

一即一切，法界圓融

菩薩行者進入般若波羅蜜的無住智慧覺證，最為核心的意義，是照顯法界無盡圓融的真理世界。善財第二十四位參訪的師子頻申比丘尼，其「成就一切智解脫門」是體現這種意趣的一個範例。這種解脫法門植基於般若波羅蜜法門：「我見一切眾生，不分別眾生相，智眼明見故。聽一切語言，不分別語言相，心無所著故。見一切如來，不分別如來相，了達法身故。住持一切法輪，不分別法輪相，悟法自性故。一念遍知一切法，不分別諸法相，知法如幻故。」了達實相法性，不分別一切諸相，如此反而能夠如實照見法界萬象。

隨後，這位具足般若智慧而能深體法性的比丘尼謙遜地說：「善男子！我唯知此『成就一切智解脫』，如諸菩薩摩訶薩心無分別普知諸法；一身端坐充滿法界；於自身中現一切剎；一念悉詣一切佛所；於自身內普現一切諸佛神力；一毛遍舉不可言說諸佛世界；於其自身一毛孔中現不可說世界成壞；於一念中與不可說不可說眾生同住；於一念中入不可說不可說一切諸劫，而我云何能知能說彼功德行？」成就一切智（無所不知的智慧）的解脫法門，其智慧覺照的究竟圓滿境界，不就是這裡所說的一心周知萬法，一身充滿法界，一念遍詣諸佛，自身普現一切，一毛含攝無數，一念廣容無盡，如此的華嚴法界如來智境嗎？

〈入法界品〉中無盡圓融教理主要扣著如來自覺聖智、大神通力的不可思議功用展現，或是菩薩行者修習殊勝法門在佛力、法力加持之下所得的智慧鑑照，其背後的義理根據即是華嚴法界的真理觀。此品開卷處，菩薩們以偈頌讚佛之後，普賢菩薩演說如來的智慧境界，於重頌說：「一一毛孔中，微塵數剎海，悉有如來坐，皆具菩薩眾。一一毛孔中，無量諸剎海，佛處菩提座，如是遍法界。一一毛孔中，一切剎塵佛，菩薩眾圍遶，為說普賢行。佛坐一國土，充滿十方界，無量菩薩雲，咸來集其所。」一個毛孔是小到不能再小的空間，而能含容無法計數的國土、如來及圍繞諸佛的菩薩大眾，而毫不感到迫迮，直是不可思議。再者，一尊佛陀在一國土中不動，卻能普遍示現於一切國土中，展開其廣大無邊的化度事業。如此的至小能含容無限大，一物遍在一切處的如來智境，非人類理性智力所能索解，著實令人感到驚歎！

八十卷《華嚴經》的最後一卷，大多數內容即在演示此種華嚴法界的無盡圓融智慧觀境。善財童子參訪彌勒菩薩之後，已經歷一百一十個城市，最後抵達普門國的蘇摩那城，想要謁見文殊菩薩，一心思惟，文殊菩薩即在極遠之處伸出右手撫摸其頭頂，開示勉勵他，使他成就無數法門，而進入普賢行道場。善財童子安住於平等法界之地，觀察普賢解脫境界，就聽聞到普賢菩薩的名字、行願、助道、正道、諸地地、方便地、入地、勝進地、住地、修習地、境界地、威力地等。他渴仰見到普賢菩薩，就在那處金剛藏菩提道場毘盧舍那如來座前，發起廣大心，一心求見普賢菩薩，思惟種種普賢境界。

善財童子一心求見普賢菩薩而發起廣大心，憑藉著自己的善根力、一切諸佛的加持力，及類同於普賢菩薩過去的善根力，見到十種光明相：「見一切世界所有微塵，一一塵中，出一切世界微塵數佛光明網雲，周遍照耀。一一塵中，出一切世界微塵數佛光明輪雲，種種色相周遍法界。一一塵中，出一切世界微塵數佛色像寶雲，周遍法界。一一塵中，出一切世界微塵數佛光焰輪雲，周遍法界。一一塵中，出一切世界微塵數眾妙香雲，周遍十方，稱讚普賢一切行願大功德海。一一塵中，出一切世界微塵數日月星宿雲，皆放普賢菩薩光明，遍照法界。一一塵中，出一切世界微塵數一切眾生身色像雲，放佛光明，遍照法界。一一塵中，出一切世界微塵數一切佛色像摩尼雲，周遍法界。一一塵中，出一切世界微塵數菩薩身色像雲，充滿法界，令一切眾生皆得出離，所願滿足。一一塵中，出一切世界微塵數如來身色像雲，說一切佛廣大誓願，周遍法界。」每個至小的微塵都含攝周遍法界的無量功德作用，各各微塵的廣大功德交相滲透，圓融無礙。在這種法界圓融思想的觀照下，一一法即是全體，既含容一切法，也進入一切法之中，構成重重無盡的一大緣起。

善財見到十種光明相，心想必定要見普賢菩薩以增長善根，見一切諸佛以得一切智。於是收攝諸根，一心求見普賢菩薩。善財隨後見到普賢菩薩在如來面前大眾集會當中，坐在寶蓮花獅子座，為菩薩們所圍繞，一一毛孔放出無數光明，遍至一切世界，除滅一切眾生苦患，令一切菩薩生大歡喜；又從一一毛孔中放出種種無數莊嚴事物。普賢菩薩以右手撫摸善財頭頂，他就獲得一切佛剎微塵數三昧法門。菩薩告訴他這種不可思議大神通，是過去不可說劫時間中修菩薩行求一切智積集而得，並述說自己過去廣行菩薩道的無數事蹟。聽聞之後，善財次第獲得「普賢菩薩諸行願海」。最後，普賢菩薩又為菩薩們開示如來世尊的真實功德，而所能講說的也只有「佛功德海一滴之相」。

真正的大善知識能引領菩薩行者進入真實佛法之中，卻難可值遇。就算眼前有位真善知識，缺乏善根的人也不知向他禮敬與請法。善財能參訪五十餘位大善知識，各各為他開示精深法義，令他生起極大法喜，著實令人欣羨！他過去培植了無數善根，深具福德與智慧資糧，加上能發廣大菩提行願，求道之心真誠懇切，才有幸獲得如此多位善知識指點。他的謙卑心靈與求道精神，永遠值得學佛者效法。

本文所舉出的發菩提心引導修證、訪善知識成就智業、般若波羅蜜空思想、法界無盡圓融思想等四項〈入法界品〉的重要義理，其實也貫通於整部《華嚴經》。〈入法界品〉的思想與實踐，可說是全體《華嚴經》的縮影。

圓成佛果的十大願行

——〈普賢菩薩行願品〉導讀

〈普賢菩薩行願品〉（下簡稱〈行願品〉）見於唐代般若所譯四十卷《大方廣佛華嚴經》（收於《大正藏》第十冊）的最後一卷；這部《華嚴經》雖為〈入法界品〉的增廣本，而其內題為〈入不思議解脫境界普賢行願品〉。在四十卷《華嚴經》譯出之前，大本《華嚴經》已有東晉佛馱跋陀羅所譯六十卷本，及唐代實叉難陀漢譯的八十卷本，兩本雖有〈普賢行品〉，而內容與普賢十大願截然不同；在〈入法界品〉之後並無〈行願品〉。在四十卷《華嚴經》之前，另有唐代不空傳譯的〈普賢菩薩行願讚〉，以偈頌形式讚歎普賢十大願，也包含某些〈行願品〉所無的內容。

普賢菩薩與文殊菩薩同為釋迦如來的脅侍，是中國佛教的四大菩薩之一，以行願廣大著稱。「普賢行」在華嚴思想中有重大意義，毘盧遮那佛的自覺聖智境界是離言不可說的「性海果分」，而可透過語言表述者是普賢境界的「緣起因分」。《度世品經》卷一說：「立普賢行，入諸佛慧，則為善友。」普賢行是進入佛智慧的首要因行，能確立普賢行的菩薩就是大善知識。普賢行屬於最高階的菩薩行，甚深廣大，為學佛大眾所難以企及，〈行願品〉透過十大願王的引導，幫助研經者立定普賢行願，作為發大菩提心及趣入普賢行的重要踏板。

恭敬供養，心量無盡

發菩提心必須沒有條件限制，心量達到無邊無際；至於菩薩事業的具體實現成果，則隨菩薩行者與所化有情的共同因緣而定。普賢菩薩修集成佛功德的廣大實踐，有無盡的宏大誓願為其先導。〈行願品〉首先說到要成就如來功德，應當修學十種廣大行願：「一者，禮敬諸佛；二者，稱讚如來；三者，廣修供養；四者，懺悔業障；五者，隨喜功德；六者，請轉法輪；七者，請佛住世；八者，常隨佛學；

九者，恆順眾生；十者，普皆迴向。」其後，對於每個誓願內容的文字說明，可讀出菩薩發心體量的無邊無盡，這是普賢行願的思想特色。

最先三個誓願是對於諸佛如來的禮敬、讚歎、供養。這些行法都是出於對諸佛圓滿人格的感動，生起最為誠敬的仰望之心，而顯現於外的修行表現，能令行者與佛法廣結善緣，善根增長，生生世世見佛聞法。

「禮敬諸佛」所禮的對象是「所有盡法界虛空界十方三世一切佛剎極微塵數諸佛世尊」。沒有時間、空間的界限，遍禮如一切佛國土的微塵數目那麼多的佛陀。修學者依於普賢行願力，以至深至切的信心，諸佛如在眼前，用清淨身、語、意業來禮敬他們。在每一尊佛陀面前，又觀想自己以無數身體，於一時間做到無盡的禮拜。這個禮敬要到「眾生界盡、眾生業盡、眾生煩惱盡」時才為盡頭，其實意謂著無窮無盡，因為眾生及其業力、煩惱是無止盡的。

「稱歎如來」，是口業的表現，觀想：「各以出過辯才天女微妙舌根，一一舌根出無盡音聲海，一一音聲出一切言辭海，稱揚讚歎一切如來諸功德海。」諸佛數目無法計量，各具無邊功德，行者自己的色身語言表達能力有限，因此期願以辯才天那樣的妙語能力，發出無量美妙音聲，承載無量美妙言辭來讚歎如來功德，時間上要「窮未來際」，空間上要「盡於法界」。

「廣修供養」，同樣是對無量不可說數目的佛陀，觀想：「悉以上妙諸供養具而為供養，所謂華雲、鬘雲、天音樂雲、天傘蓋雲、天衣服雲；天種種香，塗香、燒香、末香，如是等雲，一一量如須彌山王；然種種燈，酥燈、油燈、諸香油燈，一一燈炷如須彌山，一一燈油如大海水，以如是等諸供養具常為供養。」天界的物資，比起人間不知好上多少倍，這些供養物品用雲、須彌山、大海水來譬喻，意味著數量無法計算！

無窮無盡，不可思議，是《華嚴經》義理的一個顯著特質，也落實於普賢行願之中。缺乏這種宏大的發心與行願，圓滿不了無量無數的佛果功德。依普賢行願的力量，可策勵如上所述的禮佛、讚佛、供佛的功德，積集福德與善根。雖然吾人目前不具備那麼大的力量，卻也不能只是望著經文奧義興嘆，而是要效法普賢菩薩的精神，藉由普賢行願來拓展自己的菩薩行潛能。

以美好事物來供養諸佛，雖也發自真誠的心，但屬於外相的供養。諸佛如來用不著世俗物資，出於悲憫而納受世人的供養物品，讓眾生能藉此積累福德。然而，物資供養有其限度，〈行願品〉告訴我們物資供養的功德比起法供養，真是微乎其微。諸佛出現世間，以自身智慧覺證所流出的真理教法化導有情，無非希望眾生能憑藉佛道修學以解決生命問題。

〈行願品〉對這種以法供佛的深義，給出明確解說：「諸供養中，法供養最。所謂：如說修行供養，利益眾生供養，攝受眾生供養，代眾生苦供養，勤修善根供養，不捨菩薩業供養，不離菩提心供養。……以諸如來尊重法故，以如說行出生諸佛故。若諸菩薩行法供養，則得成就供養如來，如是修行是真供養故。」菩薩行者應以智慧與慈悲的修學來覺悟自己及利益他人，於佛法實踐上精進不懈，完成諸佛如來的付囑，才是真報佛恩、真供養佛。

懺悔隨喜，請佛說法

大乘菩薩行者必須具備良善的品格、潔淨的心靈及適足的善根，在廣修菩薩行之前，應先奠定好淨化心靈與受持佛法的自我修學基礎。〈行願品〉教導佛教行者應當修學「懺悔業障」、「隨喜功德」、「請轉法輪」與「請佛住世」。

「懺悔業障」可說是普賢十大願中最為核心的實踐德目，如果業障過多，人生尚且無法安樂，何況是修行自他兩利的菩薩行！世人常念的〈懺悔偈〉說：「我昔所造諸惡業，皆由無始貪恚癡，從身語意之所生，一切我今皆懺悔。」即出於〈行願品〉。無明凡夫自無始以來，由於貪、瞋、癡煩惱的驅動，造作了無數身、口、意業行，形成業力障礙，妨礙佛法修學。懂得懺悔罪障，始有止惡行善以期向上提升的可能。普賢行的至誠懺悔法門，觀想：「我今悉以清淨三業，遍於法界極微塵剎一切諸佛、菩薩眾前誠心懺悔，後不復造，恆住淨戒一切功德。」經常如此實踐，淨化心靈，逐漸不再害怕業障干擾，安心修道。

懺悔業障的修行意義，希望改正過去的罪業，不再重犯，於未來踐行善業；因此，再用隨喜功德、請轉法輪、請佛住世等善法來鞏固懺悔的修習成果。對於他人的修行功德，如因心胸狹隘而不知隨喜，反而嫉妒他人，不僅自己產生不善意業，他人可能因冷言冷語而心生沮喪，不願持續修善，無形中障礙了他人學法。〈行願品〉所示「隨喜功德」，不僅對無量諸佛、菩薩、聲聞、辟支佛的功德生隨喜心，而且「彼十方一切世界六趣四生，一切種類所有功德，乃至一塵，我皆隨喜」。隨喜的行動對其他人修學佛法具有鼓勵作用。《四十二章經》說明隨喜者可獲得功德，而且被隨喜者的功德並不減少，好比一支火把點燃百千燈火，自身光明未滅。

「請轉法輪」是說於十方三世諸佛證得圓滿的覺悟之時，觀想自己「悉以身、口、意業，種種方便，殷勤勸請轉妙法輪」。自身擔當發起眾，向諸佛勸請為眾生慈悲演說佛法。相傳釋迦牟尼佛成道後，是由梵天代眾生請法；儘管佛陀必會出來說法，梵天仍可獲得很大的功德。請佛轉法輪，利益眾生甚大，然世人福薄，值遇一佛的機緣尚且稀有難得，如何能像普賢菩薩那樣，勸請無量諸佛轉法輪？當知普賢菩薩亦是由凡夫累劫修成，吾人豈能不加緊發願、精進！

「請佛住世」是希望所有聖者與善知識都能長久留住世間以利濟有情，經文說：「所有盡法界虛空界十方三世一切佛剎極微塵數諸佛如來，將欲示現般涅槃者，及諸菩薩、聲聞、緣覺、有學、無學，乃至一切諸善知識，我悉勸請莫入涅槃，經於一切佛剎極微塵數劫，為欲利樂一切眾生。」尤其是佛陀的入涅槃，直如世間漫漫長夜失去明燈，有菩薩為眾生請命，請聖者繼續住世說法，以令更多有情得以見佛聞法。請轉法輪、請佛住世的功德都會反饋為菩薩行者的學法善緣。

常隨佛學，功德迴向

通過修學佛法來供養如來，效法諸佛過去所修菩薩道的難行苦行，及住世度眾的偉大事業。〈行願品〉的「常隨佛學」一願，概述如來的偉大事蹟如下：「如此娑婆世界毘盧遮那如來，從初發心精進不退，以不可說不可說身命而為布施，剝皮為紙，折骨為筆，刺血為墨，書寫經典，積如須彌。為重法故，不惜身命，何況王位、城邑、聚落、宮殿、園林一切所有，及於種種難行苦行，乃至樹下成大菩提，示種種神通，起種種變化，現種種佛身，處種種眾會，……以圓滿音如大雷震，隨其樂欲成熟眾生，乃至示現入於涅槃。」毘盧遮那如來是《華嚴經》中的法身如來，視為釋迦牟尼佛的真實佛身。如來過去行菩薩道時以全幅生命投入佛法實踐，達於大智慧、大慈悲、大方便、大神通的究竟圓滿，於一切群眾中說法利生，是大乘佛教的理想典範，學佛就是向佛陀的殊勝修行來學習。

「恆順眾生」的實踐對於娑婆世界的煩惱眾生來說，相當不容易，由此更對顯出佛菩薩的偉大人格。凡人出於自我的執著及煩惱的遮蔽，常忽略或無視他人的感受與需要，而惱害了有情。對於一切眾生，不論處在哪一道，何種形貌相狀，〈行願品〉告訴我們：「我皆於彼隨順而轉，種種承事，種種供養，如敬父母，如奉師長，及阿羅漢，乃至如來，等無有異。於諸病苦，為作良醫；於失道者，示其正路；於闇夜中，為作光明；於貧窮者，令得伏藏。菩薩如是平等饒益一切眾生。」平等地看視與護念眾生，為他們解除苦痛，向他們施與安樂，不因自己的行為表現而致生他人的苦惱。隨順眾生是為了攝受他們，使其願意修持佛法以解決生命問題。

隨順眾生的修行有其大悲心的底蘊：「諸佛如來以大悲而為體故，因於眾生而起大悲，因於大悲而生菩提心，因菩提心而成等正覺。……諸菩薩以大悲水饒益眾生，則能成就阿耨多羅三藐三菩提故。是故，菩提屬於眾生，若無眾生，一切菩薩終不能成無上覺。……以於眾生心平等故，則能成就圓滿大悲；以大悲心隨眾生故，則能成就供養如來。」菩薩因不忍眾生苦而生起大悲心，由大悲心的推動而發起志求無上菩提之心，隨順眾生而教化他們。有眾生需要救濟，方能成立菩薩事業，救度有情是成就佛果的土壤。

菩薩放下對世間一切的執著，精進地積集福德與智慧資糧，不望求自己的福樂善報，而願與一切眾生分享，助其離苦得樂，進修佛法。「普皆迴向」之願說：「從初禮拜乃至隨順所有功德，悉皆迴向盡法界虛空界一切眾生，願令眾生常得安樂，無諸病苦；欲行惡法皆悉不成，所修善業皆速成就；關閉一切諸惡趣門，開示人天涅槃正路。若諸眾生因其積集諸惡故，所感一切極重苦果，我皆代受；令彼眾生悉得解脫，究竟成就無上菩提。」這是「迴自向他」的寬廣胸懷。菩薩不為自己，一切修行都願令眾生得到解脫，甚至願意代替眾生受苦。當然，菩薩也非真的代替眾生承擔所有的苦痛，如此因果法則就喪失了意義，藕益大師〈八大人覺經略解〉說：「不發代眾生苦之心，則悲心不切。」這是出於菩薩深切無盡的悲心，最好的方法就是用佛法來指引世人。

聖嚴法師說：「難行能行，修學萬善萬行的大菩薩行，稱為『大行』；發起莊嚴國土成就眾生的大弘誓願，稱為『大願』。諸願之中以普賢菩薩的十大願最為尊貴，所以被稱為『普賢願王』。」（《菩薩行願——觀音、地藏、普賢菩薩法門講記》，頁一一三）菩賢菩薩的大願大行，是大乘佛教的典範性實踐，能做到一分，就可說是一分普賢。禮敬諸佛、稱讚如來、廣修供養三願是與佛法結下善緣，培植善根；懺悔業障、隨喜功德、請轉法輪、請佛住世四願屬於自我淨化與增益學法潛能；常隨佛學、恆順眾生、普皆迴向具有利他實踐意涵。

佛陀出世的真實本懷

——《妙法蓮華經》導讀

《法華經》在中國歷經數度傳譯，現存譯本主要有西晉竺法護所譯《正法華經》，及姚秦鳩摩羅什漢譯的《妙法蓮華經》。另有隋代闍那崛多與達摩笈多共譯的《添品妙法蓮華經》，基本上是沿用羅什譯本的大多數文字，而對照當時所見梵本增譯小部分內容，並對品序安排有所更動。《法華經》在中國古代受到極高尊崇，素有經王之稱，天台「五時八教」學說將其判屬最高圓滿教義。古代《法華經》註釋家幾乎都依羅什譯本；本文導讀所依《大正藏》版本（收於第九冊）亦根據此譯本，而添加〈提婆達多品〉及〈普門品〉偈頌，成二十八品。

關於《法華經》的重要教理，日本學者田村芳朗在《法華經——真理・生命・實踐》提出此經的三大思想：一乘妙法、久遠釋迦、菩薩思想。此經自第二〈方便品〉到第九〈授學無學人記品〉詮說佛陀出世本懷，是為了使所有學法者進入一乘妙法而終成佛果。以第十六〈如來壽量品〉為核心的諸品闡釋如來於過去久遠時前已經成佛，其真實佛身仍在靈鷲山為菩薩大眾說法。此外，經中數品解說弘經菩薩行及幾位大菩薩的修行典範。

將說妙法，示稀有相

某次，佛陀住在王舍城的耆闍崛山，為聲聞眾、菩薩眾、天神眾與天龍八部所圍繞。世尊在為他們演說了《無量義經》之後，便結跏趺坐，進入名為「無量義處三昧」的禪定。這時，天雨妙花，大地震動。就在大眾感到驚奇，一心凝視佛陀之時，出現神奇的瑞相：「佛放眉間白毫相光，照東方萬八千世界，靡不周遍，下至阿鼻地獄，上至阿迦尼吒天。於此世界，盡見彼土六趣眾生，又見彼土現在諸佛，及聞諸佛所說經法。并見彼諸比丘、比丘尼、優婆塞、優婆夷諸修行得道者。復見諸菩薩摩訶薩種種因緣、種種信解、種種相貌行菩薩道。復見諸佛般涅槃者。復見諸佛般涅槃後，以佛舍利起七寶塔。」

彌勒菩薩對此事感到疑惑，心想文殊師利菩薩曾經供養無數佛陀，應見過這種稀有情景，於是請文殊菩薩為大眾決疑。文殊菩薩過去身為妙光菩薩時，在日月燈明佛面前確實見過這種瑞相，心中知道：「今佛世尊欲說大法，雨大法雨，吹大法螺，擊大法鼓，演大法義。」過去諸佛同樣展現如此瑞相，放光以後就會演說《法華經》大法，令眾生都能聽聞「一切世間難信之法」。諸佛於講說大法之後，便會在當日中夜進入無餘涅槃，可見此經是佛陀一生說法的高峰與總結。

一乘妙法，方便演說

〈方便品〉應是全經最關鍵的一品，講述諸佛出世的「一大事因緣」，是為了開示一乘妙法，使全體聞法者普能成佛；而聲聞與辟支佛二乘教法只是進入一乘法的方便接引。諸佛如來的自覺聖智境界，不要說是凡夫，即便二乘聖者也無法了知。經文說到佛陀自言：「佛所成就第一希有難解之法，唯佛與佛乃能究盡諸法實相。」當佛陀突然稱歎這種唯有諸佛始能了知的深妙難解法義，甚至已證阿羅漢者都陷入巨大疑惑：「今者世尊何故慇懃稱歎方便，而作是言：『佛所得法甚深難解，有所言說意趣難知，一切聲聞、辟支佛所不能及。』佛說一解脫義，我等亦得此法，到於涅槃，而今不知是義所趣？」佛陀過去只為他們講說體證涅槃解脫的教法，表示佛陀、辟支佛與阿羅漢所得者是同一解脫，何以今日卻說佛陀智慧甚深，遠遠超過二乘聖者？不是前後自相矛盾嗎？

佛陀過去一直不說出這種祕密意趣，是因弟子們根機尚未成熟，無法接受如此的微妙奧義。經過舍利弗三度懇請，向佛陀確認集會大眾已具信解力，佛陀才應允說法。就在佛陀即將演說大法之際，有五千位罪根深重的增上慢聲聞四眾起身禮佛而退席，留在現場的聞法大眾全是能信受此經者。「增上慢」是未得真實體證而自認為已得體證者，是在學法上嚴重膨脹自我的傲慢心理。他們堅持解脫生死的涅槃已是究極智慧境地，以致此刻無緣聽聞與信解《法華經》。

釋迦佛於是為舍利弗等大眾開示如來出世的本懷：「諸佛世尊唯以一大事因緣故，出現於世。……諸佛如來但教化菩薩，諸有所作常為一事，唯以佛之知見示、悟眾生。舍利弗！如來但以一佛乘故，為眾生說法，無有餘乘，若二、若三。」諸佛出現世間的真正目的，在於化導有情修行大乘菩薩道而證得佛果。佛陀要給予眾生的教導，只有唯一的一乘法，也就是佛乘，並無第二乘與第三乘（此義依梵本解）。

既然如此，佛陀為何還要教授聲聞法與緣覺法？原來在學法者大乘根機未成熟時，只追求快速解脫生死諸苦，如果講說需時極長始能修成佛果的佛乘（菩薩乘），會讓他們裹足不前，無法獲得佛法的大利益。因此，佛陀出於大慈悲，為不同根機的行者講說相應的教法：「十方世界中尚無二乘，何況有三？舍利弗！諸佛出於五濁惡世，所謂：劫濁、煩惱濁、眾生濁、見濁、命濁。如是，舍利弗！劫濁亂時，眾生垢重，慳貪、嫉妬，成就諸不善根故，諸佛以方便力，於一佛乘分別說三。」為了引導一切聞法者進入一佛乘，諸佛透過方便力解說聲聞乘、緣覺乘與佛乘的三乘教法。

《法華經》解說一乘法的重大意義為何？《阿含經》只講說聲聞教法，修證目標是取證解脫涅槃。《般若經》教導三乘法，然而，認為阿羅漢與辟支佛已不可能發起菩提心，與成佛絕緣。《法華經》則是調停這種二乘與佛乘的對立緊張關係，倡言如來的教化目標在於使一切學法者成就佛果，阿羅漢同樣會進入一乘而成佛。那麼，該如何合理解釋阿羅漢的發菩提心問題？《法華經》揭示聲聞弟子們過去世已經跟隨佛陀學法，佛陀先教導他們發菩提心，菩提心一旦發起即不消亡。他們後來因大乘菩薩道的難行苦行而產生退屈之心，佛陀於是教授二乘方便法，使其消除生死恐懼；待弟子們根機成熟，佛陀即講說《法華經》，重為他們喚醒忘失的菩提心，使其願意轉入一乘菩薩道。

《法華經》的第一部分包含第二品到第九品，獲得提升轉化者主要是聲聞弟子，釋迦佛在〈譬喻品〉為舍利弗授記；〈授記品〉又為須菩提、摩訶迦旃延、摩訶迦葉、摩訶目犍連等四大尊者授記成佛；〈五百弟子授記品〉中獲得成佛預記者是富樓那彌多羅尼子、憍陳如，及其他五百阿羅漢；〈授學無學人記品〉中阿難、羅睺羅及其他二千學、無學人得記，這些人無不是聲聞弟子。其實，佛陀授記的層面非常廣泛，〈法師品〉說：「求聲聞者、求辟支佛者、求佛道者，如是等類，咸於佛前聞《妙法華經》一偈一句，乃至一念隨喜者，我皆與授記，當得阿耨多羅三藐三菩提。」甚至曾經傷害佛身，罪大惡極的提婆達多也被授記成佛。《法華經》雖為一部大乘經典，但對二乘人的態度至為寬容，主張他們都可進入一佛乘，非採取大乘和小乘鮮明對立的立場。

絕妙譬喻，生動易解

直接闡述最高真理的深妙意趣，除少數利根人之外，多數鈍根行者無法理解，諸佛因此施用種種方便善巧來幫助聽聞者理解法義，經文說：「諸佛世尊以種種因緣、譬喻、言辭，方便說法。」譬喻是透過比較具體易解的事例，來顯示抽象隱微的義理，並讓聞法者能夠印象深刻。對於〈方便品〉直接解說的一佛乘教理，〈譬喻品〉及其後數品，以多個生動妙喻來助益理解，增添了經典的文學趣味。在《法華經》的第一個部分出現五個譬喻；〈安樂行品〉有「髻珠喻」；〈如來壽量品〉又見「醫子喻」，通稱「法華七喻」。

第一個譬喻是〈譬喻品〉的「火宅喻」，敘說一位財富無量的年邁長者，擁有一座朽壞的危險大宅，充滿種種毒蟲鬼類，忽然又發生大火，他的幾十個孩子還在裡面忘情嬉戲，全不知要逃離。長者沒辦法一個個將他們帶出，就向他們說出裡面的可怕，但兒子們並不相信。長者最後透過權宜方法，告訴兒子們說外面有種種羊車、鹿車和牛車，可供他們遊樂。於是諸子興高采烈地爭相跑出門外，向父親索求三種車子；父親心想自己財富無量，於是將裝飾得極為華麗的大白牛車平等賜給兒子們。

火宅譬喻有情生存的輪迴世間，充滿著眾多苦厄，眾生卻深深陷溺其中，不肯出離。羊車譬聲聞乘，鹿車喻緣覺乘，牛車代表佛乘。佛陀教導眾生三乘法門，讓眾生憑藉自己的修行走出火宅；然而，最終目的是使一切眾生獲得大白牛車，也就是一佛乘。

其次是〈信解品〉的「窮子喻」，有個人年幼時捨離父親前往他國，經過五十餘年光陰，愈來愈窮困，流浪四方艱苦謀生，後來回到原來的國家。其父尋子不得，便停留在一個城市，擁有無量財寶，倉庫盈滿，僕役眾多。某日，窮子到達父親的房舍尋求工作，看見主人高踞寶座，排場甚大，心生害怕，覺得不是自己該來的地方，而想逃跑。未料父親認出他來，非常高興，派人追趕，窮子反而嚇得昏倒。父親知道必須慢慢誘引，於是派遣兩人穿著破爛衣服接近他，說要提供工作，聘他為清除垃圾的雜役。後來父親自己也穿著破爛衣服去引導他，勉勵他認真工作，並增加工資，還假裝收他為義子，藉此逐漸讓他掌理倉庫、財寶。最後機緣成熟，就在大眾面前宣告窮子是他的親生兒子。派去誘引窮子的兩人，譬喻聲聞、緣覺二乘；長者自己身穿破衣去接引他，喻指佛乘；宣布窮子就是他的親生兒子，喻指得一佛乘。

〈藥草喻品〉以三草二木分別譬喻聲聞乘、緣覺乘與佛乘；雲層中降下同一味的雨水，各種藥草隨其能力吸收水分，喻指如來以「一相一味之法」來教化眾生，眾生隨其根機領悟法義。在羅什譯本的偈頌中，是以小藥草比配人天善法；以中藥草譬喻聲聞、緣覺二乘；上藥草喻指初發菩提心菩薩；久修行菩薩為小樹；不退轉菩薩為大樹。

〈化城喻品〉述說一位聰慧明達的商隊首領帶領眾人前往大珍寶所在。由於路途遙遠險惡，眾人在中途又累又怕，心生退卻；首領就變化出一座城市，告訴大家可安全地歇息。等大家恢復體力，首領才老實告知眾人說城市是暫時化現的休息處，珍寶處已經很近了，率領商隊繼續前進。此品偈頌說：「諸佛方便力，分別說三乘；唯有一佛乘，息處故說二。」一佛乘就是珍寶處，化城代表聲聞乘與緣覺乘，是權變運用的二種教法。

〈五百弟子授記品〉還有「繫珠喻」，經文如下：「譬如有人至親友家，醉酒而臥。是時，親友官事當行，以無價寶珠繫其衣裡，與之而去。其人醉臥，都不覺知。起已遊行，到於他國，為衣食故，勤力求索，甚大艱難。若少有所得，便以為足。於後，親友會遇見之，而作是言：『咄哉！丈夫！何為衣食乃至如是？我昔欲令汝得安樂，五欲自恣，於某年日月，以無價寶珠繫汝衣裡，今故現在，而汝不知，勤苦憂惱以求自活，甚為癡也。汝今可以此寶貿易所須，常可如意，無所乏短。』」繫在衣裡的寶珠譬喻二乘過去曾發的菩提心；醉酒不知比況他們因菩薩道艱苦而退回到二乘行；親友告知繫珠之事喻指佛陀將他們引入一佛乘。在《法華經》傳出的時代，印度佛教的佛性思想尚未盛行，是以菩提心作為成佛的依據與保證，即此處衣中明珠所指。

過去久遠，如來已成

釋迦佛在娑婆世界住世僅數十寒暑，許多信眾很難相信為何一位大聖人的生命也如此短促無常。其實，佛陀這麼快示現涅槃，有著很深的用意，〈如來壽量品〉說：「若佛久住於世，薄德之人不種善根，貧窮下賤，貪著五欲，入於憶想妄見網中。若見如來常在不滅，便起憍恣，而懷厭怠，不能生難遭之想、恭敬之心。是故，如來以方便說：『比丘當知，諸佛出世難可值遇。』……斯眾生等聞如是語，必當生於難遭之想，心懷戀慕，渴仰於佛，便種善根。」

如果佛陀長住世間而不入滅，許多缺少福德的人就不覺得如來出世是如何稀有難得，不願生起及時學佛的心，認為反正如來一直住世，可作依怙，以後再學也不遲。世尊於是隨順人間的百年壽命，八十歲時就在娑羅雙樹間進入大般涅槃，使佛教徒因為見不到如來而深深懷念，願意學習佛陀所遺留的教法。再者，如此也顯示如來是由人而成佛的人間佛教意義，不應將佛陀當作神明來崇拜，應當積極修學他所傳授的戒、定、慧三學與六波羅蜜法門，解決生命問題，學習佛陀由自覺而覺他，達於覺行圓滿。

其實，如來的壽命是超越時間的，無法以數量來衡量其壽命長度，勉強借用世間的語言說是「無量」。如來非真實的滅度而在世間取證涅槃，是方便示現：「如來如實知見三界之相，無有生死，若退若出，亦無在世及滅度者，非實非虛，非如非異。不如三界，見於三界。如斯之事，如來明見，無有錯謬。以諸眾生有種種性、種種欲、種種行、種種憶想分別故，欲令生諸善根，以若干因緣、譬喻、言辭種種說法，所作佛事未曾暫廢。如是，我成佛已來，甚大久遠，壽命無量阿僧祇劫，常住不滅。諸善男子！我本行菩薩道所成壽命，今猶未盡，復倍上數。然今非實滅度，而便唱言：『當取滅度。』如來以是方便教化眾生。」釋迦佛在世間的出現與入滅，是壽命無可衡量的真實佛身在人世間的短暫垂跡。如來自其成佛以來，於久遠無盡的時間歷程之中，恆常在娑婆世界及其他無數世界說法教化眾生；而其真實佛身一直安處於靈鷲山淨土，未來還會住持世間無數時間。

關於此經如來壽量的理解，聖嚴法師在《絕妙說法——法華經講要》一書中提到：「關於如來壽量的討論，依據吾師坂本幸男的〈妙法蓮華經注〉說，他將《法華文句》卷九下之〈釋壽量品〉整理而得：如來有法、報、應三身，法身壽命非有量非無量；報身在金剛心以前為有量，在金剛心以後為無量；應身雖有量而其救濟活動不斷，故亦無量。雖言三身，正是報身。因為報身之智，上契法身之理，下為利益眾生，成為應身之根源。」（頁二二九—二三〇）金剛心係指一生補處菩薩成佛前最後的三昧心。坂本教授依天台宗觀點，提出經中壽命無量的佛身是指報身，為眾多應化身的現起所依。報身恆常在靈山淨土為大菩薩說法，應身是在現實世間的形跡示現，而且應身的示現活動會無止盡地繼續下去。

〈如來壽量品〉有個「醫子喻」，將佛陀比喻為一位著名醫生，某次他遠行回來，兒子們全部中毒受害，神智不清，極為痛苦，看到父親歸來而無比高興。他調配色、香、味俱全的良藥給兒子們服用，中毒較輕者立即服藥而得痊癒，中毒深者則不肯吃藥。這位醫生只好假借有事要到國外，然後派人向兒子們通報其父已客死異鄉。眾子悲痛萬分，如今失去依怙，想到父親留下良藥，於是願意服藥而解除毒害，恢復神智。這時，父親才回來與兒子們相見。眾生就像中毒過深而神智昏亂，佛陀在世時以為有穩固依靠而不肯學法，必須佛陀示現涅槃，才知見佛聞法是極其稀有難得之事。

寶塔涌現，證明法華

自《法華經》中抽出單行流通的〈觀世音菩薩普門品〉，對中國佛教圈影響甚大。此品提到觀世音菩薩將無盡意菩薩所供養的珍寶瓔珞分作二部分，一分轉供養釋迦牟尼佛，另一分轉供養多寶佛塔。此處出現「多寶佛塔」，感覺有點突兀，其實多寶佛的事蹟在〈普門品〉之前的〈見寶塔品〉已經講述。

〈法師品〉中有段意味深長的經文：「在在處處，若說、若讀、若誦、若書、若經卷所在處，皆應起七寶塔，極令高廣嚴飾，不須復安舍利。所以者何？此中已有如來全身。」這是佛陀對《法華經》的重視，經典所承載的真理法義指向佛陀的法身（真理之身），所以說經中已有「如來全身」，供養經卷的意義遠勝過對佛陀色身舍利的供養。

〈法師品〉之後的〈見寶塔品〉，在釋迦佛的法華會上，即有古佛多寶如來的全身舍利安坐在巨大七寶塔中，從地面下涌現出來，停留於虛空中，發出宏亮聲音證明釋迦佛所說全為真實：「爾時，佛前有七寶塔，高五百由旬，縱廣二百五十由旬，從地踊出，住在空中。種種寶物而莊校之，……三十三天雨天曼陀羅華供養寶塔；餘諸天、龍、夜叉、乾闥婆、阿修羅、迦樓羅、緊那羅、摩睺羅伽、人非人等千萬億眾，以一切華、香、瓔珞、幡蓋、伎樂供養寶塔，恭敬、尊重、讚歎。爾時，寶塔中出大音聲，歎言：『善哉！善哉！釋迦牟尼世尊！能以平等大慧教菩薩法、佛所護念《妙法華經》，為大眾說。如是！如是！釋迦牟尼世尊！如所說者皆是真實。』」面對這種過去未曾有過的稀奇景象，法華會大眾當然都感到極度納悶。

會眾裡面有位大樂說菩薩，為自己和其他眾生向釋迦佛請求決疑，佛陀於是道出多寶佛與《法華經》的深厚因緣：「此寶塔中有如來全身。乃往過去東方無量千萬億阿僧祇世界，國名寶淨，彼中有佛，號曰多寶。其佛行菩薩道時，作大誓願：『若我成佛，滅度之後，於十方國土有說《法華經》處，我之塔廟為聽是經故，踊現其前，為作證明，讚言：善哉！』彼佛成道已，臨滅度時，於天人大眾中告諸比丘：『我滅度後，欲供養我全身者，應起一大塔。』其佛以神通願力，十方世界在在處處，若有說《法華經》者，彼之寶塔皆踊出其前，全身在於塔中，讚言：『善哉！善哉！』」

這是過去多寶如來的宏大願力，只要有如來演說《法華經》的所在，即有多寶佛塔涌現為其作證。當然，除非像佛陀那樣的大聖者，要感得多寶佛塔的顯現是至為困難的事情。多寶如來在圓寂前，一心思惟《法華經》，遺留全身舍利與大神通力來贊助此經弘通。此事提醒佛弟子對於《法華經》的正確態度應是去讀誦、理解，尋求正確體會，進而為他人講說。

法華法師，弘經三軌

《法華經》是如此重要的一部佛典，欲其真理教法與菩薩精神的傳續不絕，須有人去領解與講說，所以經中對「法師」（說法者）達成正確演說此經的佛法修為有明確交待。〈法師品〉說：「若有善男子、善女人，如來滅後，欲為四眾說是

《法華經》者，云何應說？是善男子、善女人入如來室，著如來衣，坐如來座，爾乃應為四眾廣說斯經。如來室者，一切眾生中大慈悲是。如來衣者，柔和忍辱心是。如來座者，一切法空是。安住是中，然後以不懈怠心，為諸菩薩及四眾廣說是《法華經》。」對於法師所要求的專業素養，是必須具足拔苦與樂的大慈悲心，包容剛強眾生的柔和忍辱心，以及對一切法空之諸法實相的深刻領悟。當然，菩薩對法不起慳吝心，會精進不懈地為他人講說。

在〈安樂行品〉中，也提到菩薩要在濁惡世間講說此經，必須安住四類實踐，第一項是身安樂行，「安住菩薩行處及親近處」。什麼是菩薩行處？經文說：「若菩薩摩訶薩住忍辱地，柔和善順，而不卒暴，心亦不驚；又復於法無所行而觀諸法如實相，亦不行、不分別，是名菩薩摩訶薩行處。」此相當於上一段所說的「柔和忍辱心」及「一切法空」。什麼是菩薩親近處？首先，從親近的對象來說，（出家）菩薩不應親近權貴人士、外道梵志、世俗文人、娛樂業者、漁夫獵人，還包括不肯信受大乘的聲聞行者，以及避免接近會引生欲念的異性，且不畜養年少弟子、小兒等。道業未成，易受干擾，應當常在閒靜處坐禪攝心。第二個親近處是「觀一切法空如實相」，這是從應親近的真理法義來說。初學菩薩宜遠離世俗事務，親近禪定與智慧。

第二項是口安樂行：「若口宣說，若讀經時，不樂說人及經典過，亦不輕慢諸餘法師，不說他人好惡長短，於聲聞人亦不稱名說其過惡，亦不稱名讚歎其美，又亦不生怨嫌之心。」成就這種安樂行，說法者所說使聽聞者不會心生違逆；面對他人的問難，能全依大乘法義為其解說，不致說出小乘法。

其次是意安樂行：「受持、讀誦斯經典者，無懷嫉妬、諂誑之心。亦勿輕罵學佛道者，求其長短。……求聲聞者、求辟支佛者、求菩薩道者，無得惱之，令其疑悔。……又亦不應戲論諸法，有所諍競。當於一切眾生起大悲想，於諸如來起慈父想，於諸菩薩起大師想，於十方諸大菩薩常應深心恭敬禮拜。於一切眾生平等說法，以順法故，不多不少，乃至深愛法者亦不為多說。」保持這種正確的意念，演說此經時不會有人來破壞，也能尋得同研《法華經》的善友，以及能吸引眾人來聽聞此經，令他們信受與熟習，為人講說，及恭敬、讚歎此經。

第四是誓願安樂行，發願讓大眾普能信受《法華經》：「於在家、出家人中生大慈心，於非菩薩人中生大悲心，應作是念……其人雖不問、不信、不解是經，我得阿耨多羅三藐三菩提時，隨在何地，以神通力、智慧力引之，令得住是法中。」成就這個安樂行，講說此經時不會有所過失，常受他人供養、恭敬，諸天隨侍聽法與護衛，及讓聽聞者獲得歡喜。這些都是由於此經為一切過去、現在、未來諸佛的威神力所加持的緣故。

〈安樂行品〉可見到「髻珠喻」：強而有力的轉輪聖王率領軍隊降伏他國，征戰勝利時，對將士們論功行賞，或是賜給田宅、領地、珍寶、奴僕，唯有頭頂上舉世無雙的明珠不拿來賞賜。然而，如果將士中有功勳大到前述各種獎賞不足以表彰者，甚至將頭上明珠都拿來賞賜。這個寓言故事喻義如下：「如來亦復如是，於三界中為大法王，以法教化一切眾生。見賢聖軍與五陰魔、煩惱魔、死魔共戰，有大功勳，滅三毒，出三界，破魔網，爾時，如來亦大歡喜。此《法華經》能令眾生至一切智，一切世間多怨難信，先所未說，而今說之。」當佛教修行者信受大乘，勤修精進，機緣成熟時，佛陀會授與這部難知難信的「頂上明珠」——《法華經》。

〈法師品〉與〈安樂行品〉所言的諸法實相，都指「一切法空如實相」，這是植基於初期大乘佛教以般若波羅蜜為中心之六波羅蜜菩薩行的思想脈絡。中國佛教古德用來詮釋此經的佛性或圓教思想，已是進一步的教理發展。

關於受持《法華經》的功德，以及會來護持此經的菩薩眾與諸天善神，經中有詳盡的說明，於此不再贅述。《法華經》法義豐富精深，實難用短短數千字充分表達深廣意趣。最後想說的，是筆者長期研究《法華經》，發現多數講解此經的註疏，傾向於精妙義理的詳細解釋，較少兼顧到修行面的指導；而聖嚴法師所著《絕妙說法——法華經講要》一書，主要從人生實踐視角來講解經文，是本值得閱讀的好書。經典在理解其文句意義後，還得落實於生活實踐來深化體驗。

無盡慈悲的普門示現

——〈觀世音菩薩普門品〉導讀

〈觀世音菩薩普門品〉（簡稱〈普門品〉），原是姚秦鳩摩羅什所譯《妙法蓮華經》中的一品，由於中國佛教圈觀音信仰盛行，很早自《法華經》中抽出單行流通。現存《法華經》漢譯本尚有西晉竺法護傳譯的《正法華經》，其二十三品為〈光世音普門品〉。竺法護與鳩摩羅什的〈普門品〉譯本原本並無偈頌，隋代闍那崛多與笈多兩位法師增補羅什的《妙法蓮華經》成《添品妙法蓮華經》，將前賢續出的〈普門品〉偈頌補於羅什譯本的長行之後。今日流通的〈普門品〉經本，長行是羅什的譯筆，偈頌是由闍那崛多等添補。

觀世音菩薩是與中國佛教相當有緣的一位大菩薩，為佛教行者提供修學佛法的加持，及撫慰過無數信仰大眾的心靈，歷代屢有「觀音靈驗記」的編輯。在諸部觀音經典之中，以〈普門品〉的流通最廣，應與其篇幅不大、羅什譯筆曉暢，及經文內容感動人心、順應世人願望有密切關係。這個娑婆世界不是一個理想的國土，生存其間的有情免不了造作業行，從而感受到各類生命苦厄。學佛大眾在面對人力無法克服的苦惱、苦痛之際，常自然地合掌祈請觀世音菩薩的慈悲加佑。

大慈悲力，全面濟度

菩薩是「以德立名」，也就是說名號通常表徵其菩薩道實踐的特色。「觀世音」名號所指涉的，是觀世音菩薩無時無刻不在觀聽眾生的祈請之聲，隨著聲音而拔濟眾生的苦厄，滿足世人的願望。現存梵本的品名是「說觀世音自在神變普門品」，「普門」是「全面」的意思，菩薩慈悲無量，威神力量廣大，能全面地救度眾生。觀世音菩薩所具足的自在神力，是由過去無數劫修行累積的巨大功德而來，非凡夫俗子的有限認知能力所能衡量。只要以至誠心禮拜菩薩、誦念名號，均可獲得這位大菩薩的慈悲加被。

觀世音菩薩的大慈悲與大願力，在偈頌中有所述說。「弘誓深如海，歷劫不思議，侍多千億佛，發大清淨願」一頌，說明菩薩過去發過如大海般的無盡誓願，也在不可思議的長劫時間中，供養過無數佛陀，通過菩薩道的深廣實踐而完成誓願。「善應諸方所」指出菩薩以其自在神變力回應各個方位的眾生祈願。「聞名及見身，心念不空過」強調聽聞菩薩名號或眼見菩薩現身，能在心中憶念不忘，果報是不虛妄的。除了祈求觀音救濟的宗教信行，效法菩薩的大悲與大願，更契合大乘佛教的精神。

關於觀世音菩薩普濟眾生的事蹟，〈普門品〉長行是以「免七難」、「離三毒」、「應二求」作為例示。「慈悲」的意義，簡單地說，即「慈以與樂，悲以拔苦。」《大智度論》卷二十七說，佛菩薩的大慈大悲與其他人的小慈小悲差異甚大，小慈小悲雖有心給予眾生安樂，拔除眾生苦厄，卻缺乏實現的能力；大慈大悲則不但心量廣大，也有強大力量來完成。就免難方面而言，當眾生遭遇火、水、風、刀杖、惡鬼、幽繫、險路等各種巨大危難，都快喪失身命，只要一心稱念觀音聖號，感應道交，菩薩即會尋聲救苦、解除災厄。

至於施予眾生安樂方面，經中舉出婦女求男得男、求女得女為例。有兒有女，是古今世人的一般願望。特別是中國古人重視生養兒孫祭祀祖先，婦女無子可能使其婚姻產生危機，為翁姑、丈夫所嫌棄，可謂生命歷程的一大恐懼。當以足夠誠摯之心向觀世音菩薩祈願，菩薩會圓滿這樣的請求。當然，求男、求女二事只是代表，其他的正當願望，菩薩同樣會幫助實現。大菩薩滿足有情的世俗願望，是攝受的方便，使他們由此感受到佛教修行的力量。

古人心地較為純樸，聽到或讀到經典中所載菩薩的自在威神力，容易信受，並且出於虔敬心祈願，希望獲得菩薩的慈悲加被而離苦滿願。現代人相信科學、依靠理性者眾，信仰力淡薄許多，看到經文所舉事例，覺得不可思議，也就難以發起誠摯之心禮拜、供養觀世音菩薩。殊不知吾人六根（眼、耳、鼻、舌、身、意六種感官）的認識能力受到很大限制，無法知見的內容遠超過能夠了知者，以有限的知識來否定未能知見的廣袤世界，雖對自己的所知擁有信心，卻顯得不夠謙卑。如果有緣值遇觀音法門，透過認真修學來體驗其功效，亦為一種實驗精神。

滌除三毒，淨化心靈

凡夫俗子不斷造作身體、語言、意念上的錯誤行為，根源於內心的貪欲、瞋恚、愚癡三種煩惱，也就是佛教所說的「三毒」。當煩惱的力量強盛，甚至逾越道德良心的界線時，不僅會傷害到他人，也為自己帶來不好的果報。佛教修行者尋求貪、瞋、癡煩惱的淨治，煩惱得以盡除，即是清淨的心靈，就是解脫自在的境地。無奈煩惱的根本是那麼頑固，即使平常努力修學，稍微鬆懈，又被煩惱牽引去了。

深受三毒煩惱所困擾的眾生，如能至心禮拜觀世音菩薩，持念菩薩聖號，可有效緩解與消除貪、瞋、癡煩惱，使染汙的心靈獲得淨化。如經文說：「若有眾生多於淫欲，常念恭敬觀世音菩薩，便得離欲。若多瞋恚，常念恭敬觀世音菩薩，便得離瞋。若多愚癡，常念恭敬觀世音菩薩，便得離癡。」〈普門品〉不僅述說現世利益的滿足，同時強調心靈的淨化提升，後者更是觀音法門的修行重心所在。

為什麼禮拜觀音、稱念名號，得以有效去除三毒？佛教義理說明人的一個心念只能思惟一個對象，不是善的，便是惡的，或是無記的（非善非惡）；當心中恆常憶念著觀世音菩薩，藉此善念因緣，惡念就缺乏生起空間，不致進一步引發染汙的身、口、意業行。況且觀世音菩薩有著不可思議的威神力，恭敬禮拜，發願修行，將菩薩聖號憶持在心，會使自己的心靈逐漸發生質變，快速轉化提升，對煩惱具有免疫力。

三十三身，應機示現

過去世與觀世音菩薩有緣的眾生，此生不一定還有接觸菩薩的良好因緣；今生虔誠信仰觀音的人，也少有人見到菩薩以其形象示現，對於這位大菩薩是否真能隨時隨處顯跡，不免產生疑問。為了解決眾生心中所疑，無盡意菩薩代替大眾向佛陀請問：「世尊！觀世音菩薩云何遊此娑婆世界？云何而為眾生說法？方便之力其事云何？」觀世音菩薩具足大慈悲、大智慧、大方便、大神通，應當經常為修學觀音法門者示現與教化，其具體情況如何？

佛陀回答無盡意菩薩，觀世音菩薩除了以菩薩自身的形象示現之外，還會因應眾生的機緣，以佛陀、辟支佛、聲聞（以上為聖人身），梵王、帝釋、自在天、大自在天、天大將軍、毘沙門（以上為天神身），小王、長者、居士、宰官、婆羅門、比丘、比丘尼、優婆塞、優婆夷、長者婦、居士婦、宰官婦、婆羅門婦、童男、童女（以上為人類身），天、龍、夜叉、乾闥婆、阿修羅、迦樓羅、緊那羅、摩睺羅伽、執金剛神（以上為護法龍神身）等種種形象為眾生演說佛法，透過最相應的方式進行救濟與教化。

觀世音菩薩屬於大乘佛教的最高階菩薩，為何也會以辟支佛、阿羅漢的小乘修行者形象，甚至以障礙修道的魔王（自在天）、外道主神大自在天的形象來說法？如此難道不與大乘佛法有所扞格？聖嚴法師說：「因為有許多人厭倦這個世界，不願再來受苦受難，因此佛菩薩也會向這些人說有一種修行法可以出三界、離生死，也就是說，為了使得這類根器的眾生願意接受、修習佛法，佛菩薩也會講小乘法。」（《菩薩行願——觀音、地藏、普賢菩薩法門講記》，頁四十三）《法華經》的一乘思想，講明佛陀以二乘方便法門化導有情，使學法者最後都進入一佛乘。

聖嚴法師法師又說：「有些人需要種種磨難，才能使得道心更堅固、修行更得力。所以從佛的立場來看，魔王也是修道的助緣，也是菩薩行者，觀世音菩薩必要時也會現魔王身。」（《菩薩行願——觀音、地藏、普賢菩薩法門講記》，頁四十五）。對於承受得了魔眾障礙力量的修行者，示現魔王身亦可作為快速推進其修證境地的良方。《大乘悲分陀利經》卷五說：「若世無佛，我作仙人，以諸善業化彼眾生，令住神通。因於邪見奉事摩醯首羅天（大自在天）者，即現摩醯首羅天，勸以善業。」這就是大菩薩的方便善巧力量，總是以對修行者最有利的方式來提升他們。

深信菩薩，一心稱名

觀世音菩薩的大慈悲是無量的，其護念力與加持力是完全開放的，有情不分種族、不論身分，只要虔誠向菩薩祈願，菩薩無不授予救度之手。然而，如果平日不信觀音，臨難又不知向菩薩祈求，即使菩薩的心是全面開放的，如此之人也無由與菩薩感應。〈普門品〉說：「若有無量百千萬億眾生受諸苦惱，聞是觀世音菩薩，一心稱名，觀世音菩薩即時觀其音聲，皆得解脫。」一心稱念觀音聖號是與菩薩感應的重要方法。

〈普門品〉一再告知讀誦者：「觀菩薩菩薩摩訶薩威神之力，巍巍如是。」又說：「受持觀世音菩薩名號，得如是無量無邊福德之利。」禮拜、供養這位大菩薩，一心稱念菩薩聖號，所獲得的功德無量無邊，難以衡量。對於無法生起真誠信仰的有情來說，只能說他們暫時與菩薩無緣；然而，菩薩不捨眾生，慈悲之手永遠向他們伸展。

對於觀音法門的修學態度，聖嚴法師的觀念給予很大啟發，他說：「從觀世音菩薩化身的立場來看，我們信佛、學佛的人，自己不得以魔鬼的行為迫害眾生，但在遭遇到任何順逆情況時，都要當作是助道的因緣。遇到任何人，不管是幫助、打擊、毀謗、讚歎，都是菩薩的示現，都要感謝、感恩，這是菩薩行者應有的心態。」（《菩薩行願——觀音、地藏、普賢菩薩法門講記》，頁四十五）又說：「因為觀世音菩薩可以現種種身、種種相，所以站在佛教徒的立場，不管看到任何形相、身分，只要對我們有幫助、為我們說法，我們就把他當作觀世音菩薩的化身。所以可以說，處處都能看到觀世音菩薩，而到處都有他的化身。」（同前書，頁五十—五十一）我稱此為「全面的觀音法門」，如此，觀世音菩薩處處與我們同在，時時敦促我們修行。

觀音法門涵蓋淺層的宗教信仰及深層的菩薩實踐，研讀〈普門品〉，應知「免七難」、「離三毒」、「應二求」能幫助有情大眾度過生死的艱苦，但為攝受眾人皈信佛教的方便；真正應向觀世音菩薩學習的，是其大慈悲與大智慧的菩薩行。

佛陀累世的菩薩廣行

——《六度集經》導讀

在佛教藏經中，有一類經典講述釋迦牟尼佛過去世身為菩薩時，種種救度眾生的偉大行跡，稱為「本生經」。另有一類經典是「佛傳故事」，記載佛陀出家、修行與遊化的事蹟。這些故事常成為向大眾弘法及佛教藝術的題材。佛陀救護有情與精進修行的生動故事，打動了許許多多佛教信眾的心扉，使他們深深敬仰與懷念佛陀，由此種下修學菩提的種子。

康僧會在三國時代吳地所譯的《六度集經》八卷，採集了佛陀本生故事與佛傳故事共九十一篇，依照布施、戒、忍辱、精進、禪、明（般若）等六度（度無極、波羅蜜）編為六章，大多為本生故事，唯有〈禪度無極章〉以佛傳故事為主。除了明度以外，在其他五度各章的卷首，都提供一篇引言，解說各度的修行意義，而以禪度的說明稍詳。藉由趣味故事描寫佛陀前世今生的典範菩薩行，使學佛者在愉悅的閱讀過程中，獲得感動，支持修學菩薩道的發心。

一切能捨，清淨布施

〈布施度無極章〉占了三卷，共二十六篇故事。在這章開卷處，以「聞如是」帶出佛陀在王舍城鷂山（靈鷲山）演說此經，現場有五百阿羅漢與一千位菩薩。此經的當機菩薩名為「阿泥察」，佛陀說法時，總是專心聆聽，及依禪定思惟真理。佛陀為他講說菩薩六度的高深行法，可依此快速成佛。其餘各章出現十二次「聞如是」，有十次的說法地點是在舍衛國祇樹給孤獨園。

布施度的意義為何？菩薩慈愛有情，悲憫邪見之流，喜見賢者修行成就，救濟眾生的恩澤橫跨天地，廣如河海。對於眾生的布施，飢者供給食物，渴者供給飲水，寒者給予衣服，熱者提供清涼，病者救濟醫藥，車馬舟輿、各種珍寶、妻子兒女、國家領土，凡有人乞求，就布施給他，毫無慳吝與怨言。甚至以生命布施，也在所不惜。特別舉出太子須大拏的故事。

〈須大拏經〉收於《六度集經》卷二第十四經，藏經中還可見到西秦聖堅的異譯本《太子須大拏經》。這個故事講述過去有位葉波國王以正法統治，百姓安居樂業。國中太子名為須大拏，相貌端正，慈孝無雙，具備慈、悲、喜、捨四無量心。他了解布施累積功德的道理，感慨愚者不知無常，以為所擁有之物可以長保。他思惟十方諸佛與聖者們無不讚歎布施為世間最上珍寶，所以一切事物都樂意無條件地布施。

該國有頭勇猛白象，敵國前來侵犯，都由它擊退。其他國王商議：「太子慈悲，所有乞求都會布施，我們派遣八位梵志去乞求白象。能夠求得，就重重賞賜。」這些苦行梵志跋涉千里，在宮門前站立，高唱：「我們聽說太子布施貧困，恩澤廣及有情，特從遠地前來乞求。」太子親自出來迎接，慰勞他們，詢問來意。他們堅持乞求那頭白象王。太子慈悲授與，梵志們唱誦祝福後，高興地騎走了。

相國與百官無不悲痛，想著將勇猛白象贈給敵國，以後國家要依靠什麼？他們向國王稟告：「太子任意布施，沒有止盡，我們害怕數年之間全國妻子兒女都成為他的布施品。」國王想到太子喜好佛法，慈悲布施為修行首要，不忍違背道理處罰他，就以將國寶白象贈與敵國的理由把他驅逐出去。太子要求以個人財物布施七天，才離開國家。

太子離國前辭別妻子，說被國王驅逐到檀特山十年，太子妃堅貞地發願要與他同到恐怖山林修行，因為有人清淨修行是國富民安的根基。於是二人帶著一對兒女，歷經二十一天抵達檀特山。後來有個年老貧窮梵志，受其妻蠱惑，來向太子乞求兒女。妻子預先將兒女藏匿好，太子還是將他們找出來，綁著交給梵志。妻子回來後呼喚不到兒女，極度悲痛。太子告訴她，自己發願無所不施，妻子的哀慟會造成干擾。妻子也想通道理，知道以如此的發心，修行必會成就，體得如來的一切智。

帝釋等天神非常感動，想進一步試探太子，於是變化成梵志，來向他乞求妻子，太子又欣然布施。帝釋表明身分，問太子有何願望？太子表示希望獲得大量財富以實踐布施，及與思念的父王和臣民相見。其兒女受到梵志虐待，後來輾轉賣回太子父王，成為王孫。國王也派人到山中迎回太子夫婦；全國民眾夾道歡慶與恭迎。國王將國中財富交給太子布施，各國百姓紛紛歸投而來，敵國都俯首稱臣，天下太平。太子無休止地累積功德，最終成為如來。

本生故事末尾，會將其中角色與佛陀時代的人物進行連結。佛陀告訴比丘們，太子死後上生兜術天，其後生在白淨王家，即佛陀本人。父王是阿難；妻子是俱夷（佛陀出家前的妻子）；兒子是羅云（羅睺羅）；女兒是阿羅漢朱遲的母親；天帝釋是彌勒；販賣太子兒女的梵志是調達（提婆達多）；其妻即是調達的妻子旃遮。最後結語說從過去世以來修行無數難行苦行，始終不因恐懼而違背誓願，為弟子說明布施法，菩薩（專指佛陀前身）的慈悲與布施波羅蜜是如此。

這個故事並非要學佛者效法須大拏將一切財富，甚至國家領土、妻子兒女都拿來布施，不宜按照字面僵化理解，如此就顯得愚昧了。應當了解其象徵意義，領會大菩薩的修行精神，也就是布施的發心廣闊無邊，沒有條件限制；當然實際布施情況取決於因緣，盡自己最大的力量，而不使自己陷於困境，安心修學佛道。

持戒忍辱，慈念有情

《六度集經》卷四是〈戒度無極章〉，包含十五篇故事。引言如此說明持戒的修行意義：狂妄愚昧者性情凶狠，愛好殘害生命，貪圖他人財物而偷盜，放縱情欲而內心汙濁，兩舌、惡口、妄語、綺語，及貪欲、瞋恚、愚癡之心，危害親人，殺害聖者，誹謗佛陀，擾亂賢者，盜取寺院財物，懷著惡心，破壞三寶，像這些大惡，菩薩即便受到被支解身體的威逼，終究不去做。信受佛教三寶，普遍救濟四恩之人（父母恩、眾生恩、國王恩、三寶恩）。

持戒波羅蜜的首篇故事提到過去有國王身為佛教居士，勸導臣民皈信三寶，下令持守五戒與八關齋戒者可免除賦稅傜役，結果百姓大多陽奉陰違。國王於是運用謀略，下令說凡是奉行佛道者判處死刑。大眾於是捨棄佛教正道，從事原本的惡行。菩薩當時年老，具備真實廣大的智慧，如此思惟：捨棄正道而造作惡行，就算獲得王位，長壽享樂，我終究不做。就算只有一餐壽命，而見到三寶真實教化，我也甘心。因為見佛聞法之事，實在太稀有難得了！國王為了考驗他而將其判處死刑，即便如此，他仍告誡兒子，寧可喪失生命，也不捨棄正道。國王知道他是真實佛弟子，拜為國相；對那些捨棄佛教者恢復稅賦，國境之人無不行善。那位國王就是彌勒；那位年老菩薩就是佛陀本人。

此經卷五是〈忍辱度無極章〉，收入十三篇故事。引言說明眾生心識受到愚癡障蔽，傲慢自大，常想勝過他人，坐擁官祿、土地與享樂。看到他人所有，由愚癡生起貪欲、瞋恚，不知止息，如狂如醉，死後有三惡道罪報，受苦無量。菩薩覺悟此事，感慨有情生時造作眾惡，死後輪轉三惡道，都因不能忍辱與慈悲。菩薩於是立下誓願，就算遭遇湯火酷刑與支解身體，也不對有情生起瞋心。從此世世修行慈心與忍辱，眾生對自己辱罵捶打、搶奪財寶妻子、危害生命，菩薩常以忍辱力滅除瞋恚惡心，出於慈悲加以救護。如果他們遠離罪惡，則感到隨喜。

關於忍辱波羅蜜的一個著名故事是羼提和梵志（忍辱仙人）的事蹟。他在山林修忍辱行，佛陀與聖者們讚歎他，天地神祇都恭敬他，稟受教化，護佑國家，風調雨順，五穀豐登，無災無難，人口繁庶。某日迦梨王入山打獵，追尋鹿的足跡到菩薩前，問說鹿跑哪兒去了？菩薩心想眾生都愛惜己命，如果告知國王，國王殘殺，自己有同等罪惡。若說未見，則犯了妄語罪。於是低頭不語。國王大發雷霆，質問為何不答？菩薩只好用手勢表示沒看到。國王不信，問他是誰？他回說「忍辱人」。國王拔劍砍斷其右臂，菩薩心想自己志求最高菩提，與人無諍，發願成佛來度化這個惡王。結果身體遭到段段支解，天地震動，日月無光。四大天王想要毀滅這個惡王及其國家，菩薩勸阻說這個苦難是自己過去世不奉行佛教而加害他人所致，怨怨相報，沒有止盡。由於菩薩真實修行忍辱行，最後身體恢復原狀。

安住禪定，觀照智慧

《六度集經》卷七解說「禪度無極」的篇幅較先前四度為大，可能因康僧會深研小乘禪學而特別關注。以四禪的解釋為中心，結合了定學與慧學，與早期佛教四禪內容純為定學有別。其總體意義為：「端其心，壹其意，合會眾善，內著心中，意諸穢惡以善消之。」使心念高度集中，在定心狀態，生發清淨心念消除染汙心理。至於〈明度無極章〉（般若波羅蜜）之所以缺少引言，應是合在此處說明。

第一是初禪，首先去除五欲與五蓋等障礙禪定的因素，以進入禪定。眼見美麗色法，內心為之動亂；耳聞美聲、鼻嗅好香、口嘗美味、身接好觸也是如此，修道的心志應當遠離這些。又有五蓋：貪欲蓋、瞋恚蓋、睡眠蓋、躁動蓋、悔疑蓋。無論世間有道無道、有佛無佛、有經無經，心靈清淨無垢，內心明覺觀見真相，能無不覺知，天龍魔眾所無法惑亂。猶如人有十個怨敵，脫身遠離他們，獨處山間，眾人所不知，不再恐懼。行者遠離五欲與五蓋，內心淨信與寂靜，此稱為初禪。

第二禪猶如人躲避怨敵，雖處在深山，懼怕怨敵尋來，更加深藏以修行寂靜，雖然遠離五欲與五蓋十個怨敵，仍擔心欲念等盜匪來破壞修道心志，從而體得第二禪，欲望更加遠離，不能汙染自己。在初禪中，善惡思慮相爭，以善法消除惡法，惡法退而善法進。在第二禪中，喜好內心寂定，不須再以善法消除那些惡法。喜好善法的思慮全部消除，十種惡法斷絕，沒有外在因緣來進入內心。善法由內心而出，惡法不再由耳、目、鼻、口進入，如此控御自心。

第三禪守持定心牢固，善惡不入，內心安定如須彌山，所有善法不生起，外在事物的善惡寂滅不進入，內心猶如蓮花的根莖在水中，華苞未發，為水所覆蓋。三禪的修行，其清淨猶如蓮花，遠離眾惡，身心都安定。

朝向第四禪，善惡都捨棄，心不念善，也不有惡，內心明淨，猶如琉璃珠。又如士女沐浴清淨，名香塗抹身體，內外衣服全新，色彩分明的最上衣服，表裡芳香潔淨。菩薩心安定，體得四禪，各種染汙無法遮蔽其心。猶如潔白絲織品，自在加上顏色。又如陶匠製作坯器，泥中無沙礫，自在製作器皿。又譬如金匠精煉黃金，隨心所欲製作各種奇巧物品。菩薩心淨，體得第四禪，可自在施展神通，以天眼和天耳無不見聞，了知有情因果流轉種種事情。內心明淨，觀照智慧，證得一切智。

體得四禪，想要證得初果、二果、三果、阿羅漢果，及諸佛如來的無上菩提，求之即得。猶如萬物皆因大地所生，自五神通智以至於世尊，都由四禪所成，猶如眾生各種行為不依大地不成。世尊又說：「眾生處於世間，縱使天帝與仙人的聰明智慧，如果不見這部經典，不獲得四空定者，仍是愚蒙的。」既有智慧，又得禪定一心，即近於解脫。

在〈禪度無極章〉的九篇故事中，可見到菩薩修學禪定的全身心投入；說明修行禪定對於解決生命問題的意義與價值；及教導進入四禪的修持方法與禪定體驗內容。〈明度無極章〉也有九篇故事，講說世人在宗教信仰方面的愚癡邪見，對顯出菩薩的佛法智慧與世間智慧，以其智慧利益世人與成就佛道。

佛陀本生故事與佛傳故事適於向大眾弘法，內容具體，容易了解，菩薩的偉大精神使人感動。然而，對於教理解說就不是那麼深入。《大智度論》卷四將布施分為下、中、上三等，以財寶布施為下布施；能以身命布施為中布施；了知般若波羅蜜，以無執著心從事種種布施才是上布施。本生故事起源於部派佛教，未講明般若波羅蜜法義，只能歸為中布施層次。其實，《六度集經》有融入一些聲聞佛教的智慧教法，只是未及於大乘般若波羅蜜的甚深教理。

彌勒成佛的龍華三會

——《彌勒大成佛經》導讀

漢譯彌勒經典最重要的三種是「彌勒三經」——劉宋沮渠京聲所譯《觀彌勒菩薩上生兜率天經》、西晉竺法護所譯《彌勒菩薩下生經》，及姚秦鳩摩羅什所譯《彌勒大成佛經》。第一經講述彌勒菩薩命終生於兜率天宮，教化天神的殊勝事蹟。第二經講述未來穰佉轉輪聖王時代，彌勒菩薩從兜率天宮下生人間，成就佛道，大開三次法筵，以三乘教法（特別是十二頭陀的梵行）廣度有情之事。

本文所要導讀的《彌勒大成佛經》（收於《大正藏》第十四冊），講說的內容較為完整豐富，除了教導四諦、三十七道品、十二因緣等二乘解脫教法，更通過對釋迦佛與彌勒佛修行功德的讚歎，帶出菩薩道的深觀與廣行。佛佛道同，釋迦佛法與彌勒佛法是一脈相承的。

具足善根，得聞彌勒

《彌勒大成佛經》的說法因緣，是釋迦牟尼佛與舍利弗在過去諸佛經常降魔的摩伽陀國波沙山（孤絕山）的山頂上經行，佛陀即興說出一首偈頌：「一心善諦聽！光明大三昧，無比功德人，正爾當出世。彼人說妙法，悉皆得充足；如渴飲甘露，疾至解脫道。」彌勒未來成佛之事為一大奧祕，無人能知能問，釋迦佛因此自行唱出偈頌，以發起舍利弗的疑問。

其後，四眾弟子、天龍八部都前來集會，禮敬供養佛陀與僧團，表現出求法若渴的心志，期待佛陀轉動正法之輪。舍利弗於此時代表大眾向佛陀請問：「如來向者於山頂上說偈，讚歎第一智人，前後經中之所未說。此諸大眾心皆渴仰，淚如盛雨，欲聞如來說未來佛，開甘露道，彌勒名字、功德、神力、國土莊嚴。以何善根、何戒、何施、何定、何慧、何等智力得見彌勒？於何心中修八正路？」舍利弗所問如下：先前佛陀讚歎未來時代將在世間出現的一位圓滿成就者為「第一智人」，擁有像佛陀那樣的全知智慧，不知「彌勒」的名號有何深義？他的修行功德、大神通力與國土莊嚴如何殊勝？佛教行者應當從事何種修行，始能見到彌勒世尊？透過這些提問展開了佛陀關於彌勒淨土法門的教導。

釋迦佛稱許舍利弗等人的提問及他們對佛陀的歌讚，點出他們「欲問如來無上道業摩訶般若」，預示即將演說的這部經典涵蓋大乘佛法的高深意趣。在詳細回覆問題的開頭，佛陀精要總括想要見到彌勒菩薩及往生彌勒佛國應當憶念與思惟的內容：「若於過去七佛所，得聞佛名，禮拜供養，以是因緣，淨除業障。復聞彌勒大慈根本，得清淨心，汝等今當一心合掌，歸依未來大慈悲者。我當為汝廣分別說。彌勒佛國從於淨命，無諸諂偽，檀波羅蜜、尸羅波羅蜜、般若波羅蜜，得不受不著。以微妙十願大莊嚴，得一切眾生起柔軟心，得見彌勒大慈所攝，生彼國土，調伏諸根，隨順佛化。」

首先，佛教行者曾在過去七佛處聽聞佛名，修行禮拜供養，由此淨除業障，方有因緣於未來世值遇諸佛。其次，聽聞「彌勒」（慈氏）名號所蘊含的大慈心修道根本，以清淨心歡喜信受，一心合掌皈依未來的大慈悲彌勒如來。聞名信受，一心皈依，是往生佛國的重要條件。第三，觀想彌勒菩薩建設清淨佛國所勤修的深廣菩薩道，以無所執著的心來修行六波羅蜜。最後，應當發起廣大十願。藉由如此的善根能見到彌勒菩薩以大慈為根本所成就的清淨莊嚴國土，得以轉生其淨土，快速提升修行境地，隨順與輔佐佛陀的教化事業。

廣大慈心，利樂有情

《彌勒大成佛經》關於彌勒出世的時代與國土敘事，類同於《彌勒下生經》。那是在遙遠的未來，娑婆世界成為一片清淨莊嚴的國土，安和樂利，人類壽命八萬四千歲，沒有各種身心苦痛。當時轉輪聖王穰佉以善法統治世界。彌勒生在婆羅門種姓的大戶人家，具足三十二相。他擁有世間榮華，而深具智慧，能觀察五欲過患及世間苦空，出家學道，成佛廣度眾生。

彌勒世尊向法會大眾開示的教法內容，以聲聞佛法的解脫道為主體，應了知無常、苦、無我、不淨，及愛欲為受苦根本，發起出離心，修習四聖諦、三十七道品、十二因緣等二乘出世法門，以期解脫生死苦海。雖說如此，在龍華三會獲得度化的有情，有無數人證得阿羅漢，同時有眾多人發起無上菩提心，甚至證得不退轉地，表示他們領悟了大乘佛教的精神意趣。《彌勒大成佛經》並且在讚頌釋迦與彌勒二佛的許多長行經文與偈頌當中，帶出佛果殊勝功德與菩薩深廣實踐，指導大乘佛法的修證內涵。

由於彌勒菩薩慧根具足，雖生於福樂國土而能諦觀五欲過患，天界快樂不可長保，因而發心出家，專志修行成佛。成就佛道後，隨順有情根器，經常教導出世解脫法門。彌勒世尊剛體得無上菩提之際，即用偈頌說出自己長久以來所修的大菩薩行：「久念眾生苦，欲拔無由脫；今者證菩提，霍然無所礙。亦達眾生空，本性相如實；永更無憂苦，慈悲亦無緣。本為救汝等，國城及頭目，妻子與手足，施人無有數。今始得解脫，無上大寂滅，當為汝等說，廣開甘露道。如是大果報，皆從施戒慧，六種大忍生，亦從大慈悲，無染功德得。」

彌勒菩薩發起大菩提心，長久思念救度眾生，卻深感力不從心，唯有成就佛果功德，方能無所障礙地幫助有情擺脫生死苦海。他通達人我空及諸法實相的法空，以無緣大慈平等看視一切有情。在布施方面，展現三輪體空的財施、法施、無畏施；廣施真理教法，使眾生獲致涅槃安樂。他所體得的無量佛果功德，生自布施、持戒、安忍、精進、禪定、智慧的六波羅蜜，及大慈大悲的菩薩心靈品質。六種大忍，依《菩薩瓔珞本業經．賢聖學觀品》，包括信忍、法忍、修忍、正忍、無垢忍、一切智忍，是對佛法智慧的漸次通達與安住。佛教行者效法彌勒菩薩的成佛精神，應當憶念與學習如此的菩薩道深觀與廣行。

彌勒菩薩繼承與弘揚釋迦牟尼佛的教法，他在未來成佛時，向聞法大眾開示，說明他們得以前來彌勒國土參學佛法，全是仰仗釋迦佛過去在五濁惡世諄諄教誨的因緣，修學各種善法而培植了善根種子。他以如下偈頌讚揚釋迦佛，並且表陳自己即將說法教化的取向：「忍辱勇猛大導師，能於五濁不善世，教化成熟惡眾生，令彼修行得見佛。荷負眾生受大苦，今入常樂無為處，教彼弟子來我所。我今為汝說四諦，亦說三十七菩提，莊嚴涅槃十二緣；汝等宜當觀無為，入於空寂本無處。」

彌勒菩薩明白表示釋迦佛的度化事業已功德圓滿，進入了大般涅槃，將未能脫離生死苦海的有情大眾託付給他。為了引導學法者解決生死流轉的當務之急，他將會宣說四聖諦、三十七道品、十二因緣等二乘真理教法。此外，他教導聽法者應當觀想無為真理，以求證入空性的智慧境地。這個「空寂本無處」僅止證入「人無我」的二乘涅槃嗎？在接下來的長行經文，他讚歎釋迦佛說：「深心憐愍惡世眾生，為拔苦惱，令得安隱，入第一義甚深法性。」二乘的解脫道教法只是方便法門，目標在於使學法者解脫生死眾苦，獲得涅槃安樂；而真正應當深入的，是「第一義甚深法性」，也就是大乘佛法的法性實相。

彌勒世尊三度大轉法輪，每次法會度了九十餘億人證得阿羅漢果；及使無數人發起無上菩提心，甚至體得不退轉。雖然是在清淨國土說法，而延續釋迦佛的說法次第，以其方便智慧，隨順有情根性差別，開出三乘教法，總是期許佛教行者依二乘權教解除生死恐懼之後，能走上菩薩道旅以趣向佛果。

釋迦彌勒，教法相承

彌勒菩薩成就佛果之後，帶領弟子眾與天龍八部進入大城托缽乞食。他施展種種奇妙難測的神通變化，發起有緣者的學佛之心，精進修行以證得解脫。釋提桓因與欲界天神眾，梵天王與色界天神眾，都滿心歡喜地用花雨、香雨、瓔珞珠寶、幢幡傘蓋、音樂歌讚等美好事物供養彌勒世尊。守護世間的四大天王同以清淨心如此歌頌這位世尊：「三界無有比，大悲自莊嚴，體解第一義。不見眾生性，及與諸法相，同入空寂性，善住無所有。雖行大精進，無為無足跡。我今稽首禮，慈心大導師。眾生不見佛，長夜受生死，墜墮三惡道，及作女人身。今日佛興世，拔苦施安樂，三惡道已少，女人無諂曲。皆當得止息，具足大涅槃；大悲濟苦者，施樂故出世。本為菩薩時，常施一切樂，不殺不惱他，忍心如大地。我今稽首禮，忍辱大導師。我今稽首禮，慈悲大丈夫。自免生死苦，能拔眾生厄；如火生蓮花，世間無有比。」

彌勒所示範的成佛菩薩行，發起廣大無盡的菩提誓願自不待言，在這些頌文中還可見到無緣大慈悲、觀照人法二空的實相智慧、精進波羅蜜、安忍波羅蜜等菩薩智慧廣行。當然，布施波羅蜜、持戒波羅蜜、禪定波羅蜜、方便波羅蜜，都是大菩薩成熟有情不可或缺的自覺利他法門。這些菩薩法門以大慈悲力為根本統攝為一個體系，這是彌勒菩薩以「慈氏」作為名號的精深微妙意義的體現。

相傳大迦葉尊者隱在雞足山石壁中，等候彌勒出世成佛，將釋迦佛法衣付囑給他。關於彌勒世尊與大迦葉尊者會面的記事，《彌勒大成佛經》說明詳細。此處所言的大迦葉是其入涅槃後的「骨身」，也就是全身舍利，非如《彌勒下生經》所說的未入涅槃。首先，釋提桓因與欲界天子們表達拜謁迦葉尊者的重要修行意義，在於得見釋迦佛穿著過的袈裟，聽聞他所遺留的教法，而實踐懺悔法門，以使自己在五濁惡世所造不善惡業得以清淨，化解修學佛法的障礙。

兩位大聖者的世紀會面，大迦葉將如來法衣交付彌勒世尊，此時大眾見到大迦葉而心生大疑惑，為何山頂有位矮小醜陋的人穿著僧服，向彌勒世尊禮拜恭敬？這裡帶出拜見迦葉尊者的第二種深義，提醒佛教行者對大成就者不宜以貌取人，心生輕慢，應敬重其修行體證功德。對比於淨土人身高大端正，大迦葉雖矮小黝黑，但已斷盡煩惱，智慧高邁，只是遵照釋迦佛所命，而保持過去惡世頭陀苦修的形相，為護持佛陀遺教而住在此山。大迦葉在釋尊教法中精進苦行第一，已成就禪定、智慧與神通，應當對他一心恭敬，如此也是對釋迦佛法的尊敬。

第三，大迦葉將釋迦佛的袈裟與遺法傳交於彌勒世尊，表徵佛法在二佛之間的一致性，行者現在精進修學釋迦佛的教法，發願迴向生於彌勒面前，即成彌勒法門。轉生彌勒面前，聽聞教法，未來隨從彌勒下生，輔助教化。

在此經的最後部分，尊者舍利弗、阿難請問佛陀說：「這部經典有哪些名稱？應當如何來修持？」經典的題名提示一經的主要旨趣，印度佛經的名稱置放在經末，有時不只一個，而且可能經名文字稍多，從多方視角指引教義與實踐方向。佛陀說明此經可有七個題名（標號為作者所加）：㈠一切眾生斷五逆種，淨除業障、報障、煩惱障，修習慈心，與彌勒共行；㈡一切眾生得聞彌勒佛名，必免五濁世，不墮惡道經；㈢破惡口業，心如蓮花，定見彌勒佛經；㈣慈心不殺、不食肉經；㈤釋迦牟尼佛以衣為信經；㈥若有聞佛名，決定得免八難經；㈦彌勒成佛經。

這七個經名表彰修行《彌勒大成佛經》的功德利益與實踐要目。第一個經名所示修持利益，可斷除五逆重業，消除煩惱、業行、果報三種障礙，以及修習無量慈心，效法彌勒菩薩修學菩薩行。第二個經名標舉聽聞與持念彌勒佛名的功德，可獲得加持力量，免除生於五濁惡世及墮落惡道，有利值遇諸佛，修學佛法。第六個經名也在提示聽聞彌勒佛名得以擺脫出生在八種無法聽聞佛法的障難處。第三個經名指出修持此經幫助遠離粗惡口業，柔和慈善，心如蓮花清淨，結下親見彌勒世尊的良善因緣。第四個經名強調慈心不殺，此義與彌勒菩薩的大慈心法門相應。第五個經名凸顯迦葉尊者傳交釋尊法衣的教法相承意義。最後一個經名顯示此經講述彌勒成佛時的依正莊嚴與大轉法輪。這七個經名總結《彌勒大成佛經》的要義，並且點撥修學彌勒法門的重要方向。

「彌勒」的意義為「慈」，以大慈心為根本，統攝種種菩薩道功德。「彌勒三經」適應不同學佛根機，於三乘教法各有所重，應當將三部經典結合研讀，對彌勒教法進行整體觀照。《觀彌勒上生兜率天經》觀想兜率天宮的莊嚴清淨及憶念彌勒名號的殊勝意涵，將修行功德迴向願生彌勒面前。《彌勒菩薩下生經》講述彌勒下生成佛的淨土景況與教化事蹟，偏於聲聞教法的指引。《彌勒大成佛經》除了四諦、三十七道品、十二因緣等二乘解脫教法，更通過對釋迦佛與彌勒佛修行功德的讚歎，帶出大乘菩薩道的深廣涵義。佛佛道同，釋迦佛法與彌勒佛法是一脈相承的，修學佛陀教法即是未來得見彌勒的法門，同時也在建設人間淨土。

金光滅惡與成就修行

——《金光明經》導讀

《金光明經》與《法華經》、《仁王護國般若波羅蜜多經》並稱為「護國三經」，在古代佛教法會廣受讀誦，藉其法力以祈求國泰民安。《金光明經》表明自身具「經王」意義，有其殊勝的修行功德。此經開示佛壽深義、空性真理、懺悔滅障、善神護持、善法利世、除病安康、慈悲護生等教理與行法，是部修學佛法與護國安民的大乘菩薩教典，為讀誦者帶來吉祥果報。

《金光明經》現存北涼曇無讖漢譯的《金光明經》；隋代釋寶貴統合曇無讖譯本與梁代真諦譯本而成的《合部金光明經》；及唐代義淨所譯《金光明最勝王經》，這是最完整的經本。寶貴在〈合部金光明經序〉說明，曇無讖譯本原為四卷十八品，他取真諦所譯〈三身分別〉等四品，補為二十二品；又補入隋代譯出的

〈囑累品〉與〈銀主陀羅尼品〉，成二十四品。義淨譯本又有所擴增，為十卷三十一品。天台智者大師所述《金光明經文句》是依曇無讖譯本，並且制作《金光明懺法》；明末弘贊律師根據《金光明懺法》制定《齋天科儀》，通行至今。本文導讀以曇無讖譯本為主，並援引義淨譯本加以補充，兩本均收於《大正藏》第十六冊。

金鼓光照，演說懺法

《金光明經》當中一種醒目的修行指導是懺悔法門。此經〈懺悔品〉述說信相菩薩在夜晚夢見一面巨大金鼓，放射如同日光般的盛大光明，光中能見到十方無量無邊諸佛世尊，在眾寶樹下安坐琉璃座上，受到無量百千追隨者圍繞，為他們說法。又夢見一位類似婆羅門的人敲擊金鼓，發出宏亮妙音，演說〈懺悔偈〉。聽聞這個法音，得以遠離一切苦痛與惡業，成就諸佛無上菩提勝果。這個金鼓放光隱喻或許是經名的由來。

〈序品〉開宗明義，述說修學此經所示懺悔等法門的殊勝功德：「我今當說：

懺悔等法，所生功德，為無有上。能壞諸苦，盡不善業。一切種智，而為根本；無量功德，之所莊嚴。滅除諸苦，與無量樂。諸根不具，壽命損減，貧窮困苦，諸天捨離，……眾邪蠱道，變怪相續，臥見惡夢，晝則愁惱。當淨洗浴，聽是經典。至心清淨，著淨潔衣，專聽諸佛，甚深行處。是經威德，能悉消除，如是諸惡，令其寂滅。」透過至誠懺悔與讀誦經典，依憑經典法力來滅除惡業，獲得安樂，積集善根與福慧資糧。

人生眾苦源於過去今生所做的煩惱業行，因不善業力而招感生命存在的種種苦患。過多過重的業力，世人實無力改變，只得無奈承受果報。諸佛體證無上真理所生發的廣大威神力量，是眾生得以滅除諸苦與不善業力的有力憑依。諸佛以其無邊智慧將最高真理的力能灌注於《金光明經》當中，佛教行者藉由經典的讀誦與修學，使蘊藏其中的巨大力能釋放出來，獲取懺除罪業與加持修行的神妙功效。

此經所示具體懺悔行法是潔淨身體，澄淨心思，專心一意地聽聞經典，領受其中所傳授的諸佛甚深修行法義。〈序品〉結尾對懺悔實修方法有所指示：「我今所說，諸佛世尊，甚深祕密，微妙行處，億百千劫，甚難得值。若得聞經，若為他說，若心隨喜，若設供養，……著淨衣服，以上妙香，慈心供養，常不遠離。身意清淨，無諸垢穢，歡喜悅豫，深樂是典。若得聽聞，當知善得，人身人道，及以正命。若聞懺悔，執持在心，是上善根，諸佛所讚。」主要行法是讀誦、講說經典及踐行懺法。其核心法義是諸佛的甚深祕密行處，此與最高真理合一，修學經典的方法即是保持身心清淨而聽聞、講說、隨喜、供養等。實行懺悔的方法同樣是先潔淨身心，然後將經中懺悔教導憶持在心，時時自我誠心檢省與悔悟。

〈懺悔品〉說明聽聞至高真理的教說並能在佛前誠心發露懺悔，使修學者得以消解諸苦，淨治煩惱，滅除業障，及遠離惡業；更積極的層面則能引導修習善業，發願成就佛道，廣行菩薩法門，拔濟一切眾生。經中所舉應懺悔發露的事項眾多，可歸納為兩大類，其一是不知恭敬佛法聖眾及父母尊長；其二是因三毒煩惱而造作各種三業惡行。懺悔方法是請求諸佛作證，慈悲加被，自己虔心發露，不敢隱藏，達到洗滌罪業、止惡生善的淨化目的：「願當受我誠心懺悔，令我恐懼悉得消除。我之所有煩惱業垢，唯願現在諸佛世尊，以大悲水洗除令淨。過去諸惡今悉懺悔；現所作罪誠心發露；所未作者更不敢作；已作之業不敢覆藏。……遠離十惡，修行十善，安止十住，逮十力尊。」大乘懺悔法門的目的非止於現世安樂的追求，而應以成佛為終極目標。除了懺悔除罪止惡，還包含發起無量誓願、迴向無上佛道、隨喜眾生善業、廣行菩薩眾善等實踐內容。

誦經念咒，善神護持

功德天是《金光明經》的重要護法天神，又稱吉祥天。此經〈功德天品〉教授供養功德天與誦念神咒以獲得經濟安穩的方法，藉此安心修行。此品儀軌更被智者大師援引為制定《金光明懺法》之禮懺儀法的經典依據。供養與誦咒的相關規定出現於兩個段落，第一段說：「若有人能稱《金光明》微妙經典，為我供養諸佛世尊，三稱我名，燒香供養；供養佛已，別以香、華、種種美味供施於我，灑散諸方。」指出讀誦這部經典，為功德天供養諸佛如來，三次稱念功德天名號，燒香供佛；然後以香、花、飲食供養功德天，及將飲食散灑各方供養其他護法鬼神，可得天神護佑，聚集資生財物。

第二段經文教導如下儀法：「是人當於自所住處，應淨掃灑，洗浴其身，著鮮白衣，妙香塗身，為我至心三稱彼佛寶華琉璃世尊名號，禮拜供養，燒香散華；亦當三稱《金光明經》，至誠發願，別以香、華、種種美味供施於我，散灑諸方。爾時，當說如是章句：（咒語）。」這段經文的儀禮較為正式與嚴格，首先是莊嚴道場與潔淨身心；其次三稱「寶華琉璃」如來名號，向其禮拜，燒香散花供養；接著三次稱念《金光明經》，以至誠心祈願；又特別準備香、花和各種飲食供養功德天，及將飲食灑向各方地面供施鬼神，然後持誦咒文。

義淨譯本的〈大吉祥天女品〉除了說明稱念名號與恭敬供養，同時也強調聽取與讀誦這部經典：「若復有人至心讀誦是《金光明最勝王經》，亦當日日燒眾名香，及諸妙花，為我供養彼琉璃金山寶花光照吉祥功德海如來、應、正等覺；復當每日於三時中稱念我名，別以香、花及諸美食供養於我，亦常聽受此妙經王，得如是福。」佛教行者以至誠心持誦《金光明經》，稱念如來與吉祥天名號，恭敬供養，將會獲得大吉祥天的護持，經濟生活安穩。如果進一步思惟經文法義，廣泛傳布這部經典，使人聽聞而種下善根，則於未來世長久時間，獲得人天種種妙樂，也能值遇諸佛世尊，快速體證無上大菩提果。

義淨譯本的〈大吉祥天女增長財物品〉中又可見到較為隆重的專門修法儀軌。首先，發起敬信心，特別設置一個清淨房室，安設大吉祥天神像，並以各種珍寶莊嚴道場。其次，行者潔淨身心，進入淨室修法，每日三時代表大吉祥天稱念「南謨琉璃金山寶花光照吉祥功德海如來」及此經名稱，以香、花、飲食供養如來、經典與大吉祥天。另外，準備飲食散灑各方，以施食眾神。供養後，真誠地說「邀請大吉祥天」，及說出所祈求的願望。吉祥天女即會佑助行者實現正當的祈願。最後，解說誦咒召請的儀法：「當誦咒請召於我，先稱佛名及菩薩名字，一心敬禮：『南謨一切十方三世諸佛，南謨寶髻佛，……南謨善安菩薩。』敬禮如是佛菩薩已，次當誦咒請召我大吉祥天女。由此咒力，所求之事皆得成就，即說呪曰：（咒語）。」先稱念所舉示的佛菩薩名號，對他們一一禮敬，然後誦咒召請大吉祥天，天女即會到來，滿足行者願求之事。

讀誦與講說《金光明經》可感召眾多善神前來護佑。〈四天王品〉講述這部經典的巨大功德，為諸佛所護念，能使天王心生歡喜，四大天王會守護說法者，助其廣泛傳播此經；如果國王供養說法者，聽聞這部經典，則能國泰民安。〈大辯才天神品〉講說大辯才天會加持此經說法者，增益其辯才；〈堅牢地神品〉、〈散脂鬼神品〉、〈鬼神品〉無不在說明護法神眾將會守護這部經典的說法者與聽法眾。

空觀滅罪，慈悲護生

《金光明經》的〈空品〉講述空性深義，幫助讀經者能夠了悟空性，發起智慧，這是經中種種方便行法得以修學成就的根本依據。此品對於空義的闡釋，是透過身心虛偽卻因妄想而造作諸業以致流轉生死的道理，由此達到對空性真理的深層領悟，而願意出離世俗，堅志修習菩提道路，求證如來真實法身。

人類身心個體由四大、六根組合而成，六根向外追逐六塵不捨，是由無明妄心所推動，從而流轉生死，沒有盡期，常為煩惱惡業所繫縛，為憂悲苦惱所折磨。行者應當善自觀察：「諸法如是，何處有人，及以眾生？本性空寂，無明故有，如是諸大，一一不實，本自不生，性無和合。以是因緣，我說諸大，從本不實，和合而有。無明體相，本自不有，妄想因緣，和合而有。⋯⋯生死無際，輪轉不息。本無有生，亦無和合，不善思惟，心行所造。我斷一切，諸見纏等，以智慧刀，裂煩惱網；五陰舍宅，觀悉空寂。」一切善惡業緣皆由心起，心性本空，但因無明妄想而徒自流轉生死，唯有體悟空性始為真正解決生死之道。此經雖未直接解說無生懺悔的理懺意義，但具有很大的思想啟發價值。

《金光明最勝王經．滅業障品》出現更接近無生理懺意義的一段經文：「一切諸法從因緣生，如來所說，異相生，異相滅，因緣異故。如是過去諸法皆已滅盡，所有業障無復遺餘，是諸行法未得現生而今得生，未來業障更不復起。何以故？善男子！一切法空，如來所說無有我、人、眾生、壽者，亦無生滅，亦無行法。善男子！一切諸法皆依於本，亦不可說。何以故？過一切相故。若有善男子、善女人如是入於微妙真理，生信敬心，是名無眾生而有於本，以是義故，說於懺悔，滅除業障。」一切諸法皆性空無實，包括所造的業行及由此衍生的業障，這是業障得以淨除的根本原理。行者若能信受、了達空性的精深意趣，了知眾生與業行都無固定不變的自性，放下一切執取，使業障失去和合現起的條件，可自根源上解除業障的繫縛，這是至深至高的無生懺悔意涵。

《金光明經》的〈流水長者子品〉常被引來作為慈悲護生的經典依據。〈除病品〉介紹長者子流水勤學與通曉醫術，到各地治療有情的種種重病，使他們脫離無量苦痛。〈流水長者子品〉講述流水帶著兩個兒子行走到一處曠野，見到許多食肉動物往同一方向奔馳，便跟隨其後，見到一個水池行將枯竭，裡面有上萬條魚，情況危急，而生起大悲心。原來有些惡人為了捕魚，將池水源頭的河川決流。流水考慮到修復決流處需要眾多人力，非一時可成，趕緊回去請求國王出借二十頭大象，運水灌注池中，救活了那些魚。

魚眾獲救後，在流水長者子遶池漫步之時，都跟隨他順著岸邊游動，流水想到是魚餓了，在乞求飲食。流水於是要兒子帶最有力的大象回家中搬來所有飲食，撒入池內，心中思惟：「我今日能向這些魚施與食物，讓牠們吃飽，未來應當布施法食。」他走入水池內，為魚眾講說寶勝如來名號及十二因緣的甚深法義。這些魚眾憑藉聽聞佛名與佛法的因緣，命終轉生忉利天上。他們想到要報恩，就在某日流水醉臥之時，在他身邊放置大量珍寶，並撒下眾多天界妙花供養。國王和全國人民都見到這個瑞相。國王召見流水問明事情緣故，感到非常歡喜。

這個故事說明佛教救護有情生命，不只是解決其燃眉之急，尚須引導他們藉此因緣生起善心種子，未來能夠聽聞與修學佛法，從根源上解決生命問題。流水讓魚群飽食之後，並下水為牠們講說佛陀名號與十二因緣教法，佛名具有加被之力，是佛教徒所熟知的觀念；十二因緣是佛教的深妙真理，可作三世因果觀的解讀，既有助於了解因果業報道理，還蘊有最高真理的加持法力。

《金光明經》內容豐富，讀誦經文可得安樂吉祥；依教奉行，更是功德無量。此經非常重視懺悔法門，對於懺悔行法的修持功德、修持懺悔的具體行法、無生理懺的空性思惟，提供多方指導。讀誦《金光明經》，仰仗佛威神力與經典法力的加持，獲得懺除業障的宗教效驗，並推進成佛善法的修行。讀誦與講說這部經典，感得四大天王、功德天、辯才天及其他護法神眾的加被與護佑，有利於人生安穩與修行順利。此經的慈悲救濟眾生教導，成為護生與放生實踐的典範，也提點佛教行者，財布施固然重要，法布施尤為殊勝。

趣入佛心的菩薩戒行

——《梵網經》導讀

《梵網經》是指《梵網經．盧舍那佛說菩薩心地戒品》，是一部菩薩戒經，署名後秦鳩摩羅什所譯。傳為僧肇所作的〈梵網經序〉說，全本《梵網經》有一百二十卷六十一品，其中第十品〈菩薩心地品〉闡述各階菩薩修行境地，羅什為弟子們傳譯此品，以道融、道影為首的三百人等即依此本受菩薩戒，作為修心首要。他們一共書寫八十一部，流通世間，使仰慕企求無上菩提者依循此經以領悟最高真理，及期望後世能同聞教法。

梁代僧祐所撰《出三藏記集》卷十一所收〈菩薩波羅提木叉後記〉（未詳作者）說明此本是羅什最後誦出的經典；而隋代法經等所編《眾經目錄》卷五將此本列入「眾律疑惑」；其後費長房的《歷代三寶記》卷八將其歸為鳩摩羅什所譯。

《梵網經》共有二卷，收於《大正藏》第二十四冊。上卷解明菩薩四十階位的「四十法門品」，藉次第修證而趣向圓滿佛果。下卷講述菩薩戒行的十重戒與四十八輕戒。自南北朝末年以來，此本下卷成為菩薩戒的單行本，題為《梵網經菩薩戒本》或《梵網菩薩戒經》，是中國佛教界傳授菩薩戒的權威經本，影響非常深遠。

修三十心，入智慧地

《梵網經》卷上由盧舍那佛演說菩薩修行心地，也就是十發趣心、十長養心、十金剛心等三十心加上十地的四十個階位，令人聯想到東晉所譯六十卷《華嚴經》的盧舍那佛與菩薩四十階位。法身佛盧舍那如來在蓮花臺藏世界向其化身佛一千釋迦，及釋迦佛所現無數化身與菩薩大眾，講說成就菩薩十地道的主因與助緣，及佛果的圓滿功德內涵。

起先十個階位是「十發趣心」，包括：㈠捨心，以無我無相之心，一切能捨。㈡戒心，以性空離執之心，清淨持守十善戒。㈢忍心，以無相空性之心，一切安忍，即無生行忍。㈣進心，以空性不二之心，通達精進善根。㈤定心，以寂滅無相之心，安住禪定，依此滅罪生善。㈥慧心，以慧性本空之心，修習中道，觀照一切法。㈦願心，以至心無生、一諦中道之心，成就廣大願求。㈧護心，以空、無相、無作之心，守護三寶，守護一切修行功德。㈨喜心，以平等空觀之心，見他人得樂而生喜悅。㈩頂心，以一切無執之心，領悟最上智慧，於佛種姓不退，世世生於佛家，不離正信。

第二組十個階位是「十長養心」，包括：㈠慈心，以人法二空之心，修成一切法輪，慈心教化有情，使其獲得安樂。㈡悲心，以法空如實相的自他平等之心，發起道種智滅除有情一切苦痛。㈢喜心，以無生空觀之心，使有情捨惡知識，求善知識，生起正信，進入佛法家，由此而生喜悅。㈣捨心，一切自他體性了不可得，為大捨，以空性之心一切能捨。㈤施心，以三輪體空之心，向一切有情廣行財施與法施。㈥好語心，以一切法空智慧，無瞋無恚，隨順眾生，以聖教法語教導有情。㈦利益心，依於實智體性廣行智慧之道，一切作為使有情進入佛法種姓，獲得利益與安樂。㈧同心，依空無生法起道性智，顯現無量身形，進入六道，與有情同行而度化他們。㈨定心，依定心觀慧證空，心不動轉，順逆進入百種三昧、十禪支功德。㈩慧心，生起慧見之心，觀照邪見、煩惱皆自性空，一切人、法皆空，長養智慧方便。

其後進入「十金剛心」，也就是：㈠信心，信解空性無相之法，不起外道邪見心。㈡念心，明念六隨念及第一諦空，一切行業迴向入法界智。㈢迴向心，了悟緣起中道，照見二諦，迴向深入法界第一義空，幻化示現承受果報而實無受報。㈣達心，通達一切法空，空相亦不可得。㈤直心，直觀我、法體性本空，起中道實相觀教化一切有情，使其趣向如來智慧。㈥不退心，不退回凡夫地，不再生起邪見，安住第一中道，達到不退轉。㈦大乘心，乘坐一乘空智，運載一切有情，渡過三界河流，趣入佛功德海。㈧無相心，觀照般若波羅蜜的不二智慧，自知能夠成佛，視一切諸佛為老師，一切菩薩為同學，皆同於無生空性。㈨慧心，中道智慧光明照見法性，進入一切法，一切賢聖所行道、一切聖者所觀法，都是無生空性，而一切諸佛教化方便皆集在心中，外道一切論說、魔說、佛說等都能如實分別。㈩不壞心，具進入聖智境地的智慧，眾魔不可破壞，眾聖摸頂加持，及憑藉三昧力，見佛聞法，體得虛空平等地與總持法門，快速成就聖行功德。

比較這三組十心位次的修證取向，「十發趣心」強調以觀想三輪體空之心修習所舉出的十種法門，偏於累積智慧與福德資糧的「自覺」實踐。「十長養心」側重依於空性智慧發起利他實踐的「覺他」層面。「十金剛心」則是為了登上初地的真實智慧體證，對於甚深中道實相展開加行觀修，於世俗諦與第一義諦更能融通運用。加行意謂在見道位之前對於智慧真理的高強度禪觀修證努力。

修行十地，圓成佛智

十地是菩薩道的最高十個修證階位，以初地為見道位，生於如來種族，對於如來聖智所見的諸法實相開始獲得真實體證；其後隨著地地晉升而趨於圓滿，第十地即是最靠近如來智慧境地的位次。

初地稱為「體性平等地」，悟入平等智慧體性，得以親證如來智慧，因此可體得十力、十號、十八不共法等佛智菩提功德；於無量大願、辯才無畏、一切論書、一切修行，皆能自在進入。可從一佛土進入無量佛土；從一劫進入無量劫。順逆無礙地觀照一切法，進入真俗二諦，而恆常安處第一義諦。以同一的平等智慧了知十地次第，為有情詳細開示，而心心安住於中道。登上初地，無生空慧恆常現前，從一地、二地直到佛地，其間一切法門都能在同一時間修行。

第二地為「體性善慧地」，徹底通達慈、悲、喜、捨、慧等一切善法功德根本。進入大空慧方便道智，觀照三界一切苦諦與集諦，空性智道的道諦，及體性妙智所見的寂滅一諦，這是慧根具足，以一切慧性起空入觀，教導有情真理法門。其次觀照諸法平等空性，不住著法而實行施捨；照見真如法身，了無執取，而捨棄不淨色身，這是捨根具足。第三觀照對於所化導的一切眾生，給與人天樂、十地樂，甚至佛陀法樂，這是慈根具足。菩薩安住此地，無貪、無瞋、無癡，體得平等一諦智慧，作為一切修行根本。

第三地「體性光明地」，以甚深三昧智力觀照三世一切諸佛教法，及十二因緣教理，明了其前後因果連結，並以中道智慧觀照各個行相都是自性空，遠離執取。進入光明神通，具足總持與辯才，心心相應於空，於十方國土與一切時間中，顯現自身與神通變化，禮敬諸佛，諮受教法。又於六道顯現身形，以一音演說無量法義，眾生隨其根性各得所欲教法；苦、空、無常、無我、一諦等法音，在不同國土，示現各種身心，方便教化。

第四地「體性爾焰地」，觀照因緣中道，非一非二、非善非惡、非凡非佛，明了佛界與凡界等一一世俗諦，又以深妙禪定智力照見非一非二。以禪定發起空性智慧火焰，獲得法樂忍、住忍、證忍、寂滅忍等智慧體悟。定中見到諸佛現前，摸頂加持，此地菩薩供養與聽法，安住禪定一劫時間。在諸佛加持之下，菩薩從深定出來，進入一切佛土，修行無量功德，種種修行都以智慧光明進入方便善巧，教化一切眾生，使他們得見佛陀的常、樂、我、淨體性。

第五地「體性慧照地」，以佛陀的處非處等十種智力發起一切功德修行，了知自己的修行因果，也了知一切有情的因果差別；展現身、口、意的妙用，轉變淨土為穢土，轉變穢土為淨土；能變善法為惡法，變惡法為善法；……轉變地、水、火、風為非地、水、火、風。以如此大方便力，對一切眾生顯現不可思議的變化。具有大光明智力，漸次提升，分分證得如來智慧，無量法門顯現於前。

第六地「體性華光地」，能於一切世界中，發起天眼智、天耳智、天身智（神足通）、天他心智、天人智（宿命通）、天解脫智（漏盡通）、天定心智（能知種種三昧及眾生的禪定程度）、天覺智（能知一切有情成佛或未成佛，有情的一切心中所念，及十方諸佛心中所念的法）、天念智（能知一切有情未來壽命長短）、天願智（能知一切有情與賢聖的一一行願）等十種廣大神通智力，示現無量的身、口、意妙用，功德無法窮盡講說。

第七地「體性滿足地」，能體現佛陀的十八不共法——身無漏過、口無語罪、念無失念、遠離八法（世間八風）、一切法中捨（知諸法當體即空而了無貪著）、常在三昧、欲具足（善法欲無滅）、進心具足、念心具足、智慧具足、解脫具足、六通具足、起智身（身業隨智慧行）、口辯說無量法門（口業隨智慧行）、常入三昧（意業隨智慧行）、大明智（智慧知過去世無礙）、無著智（智慧知現在世無礙）、神通道智（智慧知未來世無礙），進入一切佛所行法，能於一切國土示現佛陀八相成道，教化有情。

第八地「體性佛吼地」，進入法王位三昧、佛吼三昧，智慧如佛，說法無畏；

進入華光音入心三昧，十品大明空智慧門恆常現前。由十空門發起廣大無邊的神通道智，以一念智了知諸法種種差別，進入無量佛國土，一一佛前諮受教法，轉法輪度一切眾生，成為大法師、大導師，破壞四種魔軍（煩惱魔、五陰魔、死魔、天魔），教化不絕，使有情進入佛界地。進入諸佛體性三昧，長養法身，於一切法門得大自在，順逆解說無礙。

第九地「體性華嚴地」，體得如來三昧自在王，自在出入，具足如來威儀，於十方世界，同時示現成佛、轉法輪，乃至滅度。於一念心中，為一切眾生同時示現一切佛事。具足如來三十二相、八十種好色身莊嚴。超越六道而恆常進入六道，以無量身、口、意演說無量法門，能轉魔界入佛界，轉佛界入魔界；轉一切見入佛見，轉佛見入一切見；轉佛性入眾生性，轉眾生性入佛性。

第十地「體性入佛界地」，這是最接近佛地的菩薩階位，經中借助如來十號——如來、應供、正遍知、明行足、善逝、世間解脫、無上士、（調御）丈夫、天人師、佛世尊，來顯明此地菩薩十功德品具足。此地菩薩體得廣大如虛空的平等智慧，與如來法身體性泯合為一，了知一切法相、一切眾生根機，入佛威神，形儀如佛，進入世間中教化一切有情，圓滿覺證佛性。

菩薩十地的每一地都覺證到同一的如來智慧，其大智慧力與大方便力隨著一地一地晉升而趨向圓滿。關於十個境地的修行法要與修證功德，可與《華嚴經・十地品》互相參看，以增進法義理解。這三十心與十地所顯示的智慧悟境，是下卷持守菩薩戒行的智慧根柢。

菩薩戒行，成佛根本

聲聞佛法的戒律除了防範不善業行，也在避免引生懊悔心理而障礙禪定。菩薩戒行是在律儀戒基礎上進一步受持的「增上戒」，以其修行功德助成無上佛道。《梵網經》卷下說明發菩提心後應常念誦「光明金剛寶戒」，這是「一切佛本源、一切菩薩本源、佛性種子」，未來世世能常安住於法身。《梵網經》的戒規共有十重四十八輕戒。特別是十波羅提木叉（十重戒），應受三世一切眾生頂戴受持，有其普世價值。

關於菩薩戒的得戒方法，有「自誓受戒」與「法師前受戒」二種進路。自誓受戒是發起善心想受菩薩戒，在千里範圍內找不到授戒師，可於佛菩薩像前，自己誓願受戒。應當七日在佛前懺悔，能見到吉祥瑞相，即是得戒。若未見瑞相，應當持續二個七日、三個七日，甚至一年，必須感得瑞相，始為得戒。若是在已受過菩薩戒的法師面前，以誠敬心受戒，就無須見到瑞相，因為戒律是由法師們師師相授。受戒後，應於每半月舉行布薩，於佛菩薩像前，誦念十重四十八輕戒。

傳授菩薩戒的儀軌，應禮請和上（親教師）與阿闍梨（軌範師）二位法師。法師應問求戒者是否犯過「七遮罪」（出佛身血、殺父、殺母、殺和上、殺阿闍梨、破羯磨轉法輪僧、殺聖人），若有則不應授戒。若無七遮罪，還要詢問是否違犯十重罪；若有，應教其懺悔，在佛菩薩像前，日夜六時誦念十重四十八輕戒，以至誠心禮拜三世千佛，能見得好相，比如佛來摸頂，或是見光見花等，便得滅罪。若是沒有好相，雖懺悔也是無益，今生無法得戒，只能為未來受戒增加機緣。如果有違犯四十八輕戒的情事，在其他僧人面前行對首懺，即可滅罪。

十重戒包括：殺戒、盜戒、淫戒、妄語戒、酤酒戒、說四眾過戒、自讚毀他戒、慳惜加毀戒、瞋心不受悔戒、謗三寶戒，是在五戒基礎上，增加嚴重妨礙菩薩行的五種不善業行。違犯戒律的構成條件，以殺戒為例，經中說：「若自殺、教人殺、方便殺、讚歎殺、見作隨喜，乃至咒殺，殺因、殺緣、殺法、殺業，乃至一切有命者不得故殺。」生起故意殺害之心，自己去殺、教唆他人殺、用計謀殺害、鼓勵他人殺、見殺人而心喜、以咒術殺害，只要想殺害的對象因此喪失生命，殺罪即成立。菩薩持不殺戒，不僅消極地不殺害，還應積極地救護生命。其他各戒同此意義。

「說四眾過」的問題在於菩薩聽聞邪見人、惡人、二乘惡人說大乘佛法非佛法、非佛戒，應當慈心教化他們，使其生起大乘善信之心，怎麼自己還講說佛法中的罪過？「自讚毀他」的問題是菩薩尚且應當代替眾生承受毀辱，惡事向自己，好事與他人，不可反其道而行。「慳惜加毀」是不行財施與法施，反而羞辱毀罵他人。「瞋心不受悔」是起瞋心打罵他人，人家已經悔過、道歉，仍然瞋恚不解。「謗三寶戒」，聽聞邪見人、惡人毀謗三寶，如被三百矛刺心那樣難過，怎能自己毀謗三寶，助長惡人、邪見者氣焰？

至於四十八輕罪，此處就不再一一列舉了，可參考經本。研修《梵網經》，應熟習上卷的智慧教導，及下卷的戒行規定，了解文句法義，以無住著之心，清淨持守菩薩戒法，不造惡業，廣利有情。

振興佛教的大乘戒行

——《地藏十輪經》導讀

漢譯佛典中介紹地藏法門的經典主要有三部：㈠隋代菩提燈傳譯的《占察善惡業報經》；㈡唐代玄奘所譯《大乘大集地藏十輪經》，異譯本有北涼所出（譯者未詳）的《大方廣十輪經》；㈢傳為唐代實叉難陀所譯的《地藏菩薩本願經》。在中國佛教文化圈中流通最廣者是《地藏菩薩本願經》，對於地藏菩薩的廣大無盡誓願及地獄眾生的悲慘受苦情狀給出詳細敘述。《地藏十輪經》的教理與實踐價值遭致忽略。

本文導讀《地藏十輪經》（依玄奘譯本），計有十卷八品，收於《大正藏》第十三冊。據〈大乘大集地藏十輪經序〉，《地藏十輪經》是為了指引此土末法時代修行的教典，眾生落入惡取空見，沉醉於五欲，放縱十惡業，地藏菩薩因此示現聲聞出家形象，教化無慚無愧者，使三寶久住世間，顯教傳於末世。此經強調現世的去惡行善、清淨持戒、三乘教法並重，及在家居士應對僧團盡心護持等，對佛教實修方法提出豐富有益的指導。

佛說十輪，救度惡世

「地藏」的梵文是 kṣitigarbha，意為大地胎藏。kṣiti 是大地的意思；garbha 有胎藏、蘊藏之義。《地藏十輪經．序品》說：「此大菩薩是諸微妙功德伏藏。」又說：「於過數量佛世尊所，發大精進堅固誓願。由此願力，為欲成熟諸有情故，常普任持一切大地，常普任持一切種子，常普令彼一切有情隨意受用。」這位大菩薩根源於大地之神的品格，平等支持與滋養地上萬物，使有情得以隨意受用。在佛法上的深層意涵，則為滋養有情的一切善根功德。比較有趣的是，與地獄和餓鬼的苦難救度似無直接關涉。

《地藏十輪經》提到多種的「十輪」，可解為十個方面，有善法輪，也包含惡法輪。第二品的〈十輪品〉，談到如來以十種佛輪救濟處於五濁惡世的娑婆眾生，也就是如來的「十力」，諸佛所具足的十種廣大無邊智力，用以了知一切，廣度有情。

第一佛輪是「如實了知此世他世是處非處」，如來過去世勤修菩薩道，圓滿一切福德、方便、慈悲、禪定、智慧等大功德藏，證得無上正等菩提，具有無所不知的智慧，如實了知一切正確與錯誤之法。為了使一切三寶種姓不斷絕，轉大法輪，妙法音聲遍滿三界，使佛教行者於四聖諦等真理都得到明解，獲得廣大殊勝的利益。

第二佛輪是佛的「善觀察因果報智」，如實了知一切業法的因緣果報，為所教化的有情建立三種業輪（三類善法行業），使佛教正法流通盛行，有情得以長期受用生天、涅槃的安樂。三種業輪的第一種是修定業輪，圓滿種種禪定功德，成就漏盡阿羅漢，甚至成為大菩薩或佛陀。第二是習誦業輪，使眾生能自己讀誦及教導他人讀誦大乘、緣覺乘、聲聞乘的教法。第三是營福業輪，恭敬供養佛、法、僧三寶與師長。

第三佛輪是「善巧知根機智」，如來如實了知眾生的根機、意樂（意欲）、隨眠（煩惱潛能）、勝解（理解力）等種種差別，為他們講說相應的修學法門。對於缺乏善根的有情，教導其守護戒律，不造惡行。對於具備信敬心與佛法意樂者，引導其修學善法，成就一切善根。

第四佛輪是「善巧知勝解智」，如來見到世間無數有情因種種邪皈依、邪知見、邪志趣、邪業行等，備受種種損害苦痛，以正法來導正眾生，使其脫離顛倒見解，建立正見，安置於十善法，進而引導他們修行三十七道品、種種三昧、解脫智見，及各種道品。

第五佛輪是「善巧知諸性智」，如實了知眾生的世間與出世間種種稟性差別。如來了知許多人為眾魔、外道所迷惑而貪圖與追逐財色，憎嫉和毀辱佛陀本人及聲聞弟子，如來為此善守六根，依止四梵住（慈、悲、喜、捨），具足四辯才，為弟子們宣講法要，讓他們安住於清淨的空、無相、無願三解脫門，獲得安樂的大利益。

第六佛輪是「遊戲靜慮、解脫、等持、等至無量百千微妙深定」，如來於一切禪定無礙自在，進入一切諸佛所行定，能讓常懷傷害、缺乏慈悲、不懼怕後世苦的天龍鬼神等有情對佛陀生起大歡喜心，敬信三寶，於一切惡法慚愧懺悔，誓願永久斷除，以此因緣滅除無數煩惱業障，成就無數福德與智慧資糧。

第七佛輪是「無上遍行行智」，如來如實了知有情種種煩惱病行，於是發起無量精進勇猛方便的大力量，隨順有情所宜，授與種種對治的修定妙藥（不淨觀、慈悲觀、數息觀等），使他們精勤修學，得以去除煩惱病，不受四魔敵軍所繫縛；不背離人天乘而朝向惡趣；不讓如來的無上法眼、三寶種姓快速滅亡。

第八佛輪是「憶念自他宿世所經無量種事」，如來如實了知眾生於無數劫時間中的無量宿命，住在何處、什麼名字、什麼種姓、何種飲食、領受何種苦樂、壽命長短、何處死何處生、因果勝劣等，完全知曉，隨順有情的種種根性，以正法來利益他們。

第九佛輪是「了知一切有情死生等事」，如實了知有情成就身、口、意種種惡行，生於三惡道；或是有情成就身、口、意善行，不誹謗賢聖，具足正見，由正見業因生於人天善趣，或體得漏盡，如來於是對眾生發起大慈悲，顯現三種神變——

神通變現、記說（授記）變現、教誡變現，使他們歸趣佛法，授與教誡，使其確立世間與出世間的正信，解脫三界生死。

第十佛輪是「了知自身他身諸漏永盡」，如來過去在菩薩位，了知自己與他人有無量種種煩惱病，勤修種種法門，證得無上正等菩提，如來的十力、四無所畏、十八不共法、一切智智、大慈大悲，無不圓滿，於一切音聲施化獲得自在，恆常以種種真實教法引導眾生，使他們達到諸漏永盡。

身處五濁惡世的一切有情善根微薄，遠離智者，常墮入各種邪見，於後世苦不知怖畏，愚癡憍慢，行十惡業，造五無間罪，釋迦牟尼佛具足一切智慧，通過如此的「佛十輪」，隨順有情的根性與喜好，施與相應法藥，使其得以滅除剛強深重的煩惱，安住於三乘（聲聞乘、獨覺乘、大乘）教法而不退轉。

離無依行，依止正法

此經〈無依行品〉說明不依止正法的種種破戒惡行亂象；第四品〈有依行品〉

強調應當依止三乘正法。首先，第一類十種無依行法，若有其中一行而修定者，尚且不能成就欲界善根，何況是成就色界、無色界定，甚至三乘法！如果先前已成就禪定，也會因此而退失。這十無依行是：㈠缺乏資緣，營求擾亂；㈡毀犯戒律，行諸惡行；㈢持顛倒見，妄執吉凶；㈣內心輕躁，不順賢聖；㈤說離間語，破亂彼此；㈥說粗惡語，毀罵賢聖；㈦說雜穢語，及虛妄語；㈧心懷貪嫉，不喜人好；㈨心懷瞋忿，常生憤恚；㈩心懷邪見，否定因果。

第二類障礙修行者成就禪定或使禪定退失的十種無依行如下：㈠樂著（世俗）事業；㈡樂著談論；㈢樂著睡眠；㈣樂著營求；㈤樂著豔色；㈥樂著妙聲；㈦樂著芬香；㈧樂著美味；㈨樂著細觸；㈩樂著尋伺（各種思慮）。這十種無依行主要出於對世俗事物的愛好與追逐。在未能成就禪定而積集其他善法的情況下，如果有前述十種無依行中的一種，會因追求受用信施的緣故，而發起邪惡心理，犯下種種罪過，招感苦果，命終墮入三惡趣乃至無間地獄。

有鑑於此，尚未成就禪定的修行者應當努力創造清淨的修學條件：「初夜、後夜當捨睡眠，精進修學；遠離憒鬧，少欲知足，無所顧戀；一切貪、瞋、忿、覆、惱害、憍慢、貢高、慳吝、嫉妒、離間（語）、粗惡（語）、虛誑（語）、雜穢（語），一切人間嬉戲放逸，皆悉遠離。」如此精進踐行，心境安寧，且能受到帝釋、梵天、四大天王、轉輪聖王等的讚歎、禮拜、恭敬、承事，獲得安穩的禪修因緣。

此外，又有五種無間大罪惡業及四種近五無間罪的根本罪，違犯者會失去出家受戒的資格，已出家者亦會遭到僧團擯逐。五無間罪是造成轉生無間地獄（最苦的地獄，受苦無間斷）的重罪，包括：故意殺害父親、殺害母親、殺阿羅漢，及持顛倒見破壞聲聞僧團，還有惡心出佛身血（使佛陀受傷流血）。四種近五無間罪的根本罪包括：起不善心殺害獨覺，是殺生中的大罪；邪淫阿羅漢比丘尼，是邪淫中的大罪；侵占毀損三寶財物，是偷盜中的大罪；持顛倒見破壞和合僧眾，是妄語中的大罪。其他重大罪惡尚有毀謗三乘正法，及障礙他人修學正法，這類人自誤誤人，嚴重者也會墮入無間地獄。

〈無依行品〉提到另一組十種惡輪，成就其中的一種，是在輕毀法眼三寶種姓，會燒盡所修集的善根，生前承受種種苦痛，命終後必定生於無間地獄。哪十惡輪？㈠破戒比丘為了名聞利養，向國王、宰官等毀謗修阿蘭若行（山林靜修）的清淨比丘，使國王等對清淨比丘不生信心與稀有想。㈡於聲聞、獨覺、大乘三乘法的某一乘稍有所學，就毀謗其他兩乘法。㈢國王、宰官、居士、長者、沙門、婆羅門等追隨破戒惡行比丘，對於真實修行的比丘不予護持，反而辱罵捶打，奪取資身物品，甚至依世俗法律關入牢獄。㈣國王等侵奪清淨四方僧物，不讓具戒清淨比丘受用，反而轉授經營俗務的破戒比丘。㈤國王等對於聰叡多聞，具有辯才，能傳通三乘法利樂有情的說法師，訶罵毀辱，逼迫惱亂，障礙正法。㈥國王等強奪四方僧物，或為了自用，或為了他人享用。㈦國王等親近不守律儀、心懷傲慢、欺騙世間說自己安住律儀的人，對於真正皈依佛法的出家者反而瞋忿、毀辱、傷害，不肯信受佛法，逼迫比丘還俗。在以上七類惡行中，第二輪可析分為三種，即只學習聲聞、獨覺或大乘者；第三輪又分瞋害有德比丘及瞋害破戒比丘兩種，共增加三種情況，所以合為十惡輪。

想要遠離上述十惡輪，國王等應當護持、恭敬、供養佛法出家之人，不論是法器還是非法器；護持弘傳三乘佛法者，恭敬聽聞，信受供養；護持安住大乘的有德比丘及住果的聖者，遠離破戒比丘；守護四方僧物，不予強奪。自己不行十惡輪，也勸導他人遠離十惡輪，用十善法來攝化世間。如此，可獲得十種利益，也就是增添壽命、無難、無病、眷屬、財寶、資具、自在、名稱、善友、智慧。護法龍神會守護這樣的國家，使國泰民安，風調雨順。

恭敬僧寶，守護佛教

僧團護持佛法，使佛法得以久住世間，在家居士對於出家法師，守戒者或不守戒者，都應生恭敬心，不妄加批評。此經〈有依行品〉提及四種僧團：㈠勝義僧，全由見諦以上的聖者所構成，包括聲聞四果、獨覺及於一切法得自在的大菩薩；也包括在家得聖果者。㈡世俗僧，成員為出家受具足戒者，不一定為聖者。㈢啞羊僧，對於戒律無知，不知犯與不犯、輕罪重罪、發露懺悔等，也不知親近諮問智慧善士。㈣無慚愧僧，為了活命而出家，毀犯戒律不知慚愧，不見不畏後世苦果，貪圖名聞利養，沉溺五欲快樂。

只要是出家法師，無論其行為表現如何，在家居士都應予以恭敬，經中說：「若諸有情於我法中出家，乃至剃除鬚髮，被片袈裟，若持戒、若破戒，下至無戒，一切天、人、阿素洛等依俗正法，猶尚不合以鞭杖等捶拷其身，或閉牢獄，或復呵罵，或解肢節，或斷其命；況依非法！」亦即世俗法律不適用於僧團，不宜由在家人士來治罰出家法師。縱使是不守戒行的法師，其出家形象也能令人生善，經中說：「如是苾芻雖破禁戒，行諸惡行，而為一切天、龍、……人非人等作善知識，示導無量功德法藏。如是苾芻雖非法器而剃鬚髮，被服袈裟，進止威儀同諸賢聖，因見彼故，無量有情種種善根皆得增長，又能開示無量有情善趣生天、涅槃正道。」其實，佛教的「僧寶」是單數的，意為僧團集體，非指個別僧人，可從整體僧團住持佛法的視角來看待問題。

那麼，見到毀破戒行的比丘，為了避免生起批判之心，佛弟子該如何思惟？經中教導見到比丘悖離戒行時，應當生十種殊勝思惟：㈠生「念佛慇重信敬」心，不歸信外道。㈡生「念聖戒」心，遠離殺、盜、淫、妄、酒等行為。㈢生「念布施」心，得大財富供養正行者。㈣生「念忍辱柔和質直」心，遠離離間、粗惡、雜穢、瞋忿等。㈤生「念出家精勤修行」心。㈥生「念遠離諸散亂心靜慮等至」心，喜於山林寂靜處修習禪定。㈦生「念智慧」心，喜好聽聞、讀誦正法。㈧生「念宿殖出離善根」心，以此因緣生於尊貴家庭，為人所景仰。（經文缺念法、念僧二項）無論是在什麼情況下見到出家法師，應做正面的修行思惟，如此有利於自己淨化心靈，增進道業，通向「離諸怖畏大涅槃城」。

此經教導在家居士不去批評、懲處從事惡行的出家法師，蘊有期許僧團自律的深刻意義。同時，說到學佛者要遠離破戒惡行僧人：「若男若女隨所親近破戒惡行非法器僧，或與交遊、或共住止、或同事業，隨被惡見，臭穢熏染。」違反佛法與戒律的錯誤行為易讓善男信女對佛教退失淨信、持戒、聽聞、施捨、智慧等善行功德，法師與信眾都減少善根，嚴重的話會墮入無間地獄。因此，在家居士不批評法師，保持恭敬心，但也須遠離破戒惡行比丘，親近真正的善知識。

《地藏十輪經》可說是一部大乘戒行經典，面對五濁惡世種種違犯佛陀教誡的混亂現象，在止惡修善方面提供諸多告誡與指導，諸如斷除惡輪、踐履十善業道、護持三乘正法、避免批評僧眾等，是教導僧俗二眾在人間清淨修行的菩薩道法門。

若能依教奉行，免於淪落惡道苦果，可獲得人天善報，進趣涅槃安樂及無上佛果菩提。

地藏菩薩的大願大行
——《地藏菩薩本願經》導讀

在「地藏三經」之中，《地藏菩薩本願經》是流通最廣、影響最大，同時也是在文獻上頗具疑義的經典。此經署名為唐代實叉難陀所譯，然而，考求唐代佛經目錄，均未見著錄。宋、元時期勘刻的佛教藏經未收錄此經，於明代藏經中始見入藏。明代雲棲袾宏《雲棲法彙》卷十七《山房雜錄》所收〈唐譯地藏經跋〉說：「《地藏經》譯於唐實叉難陀，而時本譯人為法燈、法炬，不著世代，不載里族，於藏無所考。雖小異大同，理固無傷。」表示這部經典的譯人有兩說，當時流通的經本署名譯者為法燈和法炬。兩譯內容大同小異。

此經在佛教文史典籍中較早的記載，常謹於北宋端拱二年（九八九）所集《地藏菩薩像靈驗記》的〈清泰寺沙門知祐感應地藏記〉說：「沙門智（知）祐，是西印度人也，天福年中來至，而住清泰寺。所持像、經中，有地藏菩薩變像，并《本願功德經》梵夾。」五代後晉天福年間（九三六—九四八），《地藏菩薩本願經》的梵本似乎存在，智祐自言在西域所得。他所帶來的地藏菩薩像，左右畫有地獄十王，與地獄救度的教義關係密切。姑且不論這部地藏經典漢譯的具體情形如何，北宋初年此經已在中國流通，靈驗記中多處提及。本文導讀的經本依《大正藏》第十三冊所錄。

久遠劫來，偉大願行

今本《地藏菩薩本願經》有十三品，分為上、下二卷。〈忉利天宮神通品〉說明此經的講說因緣，法會地點在忉利天宮，佛陀來此為母親說法；集會大眾包括無數大菩薩與天龍鬼神，都是地藏菩薩久遠劫時間中所度化者與將度化者。文殊菩薩向佛陀請法：「唯願世尊廣說地藏菩薩摩訶薩因地作何行，立何願，而能成就不思議事？」

地藏菩薩在無數劫時間以前，身為大長者子，當時有師子奮迅具足萬行如來出世，長者子問佛應當修什麼行願才能獲得如此的相好莊嚴？佛陀回覆：「欲證此身，當須久遠度脫一切受苦眾生。」長者子於是發起大誓願：「我今盡未來際不可計劫，為是罪苦六道眾生廣設方便，盡令解脫，而我自身方成佛道。」這其實是無盡的大誓願，地藏菩薩因此一直以菩薩身分廣度有情，智慧境地已達無礙自在，成不成佛非關緊要。「地獄不空，誓不成佛」，傳為佳話。

又在過去覺華定自在王如來已滅度的時代，地藏菩薩為婆羅門女，為了救度落入惡道遭受大苦的母親，於佛塔前實行大供養，在如來像前一心恭敬禮拜，祈願知曉母親生處。在佛力加持之下，前往地獄，見到眾生受苦慘狀，並從無毒鬼王口中得知母親已憑藉自己禮拜如來的功德力，解脫惡道，轉生天界。她於是到覺華定自在王如來塔像之前，立下大願：「願我盡未來劫，應有罪苦眾生，廣設方便，使令解脫。」

地藏菩薩於過去久遠劫前發下大願之後，即精進修行不懈，展現大智慧、大神通、大方便，以期實現無盡的誓願，所度有情無可計數。〈分身集會品〉中，他在釋迦佛面前涕淚悲泣地表陳：「我從久遠劫來，蒙佛接引，使獲不可思議神力，具大智慧。我所分身遍滿百千萬億恆河沙世界；每一世界，化百千萬億身；每一身，度百千萬億人，令歸敬三寶，永離生死，至涅槃樂。」如此的大慈悲與大願力，讀來令人動容，為每個大乘行者所應效法，在讀誦、思惟之間，真誠地發起無上菩提心。

眾生業重，懺罪向善

在〈觀眾生業緣品〉，佛母摩耶夫人請問地藏菩薩：「閻浮眾生造業差別，所受報應，其事云何？」地藏菩薩特別列舉世間眾生的重大煩惱業行，包括：不孝父母，或至殺害至親；出佛身血，毀謗三寶，不敬經典；破壞寺院，玷汙僧尼，或在寺院行淫、殺生；偽作沙門，心非沙門，盜用寺院財物，欺騙白衣，違背戒律，種種惡行；偷竊寺院財物、穀米、飲食、衣服，這些都是招感無間地獄果報的嚴重惡行。除了殺父、殺母、殺阿羅漢、出佛身血、破和合僧等五逆重罪，大乘佛教又加上毀謗大乘、侵奪三寶財物二項無間重罪，這類惡行會破壞佛法弘傳。在五濁惡世，這些重大罪業尚且屢見不鮮，更何況是其他各種過錯！

淪落無間地獄，所受苦痛不可言喻，全無一念暫息。此品繼續說明無間地獄的恐怖情狀，以及「無間」的意義有五：㈠日夜受苦，動輒億劫之久，絕無片刻暫停。㈡每個眾生的身體充滿整個地獄，受苦面積至大。㈢獄卒和鐵獸所執行的種種慘酷刑罰從無間斷。㈣不問男女老少、身分貴賤，罪行業感的痛苦懲罰都一視同仁。㈤從初入地獄直到業報受盡，萬死萬生，連綿無間。當地藏菩薩概略說明無間地獄的悲慘景況與無邊苦痛，摩耶夫人內心甚感悲戚，合掌頂禮後回到座位。如此的罪報受苦敘事，意在警醒世俗勿造惡業，及助益學修經典者因不忍眾生苦而生發大悲心。

在〈閻浮眾生業感品〉，佛陀告訴地藏菩薩，世間有情愚癡迷惑，造業繁多，沉溺於生死苦海，佛菩薩因此分身無數，廣施救拔。地藏菩薩蒙佛付囑，在彌勒菩薩成佛之前，於此娑婆世界度脫六道悲苦有情。眾生心性不定，煩惱紛起，驅動有漏業行，招感生死果報，流轉六道沒有止盡。佛陀藉著定自在王菩薩請問何以反覆讚歎地藏菩薩的大願功德，帶出這位菩薩過去世曾為國王，看到國中人民多造惡業，因而發願先度罪苦眾生，使他們獲得安樂，到達菩提，自己才願成佛。

同品又舉地藏菩薩過去世為光目女，因母親喜食魚鱉，多吃其卵，殺生無數，墮入惡趣，承受極大痛苦折磨；報盡即使重生人道，也是壽命短促，多罹病苦。光目女傷痛欲絕，在清淨蓮華目如來像前，至心禮拜，超度亡母，並且發大誓願：「願我自今日後，對清淨蓮華目如來像前，却後百千萬億劫中，應有世界，所有地獄及三惡道，諸罪苦眾生，誓願救拔，令離地獄惡趣、畜生、餓鬼等。如是罪報等人盡成佛竟，我然後方成正覺。」眾生罪業深重，不知悔悟，地藏菩薩才發下如此沉重的誓願。

〈如來讚歎品〉說：「南閻浮提眾生舉止動念，無不是業，無不是罪，何況恣情殺害、竊盜、邪婬、妄語，百千罪狀！」日日累積罪業，其量不可計數，懺悔是止惡向善、改往修來的良方。此經教導的懺悔要法如下：「覺知宿業要懺悔者，志心瞻禮地藏菩薩形像，乃至一七日中，念菩薩名，可滿萬遍。如是等人，盡此報後，千萬生中，常生尊貴，更不經三惡道苦。」這是地藏菩薩悲憫罪苦眾生所施設的大方便，使他們能藉由恭敬禮拜、稱念聖號的易行法門，快速消除業障，淨化心靈，獲得人生安樂，及順利進入菩薩道修學。此外，經中教導讀誦、書寫、讚歎、供養這部經典，及勸勉他人讀誦等，能於現在、未來獲得無量不可思議功德。

修學經典，冥陽兩利

《地藏菩薩本願經》卷下的〈利益存亡品〉教導超度法門，自己研修經典超度自己，亦可將持經功德迴向以超度亡者與受苦者。「超度」（超渡）的意義為何？精進修學佛法使自己渡越生死大海，始為超度的真實意趣。然而，能如此自我覺悟者畢竟稀少，佛菩薩出於慈悲，方便教導超度法門，使學佛大眾仰仗佛菩薩的聖力及經典的法力，幫助無力的有情脫離受苦境況。

《地藏菩薩本願經》是一部著名的超度經典，所示法門如下：「習惡眾生從纖毫間便至無量。是諸眾生有如此習，臨命終時，父母眷屬宜為設福，以資前路。或懸旛蓋及然油燈，或轉讀尊經，或供養佛像及諸聖像，乃至念佛、菩薩及辟支佛名字，一名一號，歷臨終人耳根，或聞在本識。是諸眾生所造惡業，計其感果，必墮惡趣，緣是眷屬為臨終人修此聖因，如是眾罪悉皆銷滅。若能更為身死之後，七七日內，廣造眾善，能使是諸眾生永離惡趣，得生人天，受勝妙樂，現在眷屬利益無量。」佛教行者修學地藏法門，自己獲得莫大的利益，也能透過功德迴向的方式，幫助至親好友乃至一切有情，使他們減除罪業，增添福德，更種下學習佛法的種子。

因果業力難以轉移，無可相代，造什麼業得什麼果，個人造業個人承擔果報。現在通過佛菩薩與經典的大威神力，使因果業報的強固力量能有所轉化。〈利益存亡品〉說：「若有男子、女人在生不修善因，多造眾罪，命終之後，眷屬小大為造福利一切聖事，七分之中而乃獲一，六分功德生者自利。以是之故，未來、現在善男女等聞健自修，分分己獲。」學佛者不能只是期待他人來超度自己，如此可分享到的功德比例有限；而且臨時修福，能成就多少功德力？應當趁著自己處在有力修學佛法的狀態，精進懺悔消業，研修經典，累積福德與智慧資糧，增長修行的功德力，尋求自度而後度人。

修學地藏法門的巨大功德利益，源自領悟佛法真理以後的菩薩道福慧實踐，只從宗教信仰的功利視角來理解，實屬表面。隨著行者領略佛法的深度與廣度，修持功德獲得相應的擴展。修學地藏法門非常吉祥，〈囑累人天品〉總結此經修行利益如下：「若未來世，有善男子、善女人見地藏形像，及聞此經，乃至讀誦，香、華、飲食、衣服、珍寶布施、供養，讚歎、瞻禮，得二十八種利益：一者，天龍護念；二者，善果日增；三者，集聖上因；四者，菩提不退；五者，衣食豐足；六者，疾疫不臨；七者，離水火災；八者，無盜賊厄；九者，人見欽敬；十者，神鬼助持；十一者，女轉男身；十二者，為王臣女；十三者，端正相好；十四者，多生天上；十五者，或為帝王；十六者，宿智命通；十七者，有求皆從；十八者，眷屬歡樂；十九者，諸橫銷滅；二十者，業道永除；二十一者，去處盡通；二十二者，夜夢安樂；二十三者，先亡離苦；二十四者，宿福受生；二十五者，諸聖讚歎；二十六者，聰明利根；二十七者，饒慈愍心；二十八者，畢竟成佛。」涵蓋現世安樂與成佛大樂，而現實人天福樂占大多數，是為了方便誘引，由淺入深。

聖嚴法師在《菩薩行願——觀音、地藏、普賢菩薩法門講記》說：「地藏菩薩的大願法門，是一個非常難得的法門，如果還沒有固定修行法門的人，可以修地藏法門，因為它非常容易修持，只要供養、布施、讚歎、禮拜，以及誦經、持名，這些人人都做得到；而且這一法門可以使我們現生得到很多利益，最後一定能夠成佛。」（頁一〇四）可從這樣的了解入手，簡單易行，感受到修持利益之後，再深化修學地藏法門。在重視孝道的中國文化環境中，《地藏菩薩本願經》被視佛門孝經，佛陀上升忉利天為母說法，婆羅門女、光目女捨命救度亡母，令學佛大眾感動。在生死輪迴的教義脈絡下，除了在父母生前盡心孝養，亦應思惟如何化解他們的生命存在問題，如此方為大孝。

下篇

如來功德的經典

阿彌陀佛的無限大願
——《無量壽經》導讀

《無量壽經》，又稱大本《阿彌陀經》，傳出於初期大乘時代，講述無量壽佛（阿彌陀佛）的偉大願行、淨佛國土及往生行法，是西方淨土佛教的根本經典。根據經錄記載，此經現存五種譯本：後漢支羅迦讖譯《無量清淨平等覺經》、孫吳支謙譯《阿彌陀三耶三佛薩樓佛檀過度人道經》、曹魏康僧鎧譯《無量壽經》、唐代菩提流支譯《大寶積經．無量壽如來會》，及宋代法賢所譯的《大乘無量壽莊嚴經》。其中，以康僧鎧與菩提流支的翻譯相對為佳，由於康僧鎧的《無量壽經》譯出在前，且為單行經本，流通最廣。

不同譯本的內容有所出入，以漢傳佛教界所熟知的彌陀四十八大願為例，只在康僧鎧與菩提流支的譯本才合於此數，支羅迦讖與支謙所譯僅二十四願，法賢譯本有三十六願。儘管如此，各種譯本的中心思想是一致的。中國古德曾將不同漢譯本進行會集，如王日休將四本刪補校正成《大阿彌陀經》二卷；民國夏蓮居彙整五譯成《佛說大乘無量壽莊嚴清淨平等覺經》。今日有梵、藏本可供對照，發現這種單依漢譯本而做的會集工作似不成功，不同時代與譯家的翻譯用語與文義統整困難。本文導讀援引佛教界所習用的康僧鎧譯本，收於《大正藏》第十二冊。

發大誓願，建設淨土

諸佛淨土如何建立？是在菩薩發下宏大誓願之後，在難以盡數的時間長河中依誓願精進不懈地廣修菩薩行，成就自己，並成就無數有情，在自心清淨及所化眾生集體心靈也相對清淨的情況下，厚植福德與智慧功德，清淨莊嚴的國土自然顯現。《無量壽經》很重要的一個部分，詳列無量壽佛在久遠過去世身為法藏比丘，於世自在王如來面前所發的四十八個大願，可藉以了解西方淨土與往生行法的梗概。

這四十八個廣大誓願，依隋代淨影慧遠《無量壽經義疏》的分判，可有三類：

攝法身願（十二、十三及十七願）、攝淨土願（三十一、三十二願）及攝眾生願（其餘四十三願）。以下暫借此綱目來說明四十八願的內容，並參考慧遠的法義詮解。

第十二願是「光明無量願」：「設我得佛，光明有能限量，下至不照百千億那由他諸佛國者，不取正覺。」阿彌陀佛的名義之一是「無量光」（Amitābha），源於這個誓願的圓滿成就。關於此願深義，聖嚴法師說：「平常所用『佛光普照』，便可以用來形容阿彌陀佛以清淨、歡喜、智慧等光來利益眾生，除貪、瞋、無明之三垢，修戒定慧三無漏學的善心。」（《四十八個願望——無量壽經講記》，頁四十七）彌陀佛以其光明遍照無邊世界與有情，能接觸佛光者均沾潤法益。

阿彌陀佛的另一名義是「無量壽」（Amitāyus），與第十三願「壽命無量願」有關：「設我得佛，壽命有能限量，下至百千億那由他劫者，不取正覺。」彌陀佛悲願無窮，願以無限壽命來度化眾生。然而，有經典說彌陀佛也會進入涅槃，不就與這一願相矛盾？可從兩方面來思考：首先，菩薩悲心無盡，所發誓願當然無盡，這是就誓願而言，非為成佛的實際情況。其次，就法身而言，本是不生不滅，無法用數字衡量。

第十七願為「諸佛稱揚願」：「設我得佛，十方世界無量諸佛不悉諮嗟稱我名者，不取正覺。」小本《阿彌陀經》述說釋迦牟尼佛與十方諸佛都讚歎阿彌陀佛的不可思議功德，是這一誓願的成就。無量光是空間上的無限，無量壽是時間上的無限，此願彰顯功德上的無限。上述三願與法身的無量無邊、具足眾德相應，是慧遠大師將它們歸為攝法身願的緣由。

其次，是攝淨土願的兩願。第三十一「國土清淨願」：「設我得佛，國土清淨，皆悉照見十方一切無量無數不可思議諸佛世界，猶如明鏡，睹其面像；若不爾者，不取正覺。」西方安樂（極樂）世界猶如最為明淨的鏡子，映現十方諸佛國土。第三十二「國土嚴飾願」：「設我得佛，自地以上至于虛空，宮殿、樓觀、池流、華樹，國土所有一切萬物，皆以無量雜寶、百千種香而共合成，嚴飾奇妙，超諸人天，其香普薰十方世界，菩薩聞者皆修佛行；若不爾者，不取正覺。」珍寶與名香是世間稀有之物，虔誠佛弟子願以最珍貴事物來供養佛陀；在世人心目中，以珍寶與名香所成的清淨世界，可說是極致莊嚴的理想國度。

無三惡道，人天安樂

其餘四十三願，是在記述轉生到安樂世界的有情，或是他方國土的眾生，在彌陀佛力的加被之下，能具備特殊能力，或是身相與福報的圓滿。這不一定得自眾生自力修行的功德，主要依於彌陀佛的大願力與大威神力。

第一願是「無三惡趣願」，彌陀國土只有人、天二道，無地獄、餓鬼、畜生三惡道，能轉生安樂世界者全為善人，無惡心哪來惡趣？第十六「無諸不善願」說：「國中人天乃至聞有不善名者，不取正覺。」沒有惡心與惡行，何來不善名？第二「不更惡趣願」說：「國中人天壽終之後，復更三惡道者，不取正覺。」聖嚴法師解釋：「一旦依佛願力，往生彼國的眾生，都是蓮華化生，雖有天人之相，但都能見佛聞法，得無生忍，不再退轉，當然不再由於業報而還墮三惡趣中了。」（《四十八個願望——無量壽經講記》，頁四十一）這些有情無不領受遠離煩惱束縛的身心安樂，第三十九「樂如漏盡願」說：「國中人天所受快樂，不如漏盡比丘者，不取正覺。」這是一個全無憂苦的安樂世界。

彌陀國土的有情形貌莊嚴，壽命至長。第三「悉皆金色願」指出其國中人天的身相全為金色。第四「形無好醜願」顯示國中人天無形貌好醜之別，全是莊嚴形象。第二十一「三十二相願」說國中人天都成滿三十二大人相；第二十七「令物嚴淨願」也說：「國中人天、一切萬物嚴淨光麗，形色殊特，窮微極妙，無能稱量。」除了身相圓滿，福報也極大，第三十八「衣服隨念願」說他們思衣得衣，美妙衣服自然在身。不只是衣服，宮殿、飲食、花、香等都會自然出現。至於他們的壽命，第十五「人天長壽願」指出彌陀國中有情的「壽命無量」，而可隨自己的願力決定壽命長度，以便轉生他方世界度化眾生。

吾人生存的這個娑婆世界，諸根（感官）認識能力非常有限，對於佛陀所說的超出一般認識範圍之事，無法眼見耳聞，致使多數人無法信解佛法，甚至將佛典中一些超現實內容視為宗教神話。彌陀淨土有情的認識能力則非如此，第五願到第九願分別講說轉生彼國者都具有宿命通、天眼通、天耳通、他心通、神足通，對於宇宙人生的一切現象，可有親身的如實認識，確立佛教正見。

在佛力加持之下，彌陀國土中的人天放下對自身的執著，第十「無有我想願」

說：「國中人天若起想念貪計身者，不取正覺。」再者，這些眾生未來必定得證涅槃大樂，第十一「住正定聚願」說：「國中人天不住定聚，必至滅度者，不取正覺。」所謂的「定聚」（正定聚），是必定會達成菩提正覺的眾生類屬，也就是必定會體得佛果法樂。

承佛神力，修行如意

除了人天有情，彌陀國土的聲聞行者人數眾多，如第十四「聲聞無數願」所說。這些聲聞眾終將轉向菩薩乘，達到不退轉地。還有難以計數的菩薩，承蒙彌陀佛的大威神力，如願地修行菩薩法門，供養無數諸佛，並修集度化眾生的大能力。第二十二願是「必至補處願」，往生彼國的菩薩必定會到達一生補處階位，再次降生便可成佛。第二十六「那羅延身願」說明菩薩們都具有那羅延天（金剛力士）那般的健美身體與大力量。聖嚴法師說那羅延身常用來「譬喻佛及菩薩的威神勇猛、堅固大力」。（《四十八個願望——無量壽經講記》，頁五十七）

菩薩們仰仗彌陀佛的大神力，可快速成就廣大修行事業及見證無數佛土嚴淨風光。在一餐飯那麼短的時間內可到無量國土供養諸佛（第二十三「供養諸佛願」）；而且所需的供養物品立刻現前（第二十四「供具如意願」），得以累積巨大的供佛功德，作為成佛資糧。彌陀佛的道場樹高聳微妙，發出無量耀眼光芒，令人難以直視，而這些菩薩能清楚觀見（第二十八「見道場樹願」）。這些菩薩也能見到十方淨佛國土的殊勝莊嚴，第四十「樹中普見佛土願」說：「國中菩薩隨意欲見十方無量嚴淨佛土，應時如願，於寶樹中皆悉照見，猶如明鏡，睹其面像。」如此更強化他們想要建設清淨佛國的決心。

彌陀國中的菩薩隨其心願，隨時隨處都可聽到希望聽聞的佛法（第四十六「隨意聞法願」）。他們全部通達法義，成就辯才，第二十五「說一切智願」說：「國中菩薩不能演說一切智者，不取正覺。」第二十九「得辯才智願」說：「國中菩薩若受讀經法，諷誦持說，而不得辯才智慧者，不取正覺。」第三十「辯智無窮願」說：「國中菩薩智慧辯才若可限量者，不取正覺。」大智慧與大辯才，是菩薩廣度眾生的必備能力。

十方眾生，普沾法益

彌陀佛不僅利益安樂世界的有情，十方無量世界的眾生，只要與其結緣，均同霑法益。彌陀佛的無量光明遍照無數世界，第三十三「觸光柔軟願」說：「蒙我光明觸其體者，身心柔軟，超過人天。」第三十四「聞名得忍願」說十方眾生聽聞其名號，將來會「得菩薩無生法忍、諸深總持」。第三十五「不復女像願」說他方世界的女子聽聞他的名號，如果「歡喜信樂，發菩提心，厭惡女身」，來世不會再成女人身。

十方世界的眾生如果發願往生彌陀國繼續修行，只要條件成熟，皆可往生。第十八「念佛往生願」說：「十方眾生至心信樂，欲生我國，乃至十念，若不生者，不取正覺。唯除五逆、誹謗正法。」第二十「聞名係念定生願」說：「十方眾生聞我名號，係（繫）念我國，殖諸德本，至心迴向，欲生我國，不果遂者，不取正覺。」發願往生與專心念佛是主要的往生法門。第十九「來迎接引願」說：「十方眾生發菩提心，修諸功德，至心發願，欲生我國，臨壽終時，假令不與大眾圍繞現其人前者，不取正覺。」發願迴向與持念佛號之外，必須發菩提心，如果更修行菩薩道，臨命終時可見到彌陀佛與聖眾同來接引。

他方世界的菩薩聽聞彌陀名號，會生起精進實踐菩薩道的堅決心志。第三十六「常修梵行願」說：「十方無量不可思議諸佛世界諸菩薩眾聞我名字，壽終之後，常修梵行，至成佛道。」第四十四「具足德本願」也說：「聞我名字，歡喜踊躍，修菩薩行，具足德本。」而且以至誠心禮拜彌陀與修菩薩行，會普受世人尊敬，第三十七「人天致敬願」說：「聞我名字，五體投地稽首作禮，歡喜信樂，修菩薩行，諸天世人莫不致敬。」具有善根的菩薩行者，有因緣聽到彌陀聖號，可獲得莫大的修行利益。

他方世界的菩薩聽到彌陀名號，還有如下的利益：第四十一「諸根具足願」，使菩薩從聽聞名號到成就佛果之間，都能諸根具足。第四十三「生尊貴家願」，使菩薩壽終之後，轉生到尊貴的家庭。這是個人福報方面的圓滿。

彌陀佛力也助成他方菩薩的修行成就。第四十二「住定供佛願」說：「他方國土諸菩薩眾聞我名字，皆悉逮得清淨解脫三昧，住是三昧一發意頃，供養無量不可思議諸佛世尊。」第四十五「住定見佛願」說：「他方國土諸菩薩眾聞我名字，皆悉逮得普等三昧，住是三昧至于成佛，常見無量不可思議一切如來。」兩種三昧都幫助菩薩常見諸佛及供養諸佛。第四十七「聞名不退願」，說明他方菩薩聽聞彌陀聖號，立即獲得不退轉位。最後的第四十八願是「得三法忍願」，他方菩薩聽聞彌陀聖號後，即刻證得音聲忍、柔順忍、無生法忍三種法忍。

行菩薩道，嚴土熟生

法藏比丘在世自在王佛的威神力加持之下，參考二百一十億諸佛國土的嚴淨內容，發起四十八大願，其後依願廣修菩薩行，歷經無數時間，最終成辦莊嚴清淨的安樂國土。法藏比丘專志於種種成佛功德的修集過程，《無量壽經》說：「發斯弘誓，建此願已，一向專志莊嚴妙土。……於不可思議兆載永劫，積殖菩薩無量德行。……忍力成就，不計眾苦；少欲知足，無染、恚、癡。三昧常寂，智慧無礙。無有虛偽諂曲之心，和顏軟語先意承問。勇猛精進，志願無倦，專求清白之法，以慧利群生。恭敬三寶，奉事師長，以大莊嚴具足眾行。」斷除貪、瞋、癡的根本煩惱，不再有欲心、瞋心和害心，不染著世俗一切，成就種種菩薩心靈品質，透過無量善法以成滿自覺利他的菩薩道修行。

供養諸佛也是累積福德的重要法門，一方面禮佛供佛確實有其巨大功德，另一方面則體認諸佛的崇高精神人格，生起真誠效尤之心。法藏比丘善根深植，世世常以飲食、衣服、臥具、醫藥四事供養佛陀：「或為長者、居士，豪姓尊貴，或為剎利國君、轉輪聖帝，或為六欲天主乃至梵王，常以四事供養恭敬一切諸佛，如是功德不可稱說。」法藏比丘廣修善法，不做惡行，只在人、天善道轉生，而且世世具備大福報，擁有眾多物資可以供佛，累積無量功德。

菩薩乘與聲聞和緣覺二乘的一大差別，在於自覺之後還須廣行覺他事業，福慧具足始能建設嚴淨國土。法藏比丘積極度化群生：「以大莊嚴具足眾行，令諸眾生功德成就。……自行六波羅蜜，教人令行。……教化安立無數眾生，住於無上正真之道。」自己發心修行佛道，也教導眾生發起大菩提心，安住於阿耨多羅三藐三菩提。六波羅蜜——布施、持戒、忍辱、精進、禪定、般若——是大乘菩薩道的核心法門，法藏比丘自己獻身六波羅蜜，也化導有情修學成佛之道。

阿彌陀佛累積無量功德所建立的淨土，是最適於學習大乘佛法的環境。人天壽命極長，不必擔憂生死魔來阻斷修行進展；由於發心真正，不致因壽量長久即荒廢道業。衣食自然具足，不須為了謀生而耗費學法時間。在那裡，能親聞彌陀說法，快速增長佛法領悟；樹木、流水處處發出法音，置身其中的有情時刻正念聖教。相較於娑婆世界的濁惡生存處境，苦多樂少，學法艱難，如此的安樂淨土敘事勾起許許多多佛子的發願往生之心。

三輩往生，蓮花化生

如何修學方能往生這麼吉祥安樂的世界？《無量壽經》提出三輩往生之說，雖然同樣往生彌陀淨土，因轉生前的修行功德不同，在淨土中從蓮華化生的情形有所差異。發願迴向往生者可依據個人條件盡心修持淨土行業。

上輩往生的修學條件與化生情形如下：「其上輩者，捨家棄欲而作沙門，發菩提心，一向專念無量壽佛，修諸功德，願生彼國。此等眾生臨壽終時，無量壽佛與諸大眾現其人前，即隨彼佛往生其國，便於七寶華中自然化生，住不退轉，智慧勇猛，神通自在。」上輩修行者出家成為法師，發起菩提心，除了修持念佛的往生正行，也廣修其他種種菩薩行，臨終見到彌陀佛帶領聖眾前來接引，這是今生見佛的情況。往生後即刻從七寶蓮花中化生，安住不退轉地，具足智慧與神通。

中輩往生者的修持標準如下：「其中輩者，十方世界諸天人民，其有至心願生彼國，雖不能行作沙門大修功德，當發無上菩提之心，一向專念無量壽佛，多少修善，奉持齋戒，起立塔像，飯食沙門，懸繒然燈，散華燒香，以此迴向願生彼國。其人臨終，無量壽佛化現其身，光明相好具如真佛，與諸大眾現其人前，即隨化佛往生其國，住不退轉，功德、智慧次如上輩者也。」此輩雖不能出家，在專念彌陀聖號的正行之外，兼修各種人天善法，不求未來享用快樂果報，將功德迴向往生淨土，臨終時則由彌陀佛所變化的化佛前來接引，往生後也住於不退轉地，但功德與智慧不如上輩往生者。

最後，是下輩往生者的情形：「其下輩者，十方世界諸天人民，其有至心欲生彼國，假使不能作諸功德，當發無上菩提之心，一向專意乃至十念念無量壽佛，願生其國。若聞深法，歡喜信樂，不生疑惑，乃至一念念於彼佛，以至誠心願生其國。此人臨終夢見彼佛，亦得往生，功德、智慧次如中輩者也。」這一類往生者只滿足往生淨土的三大要件：發大乘菩提心、專念無量壽佛、發願迴向往生。臨終時在夢中見到彌陀，往生後功德、智慧又不如中輩往生者。

總結往生西方淨土的淨業行法：㈠發起大乘菩提心；㈡專念阿彌陀佛；㈢至誠發願往生；㈣隨著佛法修學層次及所修功德多寡，決定往生的品位。淨土法門並非單純禮佛念佛就好，如果未發菩提心，不知發願迴向，無法往生，只是種下念佛善根。

在本經接近結尾之處，有段意義特殊的經文：「當來之世，經道滅盡，我以慈悲哀愍，特留此經止住百歲，其有眾生值斯經者，隨意所願，皆可得度。」阿彌陀佛以其慈悲願力，在佛法行將滅盡之時，以《無量壽經》對世間眾生提供最後的救度。

信願念佛求生極樂土

——《阿彌陀經》導讀

《無量壽經》、《觀無量壽經》與《阿彌陀經》合稱「淨土三經」。在南北朝、隋唐時代，《觀無量壽經》與《無量壽經》比較獲得關注；宋代以後，《阿彌陀經》漸受青睞，更在明、清二代成為彌陀淨土經典的首選。《阿彌陀經》是部小品經典，最早由姚秦鳩摩羅什漢譯，自古及今普及流通；唐代玄奘的異譯題為《稱讚淨土佛攝受經》，文辭典雅，但讀誦者少。此經主要講述阿彌陀佛極樂世界的功德莊嚴，受各方佛陀所讚歎，及往生其國的修持法門。

明末四大師之中的雲棲袾宏與蕅益智旭都將《阿彌陀經》視為首要的淨土經典，為此經撰作註疏，標榜持名念佛方法。蕅益大師《閱藏知津》卷三概括此經旨要如下：「無問自說，告舍利弗，稱讚西方極樂世界阿彌陀佛不可思議依正功德，勸人發願求生，但以執持名號為行。復引六方各恆沙佛出廣長舌，勸信流通。今時叢席皆奉之為晚課，真救世神寶，圓頓上乘也。」言簡意賅，準確把握一經大意，並且道出此經在中國佛教界所受的重視。本文導讀依據羅什譯本，收於《大正藏》第十二冊。

功德莊嚴，學法聖地

《阿彌陀經》主要分為三大區塊：首先，是極樂世界的正報（身心個體）與依報（生活環境）的功德莊嚴，也就是佛菩薩與國中人天的身相圓滿與身心安樂，及整體環境的莊嚴清淨。其次，概述往生彌陀淨土的核心修持法門。最後，是各方佛陀讚歎這部具有不可思議功德的經典。

釋迦佛首先開示：「從是西方過十萬億佛土，有世界名曰『極樂』。其土有佛，號『阿彌陀』，今現在說法。」「阿彌陀」意為「無量」，阿彌陀佛的光明無所障礙地照耀十方一切國土，這是「無量光」之義；此佛及其國中有情的壽命無量無邊，這是「無量壽」之義。總括言之，代表著佛果功德的無量無邊。諸佛菩提功德同等無量，而彌陀佛特以「無量光」與「無量壽」來表彰其修證特色，吸引有緣眾生皈依與學法。

彌陀佛色相莊嚴，具足三十二相、八十種好，圓滿一切修證功德。他自過去久遠劫時以來所度化的有情無法計算，國土中有無數大菩薩：「極樂國土眾生生者，皆是阿鞞跋致。其中多有一生補處，其數甚多，非是算數所能知之。」轉生到極樂世界的菩薩行者都將證得無生法忍，進入阿鞞跋致地（不退轉地），很多大菩薩是最高的一生補處階位。國土中也有無量聲聞弟子，都是阿羅漢。這是方便度化二乘修學傾向者，未來終會轉入菩薩道。往生西方淨土，可與這些大善知識共同修學佛法，因緣殊勝。

彌陀佛所建設的清淨國土稱為「極樂世界」，生在那裡的有情遠離一切痛苦，受用安樂的身心狀態全心投入佛法研修。那個世界只有人天善道，沒有三惡道。一切物質都是七寶所成，莊嚴美好，所欲如意，提供清淨舒適的生活環境。國土中的種種事物發出悅耳聲音，鳥聲和鳴、微風吹動，都在演說五根、五力、七菩提分、八聖道分等三十七道品法義，及念佛、念法、念僧等六隨念法音，營造一個最優質的學法園地。

經中講述如此清淨微妙的依正二報功德莊嚴，意在幫助讀誦者於熟習經典文義之後，依經文形成極樂世界的圖景觀想，令其內心與彌陀淨土相應，及促發迴向往生的心志。娑婆世界苦多樂少，修行不易，如果學習佛法困難重重，發願往生西方淨土興許是一道可行出路。

諸佛稱歎，勸信彌陀

諸佛菩薩悲智雙運，現身於穢惡國土教化有情，使他們修學人天善法獲得今世與來世的安樂；修學二乘出世法門獲得解脫生死的涅槃安樂；修學自他兩利的大乘菩薩道以趣向佛果大樂。大乘佛法的真正意趣，是期許佛教行者發菩提心，見佛聞法，依教修行，開發慈悲與智慧，久住生死世間濟度有情，積集福慧資糧，成就無上菩提。因此，十方佛陀都讚歎釋迦牟尼佛能於五濁惡世廣度有情，教授三乘佛法，更為缺乏自力修行潛能的眾多有情講說《阿彌陀經》這部難解難信的經典。

《阿彌陀經》之所以為「一切世間難信之法」，因其講說內容為不可思議的如來果德，遠遠超出世間眾生的理解能力。聽聞此經教法者由於深信佛陀，而能相信經文所說。除了釋迦佛讚歎阿彌陀佛的不可思議功德，各方如來全部讚歎彌陀功德及護念與勸信這部經典。舉東方為例，《阿彌陀經》說：「東方亦有阿閦鞞佛、須彌相佛、大須彌佛、須彌光佛、妙音佛，如是等恆河沙數諸佛，各於其國出廣長舌相，遍覆三千大千世界，說誠實言：『汝等眾生，當信是稱讚不可思議功德一切諸佛所護念經。』」南、西、北、下、上各方諸佛同樣如此。相信讀經者的信心由此大為增強。

這部經典為何被稱為「一切諸佛所護念經」？經中解釋說：「若有善男子、善女人聞是經受持者，及聞諸佛名者，是諸善男子、善女人皆為一切諸佛共所護念，皆得不退轉於阿耨多羅三藐三菩提。」聽聞與誦持《阿彌陀經》，聽到彌陀名號，則受諸佛所守護，助其覓得成佛之道，趣向無上佛菩提。因此，諸佛都勸勉學佛大眾信受此經教法，要相信有阿彌陀佛及其西方極樂國土。

一心念佛，發願往生

深信阿彌陀佛與《阿彌陀經》，再來應當了知往生行法，精進修持。經中說明其主要行法：「不可以少善根福德因緣，得生彼國。舍利弗！若有善男子、善女人聞說阿彌陀佛，執持名號，若一日、若二日、若三日、若四日、若五日、若六日、若七日，一心不亂，其人臨命終時，阿彌陀佛與諸聖眾現在其前。是人終時，心不顛倒，即得往生阿彌陀佛極樂國土。」西方淨土行業最重要的善根福德就是專志持念彌陀聖號，堅持不捨，直到一心不亂，與彌陀佛感應道交。持名念佛是往生淨土的「正行」，其餘佛教行法為「助行」，增進往生力量，及使蓮品增上。

修學淨土法門必須發菩提心，修持往生的正行與助行，亦不能忘記發願迴向轉生淨土，以確立修行目標所在。釋迦佛鼓勵說：「若有人已發願、今發願、當發願，欲生阿彌陀佛國者，是諸人等皆得不退轉於阿耨多羅三藐三菩提；於彼國土若已生、若今生、若當生。是故，舍利弗！諸善男子、善女人若有信者，應當發願生彼國土。」修學菩薩道，無論是自力為主的難行道，抑或他力加持的易行道，都以進入不退轉地為階段性目標，能登上此地，必定成佛。只要能往生彌陀淨土，必然證得不退轉地，再迴入生死世間廣度眾生，圓滿成佛的終極目標，這是念佛求生淨土的深層意涵。往生淨土的不可或缺行法，是信受彌陀、發願迴向、專志念佛，再配合其他佛教法門來增益修持成果。

《阿彌陀經》篇幅不大，教法精要，蓮池大師在《阿彌陀經疏鈔》卷一讚揚此經說：「夫垢心難淨，混若黃河；妄想難收，逸如奔馬，歷恆沙無數量之劫，輪轉未休。攻三藏十二部之文，覺路彌遠；而能使濁者清、背者向，一念頓超，片言即證，力用之妙，何可思議？」凡夫有情煩惱深重，妄想紛飛，流轉生死沒有盡頭。想要攻讀三藏十二部經典以解決生命問題，卻面對浩繁卷帙，難以掌握法要，覺悟之路愈來愈遠。《阿彌陀經》簡要直捷，密含圓妙實相，集中心力修持，一念間頓時超越，依佛號即得體證，神妙功用如何可以思議？

關於淨土三經在修行實用方面的對比，《阿彌陀經疏鈔》卷一指出《無量壽經》義理廣大，茫無畔岸，學佛大眾不易把握；而《觀無量壽佛經》教理深玄，觀法精微，初機行者難以企及。修行須有次第與入手門徑，《阿彌陀經》教法扼要，簡易可行，一念佛號即含容宏大願行與十六妙觀，彌陀即是全體一心，專志持念名號而得見佛，何愁不開悟？有鑑於此，念佛發願往生淨土應成為穢土學佛的先務之急。經過蓮池大師的精妙詮解，發掘了《阿彌陀經》的特殊價值。

淨土念佛的禪觀法門

——《觀無量壽佛經》導讀

《觀無量壽佛經》收於《大正藏》第十二冊，署名劉宋畺良耶舍所譯。梁代僧祐《出三藏記集》卷四將其歸在「新集續撰失譯雜經錄」，當時可見到這部譯經，但不知譯者為何人。梁代慧皎所撰《高僧傳・畺良耶舍傳》記載他於劉宋元嘉年間住錫鍾山（於今南京）道林精舍，僧含請其漢譯《無量壽觀經》，並擔任筆受。後代經錄多依《高僧傳》此說。

《觀無量壽佛經》相較《無量壽經》與《阿彌陀經》，有其特殊教理，尤其是觀想念佛法門。《無量壽經》的念佛，較可能是憶念佛陀十號功德；《阿彌陀經》強調持名念佛；《觀無量壽佛經》則依禪觀以思惟彌陀身土。在南北朝與隋唐時代，《觀無量壽佛經》受到高度重視，北魏曇鸞所撰《往生論註》多次引述此經；

隋代淨影慧遠與嘉祥吉藏都為此經作註；天台系的《觀無量壽佛經疏》傳為智者大師所述；唐代淨土祖師道綽與善導特重此經，經常講說及為其疏解。此經在那段時期是最受歡迎的淨土經典，與其禪觀念佛行法關係甚大。

娑婆濁惡，願生極樂

《觀無量壽佛經》的講經因緣，是某次佛陀在王舍城耆闍崛山，與比丘及菩薩大眾在一起。此時在摩竭陀國王宮中，阿闍世受惡友調達（提婆達多）蠱惑，為謀奪王位而幽禁其父頻婆娑羅王，不准任何人探望。王后韋提希悲痛莫名，暗中送食給頻婆娑羅王；及面向耆闍崛山恭敬合十，遙禮世尊，祈願大目乾連尊者前來授與八關齋戒。目乾連每日以神足通去為她和國王授戒；佛陀也派遣富樓那尊者前去說法。

二十一日後，阿闍世震驚地得知父王竟未餓死，因母后密送飲食，及目乾連與富樓那從空中來為國王說法，大發雷霆，想用利劍殺死母親。大臣日月光與醫聖耆婆極力勸諫，說這是大逆不道之罪，告知《毘陀》（吠陀）經典中自古以來只見殺父，從無殺母之例，這種惡行玷汙剎帝利種姓，簡直是栴陀羅（賤民）所為。阿闍世對此事有所後悔，下令將母親禁閉深宮。

遭逢這種難以承受的人間苦難，韋提希遙向耆闍崛山禮拜佛陀，祈願目乾連與阿難二位尊者能前來撫慰其痛苦心靈。佛陀與兩位尊者即從耆闍崛山隱沒，出現於王宮。韋提希五體投地，悲泣地請問佛陀這是什麼宿業？希望世尊講說沒有憂愁苦惱的地方，她不想待在閻浮提這個五濁惡世。佛陀以神通力讓她觀看十方諸佛的淨妙國土；她選中阿彌陀佛的極樂世界，請求佛陀教導她禪修觀想方法。

世人多想避苦求樂，而忘失苦多樂少的生命存在處境，全心尋求快樂，反而招引無數痛苦。如《諸法集要經》卷六〈教示眾生品〉說：「由愚癡黑暗，溺生死大海，是人無正因，以苦欲捨苦。」值得警惕！《觀無量壽佛經》借用尊貴國王與王妃落難受害的強烈反差，提醒有善根者應思惟人生的無常危脆，知道及時修學佛法；若對此世修行沒有把握，亦可考慮往生彌陀淨土這條可行出路。

修行三福，淨業正因

通過禪修觀想彌陀佛身與嚴淨國土，是難度頗高的淨土行法，佛陀因此先為韋提希講授三福業的「淨業正因」，此為往生西方淨土的必要法門，同時也可奠定觀想念佛的實踐基礎。

第一項福業為「孝養父母，奉事師長，慈心不殺，修十善業」，這是重要的道德倫理德目。孝養父母和奉事師長可與中國儒家文化互相呼應；慈心不殺與修十善業原是往生天道的積極善行。

第二項福業為「受持三歸，具足眾戒，不犯威儀」，是戒律規範的清淨持守。皈依佛、法、僧三寶，以佛法與戒律為師，不依止天魔和外道。威儀意即言行表現，講求不違犯戒律規定。往生佛國淨土就是為了修學佛法，不歸心佛教，無由轉生。

第三項福業為「發菩提心，深信因果，讀誦大乘，勸進行者」，以與淨土法門的大乘精神相應。深信因果是佛教的基本正見；又《無量壽經》的三輩往生段指出發菩提心是往生淨土的必要條件。淨土法門歸屬大乘佛教，行者應當研習大乘經典，特別是淨土經典，及勸進他人讀誦。

修好三福業，立定大乘佛法的修行目標，藉由善法踐履、持守律儀與讀誦大乘來澄淨心靈，累積福德與智慧資糧，有利進入深層的淨土禪觀修習。

一心繫念，依報莊嚴

在釋迦牟尼佛的威神力加持之下，韋提希以其凡夫肉眼得以觀見彌陀國土的極妙樂事，由此心生歡喜，有助悟入無生法忍。《觀無量壽佛經》的淨土法門特色是十六觀法，首先六個觀門觀想極樂世界的依報莊嚴，也就是生活環境的清淨嚴麗；接著七個觀門觀想彌陀佛與觀音、勢至二位菩薩圓滿身相的正報莊嚴；最後三觀是觀想上、中、下三輩念佛行者的往生情況。透過十六觀法使自心與彌陀淨土相應，及知曉往生行法，以實現轉生淨土的目標。

㈠日想觀：端身正坐，面向西方，專心觀想落日，令心堅住不移；觀看落日形同懸在空中的大鼓。觀想落日後，閉眼開眼都觀見明了，成就日想觀。

㈡水想觀：觀想西方一切全為澄清之水，令其明了，心不分散。觀見水後，次作冰想；觀想冰的透明澄澈，生起琉璃想。觀想琉璃大地，內外透明澄澈；下方有八面八楞的金剛七寶金幢，擎起琉璃地。琉璃地上，以金繩、七寶分界，珍寶樓閣數千萬棟，大放光明，兩邊裝飾著無數花幢與樂器。八種清風從光明流出，鼓動樂器，演說苦、空、無常、無我的法音。

㈢地想觀：水想觀成就，為總體觀想極樂國土大地；如果體得三昧，對其大地的細節觀看得了了分明，這是地想成就。

㈣樹想觀：觀想珍寶樹木，七行整齊的高大路樹，七寶花、葉具足。美妙真珠羅網蓋覆樹上，有七重羅網，一一羅網間有無數華麗宮殿，天界童子處在其中。樹葉、花朵、果實井然有序，放大光明，化作幢幡與無數寶蓋，映現著三千大千世界一切佛陀教化事業，十方諸佛國土也在其中映現。

㈤八功德水想觀：觀想極樂國土有八座水池，均由七寶所成，七寶非常柔軟。水從如意珠王涌出，每座水池有十四支流，各自呈現七寶色彩。每座水池有六十億七寶蓮花；摩尼珠涌出之水流注蓮花間，順著花莖上下，聲音微妙，演說苦、空、無常、無我、諸波羅蜜，及讚歎諸佛相好。從如意珠王涌現金色微妙光明，化作眾寶色彩的鳥，鳴聲和悅，恆常讚歎念佛、念法、念僧。

(六)總想觀：觀想眾寶所成的國土，有無數珍寶樓閣；樓閣中有無量天神，演奏天界音樂。又有樂器懸在空中，自然發出樂音。眾多樂音都演說念佛、念法、念僧。這是總體觀想極樂世界的寶樹、寶地、寶池，為總觀想。此觀成就，可滅除無量億劫極重惡業，命終之後必生彌陀國土。

定心觀想，正報莊嚴

觀想彌陀淨土的環境莊嚴之後，佛陀將為韋提希進一步解說滅除苦痛的法門，此時，無量壽佛出現於空中，觀世音與大勢至二位菩薩侍立左右，光明盛大，無法逼視。韋提希見到無量壽佛，頂禮其雙足，知道自己憑藉佛力始能觀見，問佛陀說：「未來眾生當云何觀無量壽佛及二菩薩？」佛陀教授觀想西方淨土正報莊嚴的行法。

㈦花座想觀：觀想七寶地上有巨大蓮花，八萬四千花瓣，各具眾寶色彩，大放光明。蓮花上有妙寶所成花臺，由無數珍寶與真珠羅網裝飾；花臺上有四柱寶幢，張掛寶幔，無數珍寶交織裝飾，放出種種金色光明，在十方隨意變現，施行佛陀教化事業。如此美妙蓮花是法藏比丘過去的願力所成，想要憶念彌陀佛，應先觀想妙蓮花座。

㈧粗想見極樂世界觀：諸佛如來是法界身，遍入一切眾生心想中，所以觀想佛陀時，此心即是如來相好。應當一心繫念彌陀佛身像，閉眼開眼，觀見金色佛像坐在蓮花上；如此心眼得開，了了分明地觀見極樂國土一切七寶莊嚴事物。然後觀看一朵大蓮花在彌陀佛左邊，一朵在右邊；觀世音菩薩像坐在左邊花座，大勢至菩薩像坐在右邊花座。佛像與菩薩像都放出美妙金色光明，照耀一切寶樹；一一樹下也有三朵蓮花，花上各有一佛二菩薩像，遍滿那個國土。其後，行者應當聽聞水流、光明及一切寶樹與鳥類都在演說妙法，全與佛陀聖教相合，出定、入定恆常聽聞，憶持不捨。

(九)遍觀一切色想觀：觀想無量壽佛身相光明，佛身金色，高大如須彌山，有八萬四千圓滿相；一一相中有八萬四千種好（次要圓滿身相）；一一好中放出八萬四千光明。憶念不捨，明了觀見此事，即能觀見十方一切諸佛，成就念佛三昧。如此觀想稱為觀一切佛身，能觀佛身也照見佛心，佛心就是大慈悲，以無緣慈攝受一切眾生。如此觀佛，轉生時會生在諸佛前，體得無生法忍。能觀見無量壽佛，即觀見十方無量諸佛，獲得諸佛現前授記。

(一〇)觀世音菩薩真實色身相觀：觀想這位菩薩身形高大，身體紫金色，頂上有肉髻，頸項有大圓光。其圓光中有五百化佛，形如釋迦牟尼；一一化佛有五百菩薩與無量諸天作為侍者。全身光明中映現五道眾生的一切樣相。頂上載著妙寶天冠；天冠中有尊站立化佛。此觀成就，不遭遇各種禍患，淨除業障，滅除無數劫生死罪業。

(一一)大勢至色身相觀：觀想大勢至菩薩身相，類同觀世音菩薩。再者，觀見這位菩薩的一毛孔光即見十方無量諸佛淨妙光明，因此名為無邊光；以智慧光普照一切有情，使其遠離三惡道，獲得無上力量，因此名為大勢至。這位菩薩的天冠有五百珍寶蓮花，一一寶花有五百寶臺，十方諸佛淨妙國土都於其中映現。頂上肉髻如紅蓮花，肉髻上有一寶瓶，光明盛大，普現佛陀教化事業。此觀成就，不入胞胎，常遊諸佛淨妙國土。

觀想大勢至菩薩行走時，十方世界全部震動，地動處各有五百億珍寶蓮花，如極樂世界。這位菩薩安坐時，七寶國土同時動搖，從下方金光佛土直到上方光明王佛土，無數分身無量壽佛及分身觀世音與大勢至，全雲集到極樂國土，充滿空中，坐在蓮花座，演說妙法，度化受苦眾生。完整觀想兩位大菩薩，了了分明，成就足具觀觀世音及大勢至。

(三)普觀想觀：觀想自己生於西方極樂世界，在蓮花中結跏趺坐。蓮花開放時，有五百色光來照耀自身；眼睛張開，看見佛與菩薩充滿空中，水鳥、樹林及諸佛所發出的音聲都在演說妙法。出定時，仍憶持不忘。如此觀見無量壽佛極樂世界，為普觀想成就，無量壽佛化身無數及兩大菩薩常來這位行者所在地方。

(三)雜觀想觀：以至誠心想往生西方淨土者，應先觀想一尊丈六佛像在池水上。阿彌陀佛過去的大願力，要讓念佛者必得成就。阿彌陀佛神通如意，於十方國土變現自在，所現形象都是真金色；圓光、化佛與寶蓮花如上所說。觀想觀世音與大勢至二菩薩輔佐阿彌陀佛，普遍教化一切有情。這是雜想觀成就。

三輩九品，托生蓮胎

修學念佛法門求生西方淨土，依修行功德大小，分為上、中、下三等，更細分為九品。隨著往生品類不同，阿彌陀佛與其大眾前來迎接的方式有別，待在蓮花苞中等待化生的時間也長短不一。第十四觀到十六觀分別解說上輩、中輩、下輩的修學模式與往生情形。

㈣上輩生想觀：「上品上生」者發至誠心、深心、迴向發願心，勤修三法：「慈心不殺，具諸戒行」；「讀誦大乘方等經典」；「修行六念，迴向發願生彼佛國」。臨終時彌陀佛與二菩薩、大眾及無數化佛親來迎接，即時往生淨土，立刻證得無生法忍，頃刻間即能奉事十方諸佛，蒙諸佛授記，返回原本國土，得無量百千陀羅尼門，廣度眾生。「上品中生」者雖未讀誦大乘以求善解法義，而能信解第一義諦，深信因果，不誹謗大乘。臨終時彌陀佛與二菩薩、大眾及一千化佛親來迎接，經過一夜才花開見佛，經一小劫證得無生法忍。「上品下生者」相信因果，不誹謗大乘，只發無上菩提心，尚未能信解第一義諦。臨終時彌陀佛與二菩薩、大眾及五百化佛親來迎接，一日一夜蓮花方開，經七日見佛，經三小劫登上菩薩初地。

(五)中輩生想觀：「中品上生」者受持五戒、八關齋戒，修學戒行，不造作五逆重罪，沒多少罪過。臨終時彌陀佛與比丘眾到其面前，演說苦、空、無常、無我，讚歎出家得遠離眾苦。行者見後，心大歡喜，頃刻往生，蓮花即開，聽聞四諦法門，證得阿羅漢果，具足三明、六通、八解脫。「中品中生」者於一日一夜清淨持守八戒齋、沙彌戒或具足戒，臨終時見到彌陀佛與比丘眾前來，讚歎他隨順三世諸佛教法。往生後七日蓮花始開，見佛聞法，證得聲聞初果，經過半劫成就阿羅漢果。「中品下生」者孝養父母，實行道德仁義，命終時遇到善知識為他講說彌陀國土樂事，及法藏比丘四十八大願，很快即往生極樂世界，經七日見到觀音與勢至，聞法歡喜，證得初果，經一小劫成就阿羅漢果。

(六)下輩生想觀：「下品上生」者雖不誹謗大乘經典，但多造惡業，缺乏慚愧心，命終時遇到善知識為他讚歎大乘經典，消除千劫極重惡業；智者又教他雙手合十稱念「南無阿彌陀佛」，而消除五十億劫生死罪業。彌陀佛派遣化佛、化觀世音、化大勢至到行者面前，讚歎他持名滅罪，而來迎接。行者心生歡喜，隨從化佛生於寶池，經七七日蓮花始開；見觀音與勢至為他講說甚深經典，發起菩提心，經十小劫進入初地。「下品中生」者對戒律多所違犯，偷盜僧團財物，不淨說法，無慚愧心，本應墮入地獄。命終時地獄大火到來，遇見善知識慈悲為他讚歎彌陀佛的威神力與大功德，聽聞後滅除八十億劫生死罪業。有化佛、化菩薩來迎接此人，往生七寶池中，經六劫蓮花才開。花開時聽聞觀音與勢至為其講說大乘甚深經典，即發菩提心。「下品下生」造作五逆、十惡重罪，應墮惡道多劫受苦。臨命終時遇見善知識寬慰他，為他說法，教他憶念佛陀，而他受痛苦折磨無法念佛，善友於是教他稱念「歸命無量壽佛」，能至誠稱念，具足十念，念念消除八十億劫生死罪業；命終時見金蓮花，即得往生極樂世界，經十二大劫，蓮花始開。花開時見觀音與勢至以大悲音聲為其解說實相，除滅罪法，生起歡喜，發菩提心。

上輩往生者為大乘行者，發無上菩提心，而智慧根器不同，所修功德也有差等。中輩往生者為聲聞根性，注重持戒或遵循道德，往生後先聽聞聲聞教法，求證阿羅漢果，未來再迴入大乘吧！下輩往生者是三等的造惡有情，即使犯下五逆重罪亦因持念佛名獲得救度，往生淨土後在蓮花苞中蘊釀長久，花開後聽聞觀音與勢至慈悲說法，發起菩提心。《無量壽經》不許造作五逆重罪與誹謗大乘之人念佛往生淨土，《觀無量壽佛經》卻能開許，無著《攝大乘論》解釋為「別時意趣」，今生只種下種子，於未來世始得轉生。

醫王法藥善療眾生病

——《藥師經》導讀

《藥師經》傳來中國，歷經五次漢譯，四存一佚：㈠收於東晉帛尸梨蜜多羅所譯《佛說灌頂經》卷十二的《佛說灌頂拔除過罪生死得度經》（此卷應為後人所增補）。㈡劉宋慧簡所譯《藥師琉璃光經》，此本已經佚失。㈢隋代達摩笈多翻譯的《佛說藥師如來本願經》。㈣唐代玄奘漢譯的《藥師琉璃光如來本願功德經》。㈤唐代義淨譯出《佛說藥師琉璃光七佛如來本願功德經》，篇幅較大，講述藥師佛及其他六佛。古來主要流通經本為玄奘譯本，收於《大正藏》第十四冊，本文導讀即依此本。

初期大乘佛教時代傳出《阿閦佛國經》的東方淨土經典，東漢時已有漢譯；而在中國佛教文化圈，後來譯出的《藥師經》蘊含身心康健、人生喜樂與家國安和的修持利益，成為潮流所趨。本經講述藥師如來的十二大願、藥師佛土的功德莊嚴、身心療癒的善巧方便、藥師法門的修持儀軌，及護法神將的發願護持等內容。一般佛教信眾常讀誦這部經典以祈求「消災延壽」，殊不知此經為學佛者開示如來濟世的偉大精神，及實用有益的修持法門，對當代佛教實踐具有甚大啟發。

十二大願，接引有情

每尊佛陀過去都發起廣大無盡的慈悲誓願，並於久遠時間依誓願勤行菩薩道，度化一切有緣眾生。當其成就大願的因緣已了，就是圓證佛果的時節；所教化的有情難以計數，他們的集體心靈已獲得高度淨化，國土環境因而呈現為清淨與莊嚴。在佛教的觀念中，外在生存環境由全體有情的心靈平均狀態所決定，整體心靈清淨，國土就清淨；心靈染汙，國土便穢惡。誠如《維摩詰所說經．佛國品》所說：「若菩薩欲得淨土，當淨其心；隨其心淨，則佛土淨。」菩薩精進修行成就自心清淨，又教化無數有情以淨化其心，此為建設清淨國土之道。

《藥師經》的說法因緣，是曼殊師利菩薩向釋迦牟尼佛請法：「惟願演說如是相類諸佛名號，及本大願殊勝功德，令諸聞者業障銷除，為欲利樂像法轉時諸有情故。」聽聞此經助益行者消除業障，及深信大乘與修學佛法，特別是在正法衰落的時代，他力護念有其重要性。藥師琉璃光如來過去發起十二個宏大誓願，作為建設嚴淨國土的藍圖，引導廣大無邊的菩薩利他實踐，現今功德圓滿，在娑婆世界東方極為遙遠的國度建立了「淨琉璃」世界。藥師如來的十二大願如下：

㈠在證得佛果時，自身的光明熾盛地照耀無量無數無邊世界，具足三十二相、八十種好的圓滿身相，也希望一切有情與自己無異。

㈡身體如琉璃寶內外澄澈，清淨無瑕，周身光明勝過日月，照及一切黑暗處的有情，開曉他們如意地從事各種事業。

㈢以無量無邊的智慧力與方便力，讓一切有情獲得沒有窮盡的資生物品，不會有所匱乏。

㈣對於走上邪道的有情，讓他們安住在菩提道中；對於追求個己解脫的聲聞與獨覺二乘行者，則使他們安住在大乘佛法中。

(五)有情在如來正法中修行清淨梵行，都使其持戒清淨，具足菩薩的三聚淨戒（攝律儀戒、攝善法戒、饒益有情戒）。若是違犯戒律者聽聞藥師佛名號，得以除罪回復清淨，不墮入惡道。

(六)有情身心個體的不圓滿，諸如醜陋、頑愚、殘障、痲瘋、顛狂等，及種種病苦，聽聞藥師佛名號，都能獲得身體健美、聰明智慧、色身完備，遠離病痛。

(七)有情遭遇種種病苦折磨，無人救濟，缺乏依靠，無醫無藥，無親無家，貧窮多苦，一旦聽聞藥師佛名號，一切疾病消除，身心安康，家庭成員與生活物資都豐裕充足，直到證得無上覺悟為止。

(八)如果有婦女遭受身為女人的眾多問題所煩擾，希望轉女成男，聽聞藥師如來名號，將來都能轉女成男，具備男子性質，直到證得無上覺悟為止。

(九)使一切有情脫離魔王的羅網及外道邪見的纏縛；如果落入種種邪見的叢林，都將引導攝受，使其安住於正見，引領他們逐步修學菩薩行，快速地證得無上覺悟。

(一〇)凡是有情被官府拘捕，監禁在牢獄中，或將遭到處刑，及其餘無數災禍的凌辱，悲愁的煎熬，身心蒙受痛苦；如果聽聞藥師佛名號，憑藉其功德威神力，都能從一切憂愁苦難當中解脫出來。

㈡如果有情為飢餓所苦，為求得飲食而造作種種惡業，聽到藥師佛名號，專心受持，如來會先用美味飲食讓他們滿足，再以佛法使其安住於究竟安樂的境地。

㈢如果有情貧窮無衣蔽體，日夜受到蚊蟲與寒熱的折磨，聽聞藥師佛名號，專心受持，即可獲得自己所欲的美好衣服，及珍寶飾品、花鬘塗香、美妙音樂等，一切都能如意。

從十二大願的內容來看，藥師如來以其大智慧力及大威神力，不僅重視以佛教正法引導眾生，也重視使有情獲得現世的身心康寧，讓他們能在平安的生活環境中修學佛法。印順法師在《藥師經講記》特別指出此經的時代意義：「重現生樂的法門，事實上更適應於現代人類的根性，所以（太虛）大師特為倡導，以適應現代人類，發揮佛法的大用。」（頁三）在充滿苦迫的現實人間，這部經典具有攝受力，所指引的實踐方法也容易落實。

藥師如來發大願後廣行菩薩道，以其無量功德所建構的清淨佛土，經中說明國中有情及環境如下：「然彼佛土一向清淨，無有女人，亦無惡趣，及苦音聲。琉璃為地，金繩界道，城闕、宮閣、軒窗、羅網皆七寶成，亦如西方極樂世界，功德莊嚴等無差別。」由於藥師佛的慈悲願力、大功德力及有情心靈的普遍淨化，那是一處沒有惡道的國度，有情全無身心苦痛，外在環境莊嚴清淨。整體而言，與學佛大眾所熟知的西方極樂世界平等無別，也是值得欣求的佛國淨土。

聞名憶念，滅罪修善

藥師如來將無邊功德力濃縮於其名號當中，如果有人能以至誠心來受持名號，即能獲取佛力的加持，解除病痛、消災延壽、超度先亡、淨化心靈、開發智慧。當然，佛力加被有情消災致福的真正意義，在於接引有情，引領他們修學佛法，從根源上解決生命問題。《藥師經》指出有情由煩惱紛起而驅動身、口惡業，從而招感苦果及墮入惡道的種種情形，足為世人警惕，也勸勉學佛大眾在藥師佛力的護念之下，懺悔滅障，培植善根，生於人天善道修集福慧資糧。

凡夫因內心貪欲、瞋恚、愚癡染汙傾向的驅使，多半追求自我的滿足，甚至損人利己，造作惡業，不斷聚積業力。慳吝是眾多人的毛病，擁有足夠的財富，有能力幫助他人卻不肯布施，享有福報而不知繼續累積福德，甚至為錢財而剝奪他人所有，甚為愚癡！這類人將來會福報微少，嚴重時耗盡維持人道的福報，命終之後轉生到餓鬼道與畜生道，承受苦果。

如果慳貪者在人世間時曾經聽聞藥師如來的名號，於惡道中逢遇特殊因緣憶念起如來聖號，可助其消除惡業，很快再轉世到人間。如來名號的威力也幫助他憶起前世貪吝業行及惡道苦報，願意成為一位心無貪惜的布施行者。具有善根的人讀誦經典時即能有所醒悟，不必等到淪落惡道之時才無奈接受果報，仰望佛力與法力的他力濟度；在現世人間就研修經典，持念佛號，勉力行善，願求世世以人身來修學佛法。

還有人雖然接觸佛教，而缺乏正確的知見與態度，造成種種實踐方面的偏差行為。《藥師經》列舉幾種學佛者的常見錯誤，第一層問題是受戒而不能持戒，違犯戒律可能傷害他人而帶來不好的果報，及構成修行的障礙。其次，戒律是守住了，卻違犯僧團生活的軌則，妨礙眾人修行。第三層是戒律、軌則沒有違犯，但未具備佛法的正見，容易誤入邪道。第四層是雖具有正見，卻不願多多聽聞真理教法，無法獲得真正的學法利益。第五層是聽聞了真理教法，未有深度體驗，卻自認為修證了得，生起驕慢凌人之心（增上慢），自以為是，否定他人，結果反而毀謗了正法，不知自己已成為魔眾同黨。不以謙卑、精進之心來聞思佛法，學法誤入歧途，或是得少為足，好為人師以致誤導他人，業力重者可能墮入三惡道。若聽聞到藥師如來名號，生歡喜心，獲得佛力守護，即會棄捨惡業而修行善法，不再墮落惡道。

另有眾生不能棄捨惡行、修行善法，轉生到惡道中去，若有因緣聽聞藥師如來名號，結束惡報再轉生人世時，在佛力護念之下，能具備正見、精進，發心出家，持戒清淨，而且「正見多聞，解甚深義，離增上慢，不謗正法，不為魔伴，漸次修行諸菩薩行，速得圓滿」。此外，有人生性「慳貪嫉妒」，常「自讚毀他」，受惡業力牽引到三惡趣，受苦無量；來世又作牛、馬、駝、驢等供人驅役，即使生而為人也居於低賤地位，若過去曾種下聽聞藥師佛名號的善根，現世又再聽聞與憶念，虔心皈依，如來神力會幫助他「眾苦解脫，諸根聰利，智慧多聞，恆求勝法，常遇善友，永斷魔羂，破無明𣪍，竭煩惱河，解脫一切生、老、病、死、憂、悲、苦、惱」。

又有眾生想用種種惡毒的方法傷害他人，當所欲傷害的人持念藥師如來名號時，就不會受到危害。藥師佛的大慈悲力讓一切人「皆起慈心，利益安樂，無損惱意及嫌恨心；各各歡悅，於自所受生於喜足，不相侵凌，互為饒益」。藥師如來佑助世人建立一個安祥和樂的社會。

現世勤修，淨化娑婆

若有人能持守淨戒，想轉生到西方極樂世界聽聞正法，但未有堅定的決心，如果聽聞到藥師如來名號，以此善根，臨命終時有八大菩薩前來接引他往生極樂世界。也就是說，持念藥師佛名號對於轉生西方淨土亦具推進力量。又有人不求往生淨土而轉生於天界，天界壽命終了時，藥師佛名號的力量助他出生在高貴的家族，具有人間的福樂果報。厭棄女人性質的女性聽聞藥師如來名號，來世不會再轉生為女人。修學藥師法門有助滿足世俗願望與學法期望。

藥師如來過去所發的廣大無邊誓願，希望消弭世間的濁惡境況，使一切眾生「病苦消除，所求願滿」。藥師如來名號蘊含大威神力，然而，並非意謂佛教行者只要持念名號即可，自己無須做其他修學努力，而將淨化自我之事全交給藥師佛，如此便違背了因緣果報法則。經典文句的深層意趣，是眾生煩惱深重，單憑己力修行難以壓制其強力牽引作用，而在佛力護念之下，能對業障有所消解，及增益學佛善念，依經修持比較容易進入狀況。如來的加持力及行者的善根力與修持力，他力與自力相結合可得相乘的力量。

《藥師經》中提到有情身心有生、老、病、死、憂、悲、苦、惱種種苦厄，外在環境有疾疫、戰爭、水災、乾旱等災難，另有看不見的鬼神怨怒之氣，想過平安喜樂的生活，需有足夠福報。如能由善信的國家領袖帶領大眾依法供養藥師琉璃光如來，則「由此善根，及彼如來本願力故，令其國界即得安隱，風雨順時，穀稼成熟；一切有情無病歡樂；於其國中，無有暴虐藥叉等神惱有情者，一切惡相皆即隱沒」。這會是令人嚮往的國度。舉凡有人讀誦與弘通《藥師經》，或有人供養藥師佛之處，護法善神將感念如來恩德，會前來守護行者，護持他們安心修行，及保佑這片土地的清平安泰。

《藥師經》對現代人類社會處境能給予有益的啟示，經中所述世人面對頑強難制的煩惱傾向、不經意間的不善業行，及此起彼落的苦難事件，不就是經常出現於生活周遭的混亂現象？有情心靈的染汙狀態，使世界變得如此不理想。修學藥師法門，不應僅止於發願迴向往生東方淨土、西方淨土，還應積極在娑婆世界建設人間淨土。如果更多人能為藥師如來的崇偉精神所感召，依照經典教導於此世踐行善法，遠離過惡，長養慈悲與智慧力能來利益世間，清淨理想的國土當能在地球社區逐漸落實。

煩惱身中本具如來藏

——《如來藏經》導讀

《如來藏經》是闡揚如來藏法義的經典，為最早的如來藏系經典，《出三藏記集》卷二記載西晉懷帝時法炬已譯出《大方等如來藏經》，此經在西元三世紀頃已傳至漢地。現存兩種漢譯本：其一是東晉佛陀跋陀羅漢譯的《大方等如來藏經》一卷；另一本是由唐代不空所譯的《大方廣如來藏經》一卷。「大方等」就是「大方廣」，為大乘經典的通稱，表彰其義理的廣大精深。《如來藏經》主題在解說一切眾生本來具足如來藏或清淨佛性。著名的《究竟一乘寶性論》在卷一〈無量煩惱所纏品〉就引述了此經九個譬喻，足見其重要影響。本文導讀採用佛陀跋陀羅譯本，收於《大正藏》第十六冊。

《如來藏經》透過九個譬喻說明眾生本具如來藏，文字非常精簡，若是讀誦者對佛教整體教理認識不足，在理解上可能偏離佛法，最好配合古今大德的註釋來研讀。如來藏學說常受到批判，認為易與印度宗教的「梵我合一」學說合流，肯定一個精神實體，有違緣起性空的佛教根本法義。關於此點，聖嚴法師的解說值得參考，他說：「佛性、如來藏、常住涅槃等，其實就是空性的異名。佛為某些人說緣起空性，又為某些人說眾生悉有佛性，常住不變，但是因緣法無有不變的，唯有自性空的真理是常住不變的。有了無我的智慧，便見佛性，見了佛性的真常自我，是向凡夫表達的假名我，並不是在成佛之後，尚有一個煩惱執著的自我；那也就是《金剛經》所說的：『無住生心』的一切智心，絕對不是神教的梵我神我。」（《自家寶藏——如來藏經語體譯釋》，頁五）換言之，不應離開空性教理來解讀如來藏法義。

眾生身中，具如來藏

《如來藏經》開卷處介紹了諸位大菩薩及其餘集會大眾之後，佛陀突然進入三味而顯現神變：「有千葉蓮華大如車輪，其數無量，色香具足而未開敷。一切花內皆有化佛，上昇虛空，彌覆世界，猶如寶帳。一一蓮花放無量光，一切蓮花同時舒榮。佛神力故，須臾之間皆悉萎變，其諸花內一切化佛結加趺坐，各放無數百千光明，於時此剎莊嚴殊特。」原本未開的許多美麗蓮花，花苞中都包覆著化佛，上升於虛空中；在放出無量光明之後同時綻放，忽然又枯萎敗壞，這樣的景象蘊涵何種意義？

就在集會大眾都深陷疑惑之時，會中有位名為金剛慧的菩薩，代表大眾向佛陀請求決疑。佛陀表示顯現如此瑞相，是即將演說名為《如來藏經》的大乘經典。未綻放的蓮花苞譬喻煩惱眾生；花中的化佛喻指眾生所具的清淨如來藏；花開之後萎壞而呈現出化佛，其喻義是如來講說真實佛法以使眾生滅除煩惱，顯現佛性。這是此經第一個譬喻「萎華有佛喻」。

《如來藏經》的義理簡明扼要，重點在表達眾生內在具有清淨的佛性如來藏，透過正法修學徹底消除煩惱，即可將其豁顯出來。對於信受如來藏教義者而言，這種正面肯定與詮說如來藏的教義方為「了義教」，也就是說理明白的教法，沒有未經揭露的密義。此經表達中心思想的一段文句說：「一切眾生雖在諸趣，煩惱身中有如來藏，常無染汙，德相備足，如我無異。……佛見眾生如來藏已，欲令開敷，為說經法，除滅煩惱，顯現佛性。善男子！諸佛法爾，若佛出世、若不出世，一切眾生如來之藏常住不變，但彼眾生煩惱覆故，如來出世廣為說法，除滅塵勞，淨一切智。」

眾生因煩惱業力而在六道輪轉，然而，此煩惱身中自足地具有清淨、常住不變的如來藏，與如來的智慧功德平等無異，只是受到煩惱覆蓋而隱沒不顯。因此，遵循如來所教導的正確教法淨除煩惱塵勞，即能照見、體證自身本具的如來藏。如前引聖嚴法師的觀點，不宜單從「有」的視角來思惟如此的教說，更須通過「空」義來體察其精當教理，空有融通又不執空有，才不致落入一端之執，產生偏淺的理解。由於此經文義簡約，應當配合其他說理明晰的佛性與如來藏相關經論，根據相對完整的義理脈絡來把握其深妙意趣。

善用譬喻，方便顯義

在簡明地闡述如來藏的意義之後，為了讓聽聞者獲得進一步理解及較深刻的領會，佛陀更運用數個譬喻以加強顯示法義。第二個譬喻是「群蜂繞蜜喻」，經文如下：「譬如淳蜜在巖樹中，無數群蜂圍繞守護。時有一人巧智方便，先除彼蜂，乃取其蜜，隨意食用，惠及遠近。」淳蜜喻指如來藏，巖樹代表眾生的煩惱身，群蜂好比眾生的煩惱；有一人以巧智方便去除群蜂，取得淳蜜，布施遠近眾人，譬喻如來能自覺並且覺他，憑藉智慧與方便教化眾人，為他們開啟佛陀知見。

接著是「糠穭粳糧喻」：「譬如粳糧，未離皮穭，貧愚輕賤謂為可棄；除蕩既精，常為御用。」如來藏好比包裹在粗糠（煩惱身）之下的精米，愚癡凡夫（貧愚）受到煩惱遮蔽，只看見外面的糠皮，而視為無用可棄之物；如來（智者）則能將表面的粗糠除盡，成為可供王者享用的精米。如來以佛眼照見每個眾生都具有如來智慧功德，眾生自己卻不覺知，因而「以方便，如應說法，令除煩惱，淨一切智，於諸世間為最正覺」。眾生皆有如來藏作為成佛依據，如來應機說法教化有情，使他們圓滿無所不知的一切智而成就佛果。

第四個是「金墮不淨處喻」：「譬如真金墮不淨處，隱沒不現，經歷年載，真金不壞而莫能知。有天眼者語眾人言：此不淨中有真金寶，汝等出之，隨意受用。」如來藏（真金）在煩惱穢汙之中仍能保持清淨本性，由於深藏不露，凡眼無法看見。如來（天眼者）以佛眼照見，示導眾生修學佛法，滌除煩惱不淨，開發自家的如來寶藏。

接下來是「貧家寶藏喻」，貧窮者自家有寶藏而不自知，一直過著貧苦日子。地中寶藏又不會說話，告訴貧窮者自己在哪裡，以致一直未被發掘。煩惱眾生就像這樣，不知自家有清淨的佛性寶藏，不知要去開發，漫漫長夜枉然流轉生死，受苦無量。幸好有佛陀出現世間，以無礙辯才普為眾生開顯如來藏深義。

第六個譬喻是「菴羅果種喻」：「譬如菴羅果，內實不壞，種之於地，成大樹王。」菴羅樹果實（煩惱身）內的種子（如來藏）不會敗壞，遇到合適因緣就會生根發芽，長成大樹（成就佛果）。包裹在灼熱煩惱之中的清涼如來藏，朗現之後就是如來妙果的圓滿大智慧與寂靜大涅槃。

其次是「弊物裹金喻」，有人帶著純金佛像（如來藏）到外國去，怕遭遇搶劫，就用破舊物（煩惱身）包藏著。這個人在途中忽然死了，金像連同破舊物品被棄置荒野，任人踐踏。有得天眼者（如來）能見到破舊物當中的黃金佛像，將它取出來，金像於是受到一切世人禮敬。佛陀說法讓眾生開顯自家如來智慧功德，若能修行成就，即受世人恭敬禮拜，說法化導一切世間有情。

第八個譬喻是「貧賤醜女懷輪王喻」，敘說如下：「譬如女人貧賤醜陋，眾人所惡，而懷貴子，當為聖王，王四天下。此人不知，經歷時節，常作下劣，生賤子想。」貧賤醜女指煩惱眾生，懷了尊貴的轉輪聖王之子（如來藏）而不自知，以為自己所懷妊者是種姓低賤的胎兒。如來藏教法的特殊意義與價值是使聞法者了知自身具足清淨佛性，保有成佛的堅實信心，作為修行菩薩道的強力支撐。

第九是「鑄模內金像喻」，黃金佛像（如來藏）鑄成後，暫時還包覆在焦黑的鑄模（煩惱身）內；當打開鑄模時，則顯現出映射金色光芒的黃金佛像。如來觀察到：「一切眾生佛藏在身，眾相具足。如是觀已，廣為顯說，彼諸眾生得息清涼，以金剛慧搥破煩惱，開淨佛身，如出金像。」如來說法為眾生顯示如來藏，令他們開發般若智慧摧破煩惱，安住清涼的菩提境界，照見清淨的如來法身。佛陀告訴菩薩們應好好受持此經的真理教法，再去化導更多的有情。

行者聽聞，信己成佛

凡夫煩惱垢重，想到如來智慧功德無量無邊，自己與其相比直如天壤之別，對於能否修行成佛之事不具信心，輕看自己，減損實踐菩薩道的決心與動力。如來慈悲，照見一切眾生本具如來藏，全都擁有成佛的內在依據，所以廣為世人說：「善男子！莫自輕鄙！汝等自身皆有佛性，若勤精進，滅眾過惡，則受菩薩及世尊號，化導濟度無量眾生。」幫助他們生起成佛的信心與決心，支持與帶動菩薩道的精進修行，朝向無上菩提的覺證而努力不懈。

關於如來藏教法這種為學佛大眾啟發成佛信心的意涵，還可參考《楞伽經》的一段法語：「我說如來藏，不同外道所說之我。大慧！有時說空、無相、無願、如、實際、法性、法身、涅槃、離自性、不生不滅、本來寂靜、自性涅槃，如是等句說如來藏已，如來、應供、等正覺為斷愚夫畏無我句故，說離妄想無所有境界如來藏門。……如來亦復如是，於法無我離一切妄想相，以種種智慧善巧方便，或說如來藏，或說無我。」如來藏思想並不違背空性教理，如來藏是從正面肯定的表述進路（表詮）來詮解智慧清淨心，空性則透過否定破執的逼顯進路（遮詮）來呈現無執真理境。然而，許多眾生慧根未成，聽到無我教法會感到驚慌恐懼，直接教導人空或空性容易產生反效果，佛陀於是施設如來藏教說，引領他們信受佛法真理，及強化他們的成佛信心。

《如來藏經》提及信受這個法門及如說修行的利益：「若有菩薩，信樂此法，專心修學，便得解脫，成等正覺，普為世間施作佛事。」其中「等正覺」是諸佛的無上覺悟境地，有緣眾生信受如來藏法門，專志勤修來提升自己，終將成就佛菩提而廣行教化眾生事業。信受如來藏教法，佛教行者肯認自身本具的如來智慧德相，願意以無上菩提為終極實踐目標，燃起修學菩薩道的希望與勇氣。

在這個世間，有人注重思辯，有人傾向信仰，如來藏學說有極大的時代適應性，聖嚴法師說：「適應未來的世界佛教，仍將以如來藏思想為其主軸，因為如來藏思想，既可滿足哲學思辨的要求，也可滿足信仰的要求，可以連接緣起性空的源頭，也可以貫通究竟實在的諸法實相。」（《自家寶藏——如來藏經語體譯釋》，頁四—五）佛性如來藏義理是漢傳佛教的主流思想，且能適應當代世界佛教的精神需求，為了適切地推廣《如來藏經》這本入門經典，首先必須排除對如來藏法相做出實有論式的形而上學解釋，進而發揚如來藏法義與緣起性空教理融通無礙的圓妙理趣，使其成為世人探尋佛法以悟入真心實相的重要跳板。

佛性常住與扶持戒律

——《大般涅槃經》導讀

《大般涅槃經》有大乘經與聲聞經之分。聲聞乘的《大般涅槃經》收於巴利《長部》的第十六經，相當於漢譯《長阿含經．遊行經》。大乘《大般涅槃經》現存四種漢譯本：㈠東晉法顯譯《大般泥洹經》六卷，相當於曇無讖譯本的前十卷。㈡北涼曇無讖譯《大般涅槃經》四十卷，後人稱為「北本」或「大本」。㈢劉宋慧觀與謝靈運等修治《大般涅槃經》成三十六卷，係依北本改訂而成，後人稱「南本」。㈣唐代若那跋陀羅譯《大般涅槃經》二卷，接續曇無讖譯本，敘說佛陀入滅及火化等事。

聲聞乘《大般涅槃經》主要敘述佛陀入滅前三個月最後遊化的情形，以及入滅後八國分得舍利供養之事。大乘《大般涅槃經》在五世紀初傳來漢地，則未述及圓寂之前的遊化活動，僅取佛陀在娑羅雙樹間入滅為本經開講的時地，隨即進入深奧義理的闡說。本文導讀以曇無讖譯本（收於《大正藏》第十二冊，以下簡稱《涅槃經》）為依據，說明其「佛性常住」與「扶持戒律」兩大主題。

如來圓寂，非真入滅

《涅槃經》以佛陀入滅為敘事開端，如來成道教化眾生僅止短短八十餘年？佛陀也擺脫不了無常吧！《長阿含經．遊行經》確有這樣的觀點：「佛辟支聲聞，一切皆歸滅，無常無選擇，如火焚山林。」無論佛陀、辟支佛與阿羅漢，終歸有進入涅槃的一日。這是令大多數佛教信眾難以接受的說法，最後供養如來的純陀就問文殊菩薩：「夫如來者，天上人中最尊最勝，……我聞諸天壽命極長，云何世尊是天中天，壽命更促，不滿百年？」難道身為「天人師」的佛陀大聖人壽量反不如天神？

大乘佛法主張無常只是方便教說，如來真身已超越無常，〈壽命品〉說：「如來已於無量無邊阿僧祇劫無有食身、煩惱之身，無後邊身，常身、法身、金剛之身。」佛陀真身並不入滅，示現涅槃只為教化世間眾生，讓聲聞乘人知道有一個斷煩惱、得解脫的安樂境地，〈壽命品〉說：「當知如來是常住法、不變易法。如來此身是變化身、非雜食身，為度眾生示同毒樹，是故現捨入於涅槃。」如來的真實佛身常住不變，為眾生示現涅槃者是權宜化現的應化身，為有情顯示無常形軀有如毒樹，以激發聲聞行者的精進心。如來能於三界二十五有（各類生命存在）隨順眾生示現種種無常色身，而本來佛身常住不變，〈如來性品〉說：「如來亦爾，於二十五有悉能示現種種色身，為化眾生拔生死故，是故如來名無邊身，雖復示現種種諸身，亦名常住，無有變易。」

《涅槃經》所說的涅槃非與生死界域相對，而是不住生死與涅槃，即使進入生死世間亦不受煩惱繫縛，〈師子吼菩薩品〉說：「不著相者則不生癡，不生癡故則無有愛，無有愛故則無繫縛，無繫縛故則不受生，不受生故則無有死，無有死故則名為常，以是義故涅槃名常。」說涅槃是常，非指與無常意義相對的永恆概念，而是超越時間範疇的體悟境地，〈如來性品〉說：「如來亦爾，煩惱雖滅，法身常存。……一切法中涅槃為常，如來體之，故名為常。」如來所體得的涅槃境地超越常與無常的對立，而勉強用世間語言說是常。

安住於如此悟境的如來，不能以有為、無為加以限定，〈光明遍照高貴德王菩薩品〉說：「如來非有為。何以故？常、樂、我、淨故，是故非有為。亦非無為。何以故？有來、去、坐、臥，示現涅槃故。」如來智慧境地是如此不可思議，身處常、樂、我、淨的涅槃境界，無任何造作之心，又能於世間自在示現。

常樂我淨，涅槃四德

常（永恆）、樂（快樂）、我（主宰）、淨（清淨）是初期佛教所要破斥的錯誤見解，統稱「四顛倒」，意謂與真理正好相反。現象世界本是無常的、苦迫的、無我的、不淨的。既然如此，《涅槃經》主張涅槃功德是常、樂、我、淨，不就正好違背了佛法真理？

初期佛教與《涅槃經》所觀看的是不同層面，初期佛教就因緣和合的現象世界而論，《涅槃經》所述是超越相對的大涅槃境界。《涅槃經》同樣將落於一端的計執視為顛倒，〈壽命品〉說：「苦者計樂，樂者計苦，是顛倒法。……不淨計淨，淨計不淨，是顛倒法。」因此，經中述及的常、樂、我、淨功德不應是這樣的顛倒見。真實的涅槃境地本不可言說，然而，若不用語言來指示，眾生又無由了知，於是《涅槃經》借用世俗語詞，卸除它們在語義上的相對性，以表述大涅槃的超越內容。

《涅槃經》的常、樂、我、淨代表著什麼意涵？〈壽命品〉說：「我者即是佛義；常者是法身義；樂者是涅槃義；淨者是法義。」世人說「我」，妄執一個永恆不變的自我，所以如來為他們說「無我」；而《涅槃經》所說之「我」是與空性相應的佛性，不可說有說無。如來法身不生不滅，離於常與無常的分別，是一種超越的「常」。如來對生死與涅槃平等通達，不落入生死、涅槃二邊，這是畢竟安樂的大「樂」。諸佛正法非因緣和合的有為法，亦不執取無為法，是不垢不淨之「淨」。

常、樂、我、淨四種真理意義是一脈貫通的，〈師子吼菩薩品〉：「大涅槃即常，常者即我，我者即淨，淨者即樂；常、樂、我、淨即是如來。」〈如來性品〉說：「如來常住，是名為樂。……佛法有我，即是佛性。……淨者即是如來常住。」因此對大涅槃應生起常、樂、我、淨之想。無常變易衍生不圓滿的苦受，佛性常住遠離世間變易的苦受與樂受，是大安樂。佛性真理境界自在無礙，即是大自在的我義。如來法身超越染汙與清淨，是大清淨。常住、安樂、自在、清淨，分從不同視角演示同一涅槃。

常、樂、我、淨的佛性功德，與空性不相違背，向佛弟子積極詮釋如來的涅槃境界，那是無執、超越的智慧悟境。唯有空性的體悟始能徹底遠離常與無常、苦與樂、我與無我、淨與不淨的相對分別，以清淨智慧心悟入常、樂、我、淨的大涅槃。這種圓滿的空性體證境地又具足一切功德，任運自在地生發廣度有情的大用。

一切眾生，得成佛道

法顯譯出六卷《大般泥洹經》，相當於大本《涅槃經》的「前分」，這是大乘

《涅槃經》較早流傳的部分，將「一闡提」（斷盡善根者）排除於得以成佛的眾生之列。傳說晉、宋之際的竺道生認為這種說法有違佛教普度眾生的慈悲精神，獨排眾議，提出「一闡提皆得成佛」的創見，因為缺乏經證，被迫離開教團。後來曇無讖傳譯大本《涅槃經》，「後分」果然出現一闡提人可以成佛的經文，大眾讚歎不已，公推他為「涅槃聖」。《涅槃經》對於一闡提人有無佛性與能否成佛，究竟採取何種觀點，有細加考察的必要。

「一闡提」意義為何？〈如來性品〉說：「一闡提者，斷滅一切諸善根，本心不攀緣一切善法，乃至不生一念之善。」意謂斷盡一切善根，永不可能生起一念善心追求菩提的人。成為一闡提的原因，如〈師子吼菩薩品〉說：「一闡提犯四重禁（殺、盜、淫、妄）、五無間罪（殺父、殺母、殺阿羅漢、出佛身血、破和合僧）、誹謗方等（大乘經），非法說法、法說非法。」在《涅槃經》前分，確實強調一闡提人不可能發菩提心，所以無法成佛。

一闡提人無法成佛，並非缺乏佛性，〈如來性品〉說：「彼一闡提雖有佛性，而為無量罪垢所纏，不能得出，如蠶處繭。以是業緣，不能生於菩提妙因，流轉生死無有窮已。」雖有佛性卻為深重的煩惱罪業所層層纏裹，徹底斷絕了菩提之因。所以一切眾生皆有佛性並無疑義，然而，擁有佛性仍無法保證能發起菩提心而志求成佛，尤其是一闡提的特殊案例。

如來大悲不捨一切眾生，前分雖說一闡提不能成佛，佛陀還是視之若子，〈壽命品〉說：「毀謗正法及一闡提，或有殺生乃至邪見，及故犯禁，我於是等悉生悲心，同於子想，如羅睺羅。」這是出於如來的平等大悲。到了此經後分，某些地方仍延續前分一闡提不能成佛的立場，有些地方則說他們有改悔生善的可能，如〈梵行品〉中阿闍世王與神醫耆婆的對話：「大王！世尊亦爾，於一闡提輩善知根性而為說法。何以故？若不為說，一切凡夫當言如來無大慈悲。有慈悲者名一切智，若無慈悲，云何說言一切智人？是故如來為一闡提而演說法。大王！如來世尊見諸病者當施法藥，病者不服，非如來咎。大王！一闡提輩分別有二：一者，得現在善根；二者，得後世善根。如來善知一闡提輩能於現在得善根者，則為說法。後世得者，亦為說法，今雖無益，作後世因。」一闡提人有能於現世生起善根者，如來即會說法轉化他們。縱然不能於現世得到善根，聽聞佛法亦能成為後世生起善根的遠因。如此，一闡提人不僅具有佛性，也能因聽聞佛法而生善成佛了。

《涅槃經》佛性義的重大課題不在眾生有沒有「佛性」，而在於一切眾生是否都能「成佛」？一切有情皆本具佛性是不成問題的，但斷了善根的一闡提人可否生起菩提心就發生爭議。雖然此經前分否定闡提成佛的可能性，但後分對此做出修正，如來教化一切眾生成就佛果，比較符合普度群萌的大慈悲精神，同時表彰如來大智慧的無邊功用。

魔王偽裝，壞亂正法

《涅槃經》所處的時代，佛教內部的許多亂象顯然趨於嚴重，經中因此出現「正法將欲滅盡」的危機意識，以及對戒律振興的重視。佛教正法趨向衰微，有種說法將原因歸咎於魔王波旬的破壞勢力。《涅槃經》記載此事發生在佛陀涅槃後七百年之際，多少也暗示此經的流傳年代。魔王破壞正法的有效方式，是偽裝成四眾弟子或佛教賢聖的形象，傳播似是而非的偽冒佛法，讓佛弟子信以為真。〈如來性品〉說：「我般涅槃七百歲後，是魔波旬漸當沮壞我之正法。譬如獵師身服法衣，魔王波旬亦復如是，作比丘像、比丘尼像、優婆塞像、優婆夷像，亦復化作須陀洹身，乃至化作阿羅漢身，及佛色身。魔王以此有漏之形作無漏身，壞我正法。」在了知正法的佛門智者稀少，學佛大眾偏好世俗福樂的時代，這種以假亂真的策略容易奏效。

魔王會教導哪些似是而非的偏差知見？首先，魔王說：佛陀依父母愛欲和合而生，往昔修習種種苦行，今生才成就佛道。《涅槃經》指出如果真是如來所說的經典，會說：「如來正覺久已成佛，今方示現成佛道者，為欲度脫諸眾生故，示有父母依因愛欲和合而生。」主張如來久遠以前即已成佛，非在今生由煩惱身始成。其次，魔王說如來一出生就向十方各行走七步之事不可信，《涅槃經》則表明真實佛說以此為方便示現。又魔說菩薩（佛陀未成道前的身分）出生後父親派人帶他去天神廟宇，天神們向他禮拜之說不可信；而真實佛說肯定諸天都合掌禮敬佛陀雙足。

此外，是有關菩薩身為太子時的愛欲問題。魔王說：「菩薩為太子時，以貪心故，四方娉妻，處在深宮，五欲自娛，歡悅受樂。」使人誤以為佛陀今生也曾有過很多貪欲煩惱。真實佛說則強調菩薩久已捨離貪欲，視天上的妙欲猶如涕唾，何況是人欲！所以隨後即示現剃除鬚髮出家修道。大菩薩久已斷除三界煩惱，只是為了度化煩惱眾生而方便示現愛欲之事。

再者，關於錢財與世間事務，魔王說佛陀允許比丘擁有奴婢、牛羊、金銀等不淨物，及從事農耕、經商、占卜等俗世事業，還有與國王、大臣、女人等的人際往來；真實的佛陀教誡則不允許比丘們從事這些行為。又魔王宣稱如來無法在天神、外道、世間男女的群眾中為他們所恭敬，方便調伏；說如來沒有講說大乘方等經典；說如來非由無量功德所成，是無常變易法；說如果有比丘自言身中有佛性是犯大妄語戒；說如來制定戒律是在恐嚇眾生。這一切的說法，都與真實佛說正好相違。

總而言之，所謂的魔說可分兩大類，即對佛陀圓滿功德與能力的質疑，及用不如法的行為對佛弟子進行誘導。另外，〈梵行品〉提到佛陀正法將滅之時，魔王以大火焚燒一切經典，殘餘的經典被婆羅門教徒偷去攙雜在自家教典裡面，使佛教徒喪失佛法正典的依據，反而去向外道學習。《涅槃經》有其主張的佛教正見，認為這些正法遭致破壞，會使整體佛教發生危機，因此，進行魔說、佛說的對比，希望佛弟子不要陷入邪見之中而不自知。

賢聖入滅，正法衰微

佛門衰敝的一大原因歸咎於魔王，其實，應是佛陀入滅數百年後，佛教賢聖青黃不接，佛教正法缺乏能人護持，漸趨衰微，步入「像法」時期，亦即以相似佛法濫充正法的魚目混珠時代。〈如來性品〉說到如來涅槃後經過幾百年，四果聖者全進入涅槃，正法壞滅以後，在像法時代，會有比丘偽裝持戒學法，卻不知經典教導，追逐名聞利養，專務世俗活動。這是佛滅後隨時間經過自會形成的問題，因為世人煩惱垢重，娑婆世界誘惑眾多，缺乏了知正法的真善知識引導，容易倒向世間五欲的追求。

《涅槃經》中所描述的佛教徒不當行為有哪些？〈如來性品〉提到這些現象：「似像持律，少讀誦經；貪嗜飲食，長養其身；身所被服，粗陋醜惡，形容憔悴，無有威德；放畜牛羊，擔負薪草；頭鬚髮爪，悉皆長利；雖服袈裟，猶如獵師；細視徐行，如猫伺鼠；常唱是言：『我得羅漢。』多諸病苦，眠臥糞穢；外現賢善，內懷貪嫉；如受瘂法婆羅門等。實非沙門現沙門像，邪見熾盛，誹謗正法。如是等人破壞如來所制戒律、正行威儀、說解脫果、離不淨法，及壞甚深祕密之教，各自隨意反說經律。」不持守戒律，少讀誦經典，充滿偏邪知見，所說與佛陀經律相反，不僅無法護持正法，反而助長邪說，加速佛教衰落。

〈梵行品〉提到《涅槃經》的廣布弘通與受到修學，與佛法的興衰命運息息相關。迦葉尊者向佛陀請問：無上佛法什麼時候滅盡？佛陀回覆佛教正法行將壞滅的情形如下：

(一)在《涅槃經》流布之時，佛弟子多犯禁戒，造作眾惡，不能敬信此經，不能受持、讀誦、書寫、解說其義，不為眾人所恭敬供養，見到受持經典者反而加以輕視誹謗。

(二)《涅槃經》是諸佛如來祕密之藏，預見未來世惡比丘們會積蓄不淨物，為四眾說如來已進入涅槃，讀誦世俗典籍，不敬信佛經；如來為了滅除這些惡行，使比丘們能遠離邪命利養，而為他們演說此經。如果這部經典消失不現時，佛法就會滅盡。

(三)眾生煩惱繁多，愚癡多忘，沒有智慧，懷疑困惑，信根不立，世界不淨，一切眾生都說如來無常變易，徹底進入大般涅槃。

(四)佛弟子不解甚深法義，我見無我，無我見我；常見無常，無常見常；樂見無樂，無樂見樂；淨見不淨，不淨見淨等，將真實佛語說是魔語，實是魔語卻視為佛語。

(五)沒有篤信的白衣檀越敬重佛法。

(六)佛弟子多起諍訟，以己為是，否定他人。

(七)佛弟子不為大涅槃而演說佛法，卻為了貪求利養而說法。

(八)佛弟子積蓄一切不淨之物。

(九)佛弟子自己妄言得到須陀洹果，甚至阿羅漢果。

(十)佛弟子各執所見，種種異說，都說唯有自己能知義、解律，了知諸經，他人不能。

(十一)佛弟子不依佛陀所說的經典法藏，正確說法者少，錯誤解說者眾；受持正法者少，受持邪法者眾；受持佛語者少，受持魔語者眾。

以上十一點凸顯兩大問題：第一，佛弟子不信受、不了解《涅槃經》所說最高層次教法。第二，佛弟子的行為不如法。當問題極度嚴重時，佛法即會從世間消失。佛法存在世間的客觀條件，則是佛弟子能了知甚深法義，並能依照經典的教導來修行。

佛弟子倘若不是發心修學佛法而出家，會形成劣幣驅逐良幣的現象。〈金剛身品〉說到如來涅槃後，隨著時間推移，正法殞歿，世局混亂，有人出家是為了解決生活問題：「我涅槃後，濁惡之世，國土荒亂，互相抄掠，人民飢餓。爾時，多有為飢餓故發心出家，如是之人名為禿人。是禿人輩見有持戒威儀具足清淨比丘護持正法，驅逐令出，若殺若害。」這些人為謀求世俗利益而出家，不僅自己不肯修學佛法，反而排擠、傷害精進修行的比丘。維持佛門的清淨，應當時時戒慎恐懼，以守護佛法。

振興戒律，守護正法

解決佛教僧團所面臨的時代課題——法義的曲解及戒律的廢弛，是《涅槃經》思想的兩大主軸。在糾正法義扭曲說解方面，此經強調佛性常住等真實教理，已如前述；面對戒律廢弛的問題，《涅槃經》運用大量篇幅倡導依循律儀如法修行。

對於一般學佛大眾，《涅槃經》強調持守五戒十善，〈壽命品〉說：「菩薩亦爾，……生大慈、大悲、大喜、大捨，授不殺戒，教修善法，亦當安止一切眾生於五戒十善。」〈光明遍照高貴德王菩薩品〉也說：「善知識者，所謂菩薩、佛、辟支佛、聲聞人中信方等者。何故名為善知識耶？善知識者，能教眾生遠離十惡，修行十善，以是義故，名善知識。」修學大乘佛法的善知識教導眾生修行十善法。五戒十善是進修更深佛法的基礎，同品接下來的經文說明善知識能自己如法修行，也教人如法而行；自己修行正見，也教人獲得正見；自己修行信心、持戒、布施、多聞、智慧，也能教人如此修行。

《涅槃經》指出在家生活容易觸發眾多煩惱，因而注重出家修行，強調持戒清淨有助於體悟佛性，〈如來性品〉說：「若不守護，更以何法名為禁戒？我於經中亦說：有犯四波羅夷乃至微細突吉羅等，應當苦治。眾生若不護持禁戒，云何當得見於佛性？一切眾生雖有佛性，要因持戒然後乃見。」犯戒行為使心靈擾動，衍生業力障礙，有礙禪定的修習及真理的觀照，從而重視戒律，寧願捨棄身命也不毀犯佛陀所制律儀。

〈聖行品〉將菩薩的律儀戒（受世教戒）分為「性重戒」與「息世譏嫌戒」兩類。性重戒防範殺生、偷盜、邪淫、妄語等重罪。息世譏嫌戒則規範那些會招引世人批評佛教的行為，包括：不做買賣生意、不仗勢奪人財物、不陷害他人、不白晝睡眠、不坐擁田宅家業、不畜養禽畜和奴僕、不持有金銀和穀米、日中一食、於飲食知足而不另外受請供養、不食肉飲酒、不食用五辛、不多受衣服、不離三衣缽具、不蓄藏食物和其他物品、不坐高大床座、不觀看打鬥表演、不占卜看相、不作王家使者、不談論世俗雜事等。甚且將息世譏嫌戒看作與性重戒一樣重要。能如此清淨持戒，菩薩們必能精勤於道業，僧團也受到世人敬重，佛教正法由此久住世間。

《涅槃經》是一部大乘經典，除了律儀戒的禁制規定，也論及大乘戒，〈梵行品〉說：「願諸眾生得無上戒，大乘之戒，非小乘戒。」大乘戒即菩薩戒，與聲聞戒有所區別，〈師子吼菩薩品〉說：「戒復有二：一、聲聞戒；二、菩薩戒。從初發心乃至得成阿耨多羅三藐三菩提，是名菩薩戒；若觀白骨乃至證得阿羅漢果，是名聲聞戒。若有受持聲聞戒者，當知是人不見佛性及以如來。若有受持菩薩戒者，當知是人得阿耨多羅三藐三菩提，能見佛性、如來涅槃。」聲聞行者持戒是為個己的解脫，菩薩持戒為了自覺、覺他而成佛。不發心廣利有情，不算真正修持佛陀所傳授的最高戒行。菩薩行者持守無上戒學，是為了普遍使眾生獲得利益與安樂，是為了護持大乘正法。

佛典中屢屢提及戒律持守與正法久住的密切關聯，如《善見律毘婆沙》卷十六說：「云何令正法久住？一者，身自隨法；二者，能令他得法。因得法故，正心持律；因持律故，得入禪定；因禪定故，而得道果，是名令正法久住。如律本中說：『佛語阿難：若我滅度後，毘尼即是汝大師也。』是名令正法久住。」《涅槃經》深感惡世佛教面臨的存續危機，主因在於佛弟子不明正法及廢弛戒律，因此在闡揚甚深的佛性教理之餘，亦積極倡導律儀的清淨持守，藉此振興與守護佛教正法。

如來藏融會唯識禪觀

——《大乘入楞伽經》導讀

《楞伽經》在漢地共有四譯，現存三本。最早為劉宋求那跋陀羅所譯《楞伽阿跋多羅寶經》四卷；次為北魏菩提流支漢譯的《入楞伽經》十卷；第三本是唐代實叉難陀漢譯的《大乘入楞伽經》七卷。求那跋陀羅譯本對北宗禪構成影響，相傳菩提達摩以《楞伽經》傳宗。此經融合如來藏思想與唯識學說，也獲選為法相唯識宗所依的六經十一論之一。本文導讀依唐譯本，收於《大正藏》第十六冊，取其譯文品質後出轉精，文義相對明晰。

《楞伽經》的難讀，除了翻譯問題，尚與此經本身的性格有關。禪學思想家鈴木大拙在此經梵本英譯的「導論」中，指出《楞伽經》原來可能是某位大乘老師的備忘摘錄，記下當時大乘佛教徒所接受的大多數重要教義。他顯然未試著對其安排次第，其後的編纂者也不太重視所輯教義的先後順序，以致全經面貌顯得不是井然有序。再者，《楞伽經》內容多為艱深的義理，這也是難讀的一個原因。此經思想主體的「唯心所現」，與瑜伽行派學說有密切關係，且涉及五法、三自性、八識、二無我，及禪定智證、五種種姓等唯識學教義；同時，會通了如來藏思想。除此之外，經中也教導斷除肉食的菩薩慈悲思想。

依如來藏，現起藏識

《楞伽經》有調和如來藏與阿賴耶識的濃厚傾向。阿賴耶識又稱「藏識」，是一切萬法生起的根源；前七識皆依阿賴耶而得生起，稱為「轉識」。八識有三種相貌：轉相、業相、真相。根據宋代寶臣所撰《注大乘入楞伽經》卷二，「真相」是「如來藏心在纏不染」、「不可增減」的清淨之相；「業相」是「根本無明起靜令動，動為業識」的阿賴耶識極微細作用之相；「轉相」是「依前業相，轉成能緣及所緣境，生七轉識」的轉起認識作用之相。其中，「真相」所顯示者即是本性清淨的如來藏。

阿賴耶識的真相不守清淨本性，在無始時受無明熏染而形成「藏識」，從而現起萬法，經中時而用「如來藏」之名來說明這種熏染與現起的過程，如〈剎那品〉說：「如來藏是善不善因，能遍興造一切趣生。……無始虛偽惡習所熏，名為藏識，生於七識無明住地，譬如大海而有波浪。」如來藏本來如同平靜大海，因無始習氣的熏習風吹而湧起波浪，眾生自此依分別心隨逐善惡業緣而輪轉六趣。據此，可窺見阿賴耶之真相與如來藏的一體關係。

《楞伽經》注重禪修觀照，修證目標在於剝除層層迷障，直觀清淨實相，此非妄心推理的層次，而是「自證聖智」的真理世界。〈羅婆那王勸請品〉說：「內自覺悟，入如來藏，趣於佛地。」所證入者就是清淨如來藏。有時又指出清淨智慧所照顯者是捨離分別的阿賴耶真相，如〈羅婆那王勸請品〉說：「有二即墮分別相中，有體、無體，是實、非實，如是一切皆是分別，不能了知阿賴耶識無差別相，如毛輪住，非淨智境。」有分別即如飛蚊症患者所見眼前飄盪的毛髮團之相，將虛妄無實的外境誤執為實有；滅除分別即能照見阿賴耶識的無差別相，也就是如來藏。

如來藏義，空亦不空

眾生本具如來藏，是成佛的內因。問題是眾生因煩惱習氣的障蔽，不能了知一切萬物「唯心所現」，落入分別見當中，見不到清淨的圓成自性。不論眾生是迷是悟，依然不離如來藏，〈集一切法品〉說：「修多羅（經典）中說如來藏本性清淨，常恆不斷，無有變易，具三十二相，在於一切眾生身中，為蘊、界、處垢衣所纏，貪、恚、癡等妄分別垢之所汙染，如無價寶在垢衣中。」眾生心與佛心原無差別，但佛眼照見清淨的智慧境界，眾生眼則為虛妄分別所蒙蔽，本有如來藏而不自覺知。

然而，說眾生本具清淨的如來藏，會不會像外道那般落入常見論？在〈集一切法品〉，代表眾生請法的大慧菩薩也有這樣的疑慮，他問世尊：「外道主張『神我』是永恆的創造者，離於種種性質，自己存在而不滅，世尊所說的如來藏意義，豈不是同於外道的神我？」這確實是學習無自性空法義的佛教學人對於佛性如來藏學說經常產生的疑惑。

世尊回答說使用「如來藏」一詞是為了方便引導眾生，並不同於外道的神我：「我說如來藏，不同外道所說之我。大慧！如來、應、正等覺以性空、實際、涅槃、不生、無相、無願等諸句義說如來藏，為令愚夫離無我怖，說無分別、無影像處如來藏門，未來現在諸菩薩摩訶薩不應於此執著於我。……於遠離一切分別相無我法中，以種種智慧方便善巧，或說如來藏，或說為無我，種種名字各各差別。大慧！我說如來藏，為攝著我諸外道眾，令離妄見，入三解脫，速得證於阿耨多羅三藐三菩提。是故，諸佛說如來藏不同外道所說之我。若欲離於外道見者，應知無我如來藏義。」

如來藏即是無我，就是空性，只是換一個積極詮釋的立場來闡明最高真理，正面肯定一個真實的覺悟境界。慣於執著永恆自我的凡愚之人聽到無我教說，會生起驚慌恐懼的心理，所以方便善巧地說有一個如來藏自性清淨心，是眾生成佛之因，讓他們能夠安心，再慢慢引導他們消除妄心，證入與空性相應的無我如來藏。聖智自證的真理境界離於分別影像，超越世俗言說，對實相真理有所表述都是方便，卻是悟入實相的不可或缺指引。

〈集一切法品〉說：「此空、無生、無自性、無二相，悉入一切諸佛所說修多羅中，佛所說經皆有是義。大慧！諸修多羅隨順一切眾生心說，而非真實在於言中。……眾經所說亦復如是，隨諸愚夫自所分別，令生歡喜，非皆顯示聖智證處真實之法。大慧！應隨順義，莫著言說。」隨順眾生的根性與喜好不同，如來或說如來藏，或說空、無自性、不二等，佛法修行乃是透過經典文句的指引，剝除重重煩惱，證入離言真理境界，不應拘執經典的表面文義，爭論誰學到的才是究竟。禪宗祖師說：「說似一物即不中。」此話值得參究。然而，所有佛弟子並不具備佛陀那種自力覺證菩提的智慧，若想越過表述真理及修行方法的經典文字去體究真理，缺乏智慧法語的引導可說緣木求魚。

依止藏識，七轉識生

《楞伽經》將如來藏與阿賴耶合為一體，而有「如來藏藏識」之名。如來藏是本來清淨的，不淨源自客塵煩惱的熏染。「如來藏藏識」的清淨體性是阿賴耶識（藏識）的「真相」，受無始習氣熏染而現起「業相」、「轉相」，即清淨真如受熏染形成藏識，再輾轉生起前七識。〈剎那品〉說明受熏染的藏識相續流注而不斷絕，與前七識的緊密關係如下：「其體相續恆注不斷，本性清淨，離無常過，離於我論。其餘七識意、意識等念念生滅，妄想為因、境相為緣和合而生，不了色等自心所現，計著名相，起苦樂受，名相纏縛，既從貪生，復生於貪。……若無藏識，七識則滅。」七轉識的生起是以阿賴耶識中的習氣種子為因，將自心所顯現的境界作為認識對象，而錯誤地執取為實有的認識主體及心外的認識客體。能照見阿賴耶識清淨本性，其虛妄不淨相自然滅除，分別性的七轉識隨而消滅。

七轉識各有其認識功用與對境。前五識分別認識色、聲、香、味、觸五境。第六意識或是與五識俱起而認識同一對象，各個心識認識自身現起的境相；或在五識不起活動的情況下，第六意識單獨進行認識活動。第七識以自身所現的阿賴耶識作為所緣（認識對象），產生執取我、我所的思量作用。如此，七識（能緣、能取）和七識的認識對境（所緣、所取）不外是唯心所現起的。

前五識的生起須要具足哪些條件？〈集一切法品〉說：「有四種因緣眼識轉。何等為四？所謂不覺自心現而執取故；無始時來取著於色虛妄習氣故；識本性如是故；樂見種種諸色相故。大慧！以此四緣阿賴耶識如瀑流水，生轉識浪。如眼識，餘亦如是。」眼識生起的四個條件是：㈠不了知一切唯自心所現而執取為心外事物；㈡從無始以來因執取色法所虛妄熏習的習氣種子；㈢識的本身性質就是認識作用；㈣想要見種種色相的欲望。其他四識的生起也都依據相類的四個條件。第六識、第七識同樣以阿賴耶識中的習氣種子為因，以阿賴耶識所現的境界或以阿賴耶本身作為所緣對象而生起。結果，阿賴耶就像急流水一樣，恆不間斷地支持這些轉識的起滅。

在七識之中，第六意識有著特殊強盛的地位，能轉滅意識的話，所有七識即可轉滅，回復到阿賴耶識的清淨狀態。〈集一切法品〉指出，第七識的生起是以藏識為因及作為所緣；然而，當意識虛妄分別對境而生執取時，會生成種種習氣而長養藏識，第七識的我執思量作用得以依藏識體相而現起。此外，前五識的現起也以藏識為依止。總體而言，第六意識的認識作用會熏成習氣而滋養阿賴耶識，此為諸識現起的根本依止，所以通過第六識來修習佛法以轉染成淨，如經中所說：「譬如海浪，自心所現境界風吹而有起滅。是故意識滅時，七識亦滅。」因此，轉滅第六識就是止息心識大海洪波猛浪的關鍵。

《楞伽經》用這麼多篇幅去談論心識問題，看起來都像理論，對佛法實修有何幫助？其實，《楞伽經》講述一切唯心所現的教理，使佛教行者了知自己所覺知到的自身與外物，雖然感覺如此真實，其實都是在心識內部因緣和合現起的境相，如夢如幻，並無心外的實我、實法，心識本身亦空，以我空觀與法空觀熏習清淨種子。就《楞伽經》的思想脈絡而言，不明一切唯心所現，用煩惱心去執取外境，熏染習氣種子滋養阿賴耶識，周而復始，心識的雜染程度與日俱增；必須了達唯心所現，休止心識的分別熏習作用，轉化染汙習氣為清淨種子，轉化分別識心成智慧淨心。

五法三性，唯識觀法

《楞伽經》闡釋的種種精深法義，都與真如實相的修證發生關聯，前述的八識如此，接著要說明的五法、三自性、二無我同樣如此。實相真理教法自佛陀的覺悟心中流出，應當先尋求對真理教法獲取適切的理解，再憑藉禪定深觀以達到親身體悟，這是佛典所教導的智慧禪觀心要。

三種自性包括妄計自性（遍計所執性）、緣起自性（依他起性）、圓成自性（圓成實性）。〈集一切法品〉說明「緣起自性」是以習氣種子為所依，所現境相為所緣對象，兩者相合而有心識認識活動。然而，所依與所緣都是唯心所現的，所緣對象不過是相似顯現的心中境相。對此相似顯現的種種境相以名稱和概念加以執取，以為是心外的實有，即為「妄計自性」。內外一切事物均是唯心所現，非實有的存在，若能在緣起自性上了知唯心所現，遠離名稱和概念等一切分別，親身覺證聖智境界的真如，即為「圓成自性」。

五法是名、相、分別、正智、如如，前三種是凡愚的認識層次，後兩種是智者的真實了悟。先看「相」的定義，〈剎那品〉說：「此中相者，謂眼識所見，名之為色；耳、鼻、舌、身、意識得者，名之為聲、香、味、觸、法，如是等我說為相。」六識所認識到的六境概念相，這是「相」義。「名」的意義，是說凡愚依概念相假立名稱，指涉與區分種種事物。在相與名的基礎上產生「分別」：「施設眾名顯示諸相，謂以象、馬、車、步（兵）、男、女等名而顯其相，（而言：）『此事如是，決定不異。』是名分別。」意思是施設種種名稱來代表事物的概念相，區分這是什麼、不是什麼，從而產生分別作用。又有一義：「施設眾名，顯示諸相心、心所法，是名分別。」分別即是依憑名稱顯示諸相而現起分別性認識作用的心、心所法。

「正智」了知名與相究竟上是不可得的，為外在施加之物，從而使「識心不起，不斷不常，不墮外道、二乘之地」。正智是對名與相的虛妄性有正確了知，止息分別識心。透過正智的觀照，可照見「如如」的自證境界：「菩薩摩訶薩以其正智觀察名、相，非有非無，遠離損（否定緣起事物成虛無）、益（執取緣起事物為實有）二邊惡見，名、相及識本來不起，我說此法名為如如。」如如的真理境界，即是初地到十地菩薩們分證的法性，當其被圓滿覺證時就是佛地，經中說：「菩薩摩訶薩住如如已，得無照現境（無相的行境），昇歡喜地（初地），離外道、惡趣，入出世法，法相淳熟，知一切法猶如幻等，證自聖智所行之法，離臆度見，如是次第乃至法雲（第十地）。至法雲已，三昧、諸力、自在、神通開敷滿足，成於如來。」

五法與三自性有何關聯？其中，名與相兩者屬於虛妄的計執，是妄計自性。其次，依於名與相而與它們俱時生起的分別，也就是支持與顯示種種境相的心、心所法，是緣起自性。正智與如如是不可破壞的，即是圓成自性。

二種無我，四階禪法

大乘佛法的空性真理是二種無我：人無我及法無我。什麼是人無我？〈集一切法品〉說：對於由無知、業力與渴愛所生的五蘊、十二處、十八界，遠離我與我所的計執，了知眾生的色身及其種種活動是緣起如幻的，並無一個「我」（永恆不滅的精神主體）在主宰，這是人無我智。既然不存在一個主宰的自我，那麼，有情心識活動如何生起？是以「無始虛偽習氣」的種子為因，由眼等諸根與色等諸境相合而生起眼識等，對於自心所現的身體與外在環境，以自心的分別來進行分別，如此而有心識活動。也就是心識自己顯現主體與客體而進行分別性的認識。

人無我智雖能了達有情並無一個實在自我的我空真理，仍對蘊、處、界等諸法（基本構成要素）執取自相和共相，依然著相。法無我智則了知自相與共相都是虛妄分別的種種境相顯現，如夢如幻，全無永恆不變的自性，捨離自相、共相，超越一切分別執取，照見一切法空。菩薩透過法無我智，了知無相的境界，進入十地的修證。

法無我智是區分二乘境地與菩薩境地的重要標準，〈集一切法品〉透過四階禪法來解明此點。四種禪包括：愚夫所行禪、觀察義禪、攀緣真如禪，及諸如來禪。愚夫所行禪是聲聞與緣覺的禪定境界，他們雖了知人無我，仍有自相與共相的執取，見到自身不過是一副相連的骨架，是無常的、苦的、不淨的，對這樣的觀察堅著不捨，一層一層地進入更深禪定，直到無想定。

觀察義禪已是菩薩所修的禪觀，在了知人無我後，進一步超越自相與共相，也遠離外道的自作（從自而生）、他作（從他而生）、共作（從自他共生）等觀念，能隨順觀察法無我及菩薩諸地的智慧境界。接下來，攀緣真如禪了知二種無我的區分仍是虛妄概念，安住於真如，不再生起妄想分別。這是在通達人我空及法我空之後，也不執取二種空的概念相。

最高的諸如來禪，經中解釋說：「謂入佛地，住自證聖智三種樂，為諸眾生作不思議事，是名諸如來禪。」這是佛地的禪定境界。關於引文提及的三種樂，《大般涅槃經》卷二十五說：「實相之體有三種樂：一者、受樂；二、寂滅樂；三、覺知樂。」寶臣《注大乘入楞伽經》卷四說：「三種樂者：禪定樂、菩提樂、涅槃樂。」覺知樂即菩提樂，寂滅樂即涅槃樂，受樂在《達摩多羅禪經》卷二名為「禪定正受樂」，即禪定樂。如來禪定可不離禪定而遍行利益眾生的事業。

〈變化品〉論及佛陀與二乘的差別，也關涉到法無我：「佛與二乘無差別者，據斷惑障，解脫一味，非謂智障。智障要見法無我性，乃清淨故。煩惱障者，見人無我，意識捨離，是時初斷藏識習，滅法障解脫方得永淨。」惑障（即煩惱障）障涅槃、障解脫；智障（即所知障）障菩提、障成佛。佛教行者能見人無我，即能斷煩惱障，佛陀與二乘的差別不在這個層次上；必須照見法無我方能斷除所知障，徹底滅除阿賴耶識的習氣種子，這是諸佛不共二乘的智慧境地。

菩薩慈悲，禁斷肉食

佛陀開許聲聞弟子食用三種淨肉，即：眼不見殺、耳不聞殺，及不疑為我而殺。這是為托缽乞食的權宜施設，一方面不煩擾供養飲食的施主們；另一方面則因乞食的比丘們無法決定食物，非貪圖美味而食肉。到了《楞伽經》盛行的時代，大乘佛法強調絕對的慈悲與護生，僧團對食物的取得較具自主性，有條件提倡全面禁斷肉食。

此經〈斷食肉品〉就四點理由說明修行者不應食肉：菩薩行的慈悲精神、眾生無始以來互為親眷、肉食為諸仙聖人所棄、食肉易招世人譏謗。禁斷肉食根植於大乘慈悲精神，雖然佛陀聽許食用三淨肉，可能沒有真正的三淨肉，經中說：「世無有肉非是自殺，亦非他殺、心不疑殺而可食者。」甚至將食肉視為與殺生同罪：「凡殺生者，多為人食；人若不食，亦無殺事，是故食肉與殺同罪。」因自己想要吃肉，就會造成眾生被殺，形同使人殺生。菩薩慈悲精神不忍任何有情的生命遭致剝奪：「菩薩摩訶薩觀諸眾生同於己身，念肉皆從有命中來，云何而食？」完全禁斷肉食可說是菩薩思想的自然發展。

其次，虎毒尚不食子，眾生怎麼忍心吃食自己親眷的血肉？佛教信受輪迴轉世，自無始以來，與我們有過親眷之緣的眾生難以盡數，很多正在畜生道受苦。經中說：「一切眾生從無始來，在生死中輪迴不息，靡不曾作父母、兄弟、男女、眷屬，乃至朋友、親愛、侍使，易生而受鳥獸等身，云何於中取之而食？」甚至說到羅剎聽聞這番話語，還會斷除肉食，何況是喜好修學佛法之人！

一切肉類都是精血汙穢所成，是「眾仙所棄，群聖不食」的，怎麼清淨的修行人會想吃肉？食肉的壞處如下：「眾生見之，悉皆驚怖」；「身體臭穢，惡名流布，賢聖善人不用親狎（不與他親近）」；「諸天遠離，口氣常臭；睡夢不安，覺已憂悚；夜叉、惡鬼奪其精氣，心多驚怖；食不知足，增長疾病；易生瘡癬，恆被諸蟲之所啖食；不能於食深生厭離」。食肉會障礙修行功德：「諸善男女塚間、樹下、阿蘭若處寂靜修行，或住慈心，或持咒術，或求解脫，或趣大乘，以食肉故，一切障礙，不得成就。」食肉之所以障礙修行，可能原因是心存貪欲、缺乏慈憫、性情躁動不安等。

最後一點，是修行者食肉會讓世人生起對佛教的譏評。經中指出外道執取有無、斷常的見解，無法了知真理，尚有遮禁肉食的，強調慈悲的佛教怎能允許佛弟子食肉？經中又說：「若我弟子食噉於肉，令諸世人悉懷譏謗而作是言：『云何沙門修淨行人棄捨天仙所食之味，猶如惡獸食肉滿腹，遊行世間，令諸眾生悉懷驚怖，壞清淨行，失沙門道？是故，當知佛法之中無調伏行。』菩薩慈愍，為護眾生不令生於如是之心，不應食肉。」佛弟子食肉易遭世人批評為欠缺慈悲心、食臭穢食，妨礙佛教弘傳及有礙煩惱調伏。

《楞伽經》融合如來藏思想與唯識學教理，對於聽聞、思惟所得的真理領悟，必須配合禪定修習進行觀照，一層一層地剝除概念執取，淨化虛妄分別習氣，最後達於佛地的「諸如來禪」，是定慧合一的體悟境地。雖是漸修的次第，卻是定慧雙修，滅除一切惑障與智障，開顯清淨的如來藏真理世界。中國北宗禪早期依《楞伽經》修習禪法，透過對此經教理與禪法的詳密考察，有助對北宗禪法獲得較全面的認識，避免因了解不足而貶抑了北宗禪師的修證成就。

空與不空的如來藏智

——《勝鬘經》導讀

《勝鬘師子吼一乘大方便方廣經》，簡稱《勝鬘經》，屬於如來藏系的經典。此經有三種漢譯本，兩存一佚：㈠北涼曇無讖所譯《勝鬘經》，亦名《勝鬘師子吼大乘大方便經》，此本已佚。㈡劉宋求那跋陀羅所譯《勝鬘獅子吼一乘大方便方廣經》。㈢唐代菩提流志漢譯，收於《大寶積經》第四十八會的《勝鬘夫人會》。本文導讀依據求那跋陀羅譯本，收於《大正藏》第十二冊。

這部經典在南北朝、隋唐時期甚受歡迎，講說與作疏者多。隋代嘉祥吉藏與淨影慧遠及唐代慈恩窺基都為此經撰寫註疏。相傳聖德太子在七世紀佛教初傳日本時期，撰述《勝鬘經》、《維摩詰經》、《法華經》的「三經義疏」，《勝鬘經義疏》為最早完成者。此經的主要內容，首先，講授菩薩廣大行願的十大受（戒）、三大願、攝正法行。其次，解說如來的究竟果德，包含一乘（大乘）道果的如來涅槃功德、如來聖諦智慧（空與不空二種如來藏智），及一乘道因的如來藏作為趣入大乘的因依。此經以如來藏思想為中心，涵蓋大乘教理深觀與菩薩廣行。

菩薩誓願，攝正法行

《勝鬘經》的說法因緣，是波斯匿王與其夫人末利信受佛法不久，想到遠嫁他國的女兒勝鬘聰慧利根，如能見佛的話，必會快速領悟法義。他們希望啟發女兒的菩提心，於是派人送信到阿踰闍國宮中，略讚如來的無量功德。勝鬘夫人讀信後，發起想要見佛的至誠願心，感得佛陀在空中顯現圓滿色身，普放光明。勝鬘及其隨從頂禮佛陀，以清淨心歌讚如來真實功德，祈願今生與來世恆常獲得佛陀攝受。佛陀為勝鬘授記成佛，她從佛陀那裡接受「十大受」及發起「三大願」，並在佛力加持之下，解說「攝受正法」的廣大意義。

「十大受」為菩薩戒行，同時具有菩提誓願的意涵。在〈十受章〉，勝鬘誓願從現今直到證得菩提之間：㈠於所受戒律不起違犯心。㈡於一切尊長不起慢心。㈢於一切眾生不起瞋恚心。㈣於他人的色身與財物不起嫉妒心。㈤於自身內外所有不起慳吝心。㈥不為自己蓄積財物，凡是所得的財物都是為了教化貧苦眾生。㈦不為自己的利益而修行四攝法，而是為了一切眾生，以不愛染心、無厭足心、無罣礙心來攝受眾生。㈧若見到有人受孤獨、牢獄、疾病等種種厄難所苦，終不片刻捨棄，必定使他們獲得利益與安樂，脫離眾苦。㈨若見到有人補捉和豢養眾生及各種違戒行為，終不捨棄他們，自己修行得力之時，在各處看到這些有情，應當折伏者即加以折伏，應當攝受者即加以攝受。因為透過折伏與攝受，能使正法久住，隨轉如來所轉的法輪。㈩攝受（受持）正法，終究不會忘失。因為忘失正法，就是忘失大乘；忘失大乘，就是忘失波羅蜜；忘失波羅蜜，即是捨棄大乘。若菩薩不能確立於大乘，則無法堅定於攝受正法，隨從自己的欲念，永無能力超越凡夫狀態。

這十項菩薩戒行使修持者獲得攝受正法的無量利益。如果善根微少，可能生起疑惑，認為這十大受難以受持，會在極長久的時間無法獲得利益。在接下來的〈三願章〉，勝鬘又在佛陀面前發起三個大願：㈠憑藉這種善根，於生生世世都得到正法智慧。(二)得到正法智慧以後，以無疲厭心為有情演說。(三)對於攝受正法，捨棄身體、生命、財產來守護正法。佛陀肯定勝鬘所發的三大誓願，說明這些大願真實廣大，如恆河沙數量的菩薩誓願全部含攝於這三個宏大誓願。

其後，〈攝受章〉講述勝鬘請求佛陀以威神力加持，使她擁有辯才以演說真實大願的深廣涵義。她說：「菩薩所有恆沙諸願，一切皆入一大願中，所謂攝受正法。攝受正法真為大願。」所有的菩薩誓願可收攝於「攝受正法」這項大願之中。攝受正法的廣大意義是無量，含容八萬四千法門的一切佛法。勝鬘舉出劫初大雲降雨降寶、劫初大水生出世界、大地荷負四種重任、大地蘊藏四種寶藏等四個譬喻，解說攝受正法帶來無量福報與善根；攝受正法是生出大乘、一切菩薩神通力與種種法門、一切世間與出世間安樂的無量胎藏；攝受正法荷負教授人天善法、聲聞乘、緣覺乘、大乘的四種重任；及攝受正法使聞法有情獲取人天善法、聲聞法、緣覺法、大乘法四種大寶藏。攝受正法說到極致即是正法本身，就是六波羅蜜。發願攝受正法，必能修學六波羅蜜，體得大乘正法。

攝受正法者能放捨身體，等於在生死輪轉終末，遠離老、病、死，獲得不壞常住、沒有變易、具足不可思議功德的如來法身；能放捨生命，等於在生死輪轉終末，畢竟遠離死亡，獲得無邊常住、不可思議的善法功德，成就一切甚深佛法；能放捨財富，等於在生死輪轉終末，獲得超越一切有情的無盡圓足、究竟常住、不可思議功德，受到一切有情的恭敬供養。這是從因說果，攝受正法者必會完成一切佛法修學，體得「實相三寶」，亦即從諸法實相視域所觀照的佛、法、僧三寶。

三乘方便，一乘究竟

《勝鬘經》所說攝受正法的正法指的是大乘（摩訶衍）佛法，攝受大乘正法是遠遠勝過二乘善根的。二乘法同為佛陀所說，既然如此，大乘與二乘的關係為何？大乘生出聲聞乘、緣覺乘及世間、出世間一切善法；聲聞乘、緣覺乘及世間、出世間一切善法依於大乘而得以成長。修學大乘佛法可涵蓋人天、二乘等一切善法功德。此經凸顯大乘，並未輕看或排除二乘與人天乘，而在彰顯大乘佛法修學當中含容了各乘善法功德。再者，意在引導各乘行者會入大乘，點出各乘並非圓滿，大乘始為圓滿，應當尋求大乘佛法的修行理想。

〈一乘章〉舉出「六處」（六個主題）來說明大乘在整體佛法的中心意義。這六處分為三對：正法住、正法滅；波羅提木叉、毘尼；出家、受具足（戒）。大乘住世即是正法住世；大乘滅盡即是正法滅盡。波羅提木叉與毘尼都是戒律的名稱，主張毘尼即是大乘戒律，因為是為了佛果而出家與受具足戒，所以大乘戒律是毘尼、出家與受具足戒。阿羅漢並無另外的出家與受具足戒，因為阿羅漢是為了佛果而出家與受具足戒。在佛教傳統中，大乘教團並無自己的出家戒律，必須到部派教團依聲聞戒律而出家受戒。《勝鬘經》強調聲聞戒學亦從大乘所流出，一切戒律都是大乘律，必須了知為了成佛而受具足戒的真實意趣。

為了引導二乘行者迴向大乘，《勝鬘經》指出阿羅漢都皈依如來，及較量阿羅漢與如來的修證境地差別，顯示如來功德方為究竟圓滿。首先，說明阿羅漢對於無常諸行仍存恐懼之想，未達究竟安樂。阿羅漢因有恐懼而皈依如來。其次，由於阿羅漢與辟支佛仍存有恐懼，還有殘餘的出生法未斷盡，會再出生；還有殘餘的梵行未成就，而不純淨；事業未究竟成辦，還應修行；尚有應斷除的惑障，還應斷除。

因此，阿羅漢與辟支佛離究竟涅槃尚遠。這當然是依如來圓滿境地來顯示二乘體證的未達究竟，佛陀會說二乘證得涅槃是出於方便教導，非了義教說。

聲聞經典說阿羅漢已不再出生，此經何以說阿羅漢未盡斷生死？因為大乘佛法區分二種生死：分段生死、不思議變易生死。分段生死屬於三界內有相續生死流轉的有情；變易生死為三界外的生死，非凡夫、二乘行者所能思議，屬於阿羅漢、辟支佛與大力菩薩（得無生法忍超越三界的菩薩）的意生身（由意念所化生的身體）。分段生死是在三界內由業力所牽引的一期一期生死；是以煩惱為緣，以有漏業為因，而招感三界生死存在。變易生死是剎那變易的微細生滅相續，是以無明住地（根源性的無明）為緣，無漏業為因，而現起的意生身。從分段生死的層次來看，阿羅漢確實可說生死已盡；至於說阿羅漢生死未盡，修行未究竟完成，是就變易生死的層次而言。唯有如來徹底斷除二種生死。

《勝鬘經》將一切煩惱分成「五住煩惱」：㈠見一處住地，三界的所有錯誤知見，為見道所斷煩惱（見惑）。㈡欲愛住地，欲界層次的修道所斷煩惱（修惑、思惑）。㈢色愛住地，色界層次的修道所斷煩惱。㈣有愛住地，無色界層次的修道所斷煩惱。㈤無明住地，為一切煩惱所依的根本無明，是變易生死的根源。無明住地的力量最大，阿羅漢、辟支佛的智慧可斷盡四住地，而無法斷除無明住地，這是他們依然有變易生死的原因。無明住地別異於其他四住地，為四住地的所依，唯有如來的菩提智慧能徹底斷除。二乘的涅槃境地只斷除四住煩惱，超越三界分段生死；如來更斷盡無明住地，超越變易生死，體證究竟涅槃。

雖有三乘的方便分化，最後殊途同歸，全部趣入一乘，也就是大乘、佛乘、第一義乘。〈一乘章〉說明：「聲聞、緣覺乘皆入大乘，大乘者即是佛乘，是故三乘即是一乘。得一乘者得阿耨多羅三藐三菩提；阿耨多羅三藐三菩提者即是涅槃界；涅槃界者即是如來法身；得究竟法身者則究竟一乘。無異如來、無異法身，如來即法身。得究竟法身者則究竟一乘，究竟者即是無邊不斷。」二乘可含攝於大乘之中，終究只有一乘，也就是大乘。在一乘的究竟體悟當中，無上菩提即是涅槃界，即是如來法身，如來即是法身，是無邊際的、不斷絕的。

生死涅槃，依如來藏

《勝鬘經》的思想特色，無疑是如來藏教理。〈如來藏章〉講述大乘「聖諦」的意義甚深，微細難知，所明諦理即是如來藏真理：「如來藏者，是如來境界，非一切聲聞、緣覺所知。如來藏處，說聖諦義。」如來藏的意義甚深，大乘聖諦也因此甚深，唯有佛陀這樣的大智者能完全了知，一切世間有情所無法信解。若非佛陀以其自覺聖智照見如來藏，透過世間語言表達出來，其他有情無由知曉如來藏的真理世界，得不到這種真理奧義的指引。

〈法身章〉提及法身或如來藏的在纏與出纏二種意義：「若於無量煩惱藏所纏如來藏不疑惑者，於出無量煩惱藏法身亦無疑惑。」眾生身中本具清淨如來法身，攝持佛果一切功德，無始點、無造作、無生起、無滅盡、離滅盡、常住不動，而受到無量煩惱所纏覆，這種在纏狀態稱為「如來藏」，具有生出如來的潛在力能。當般若波羅蜜修學完成，自然遠離一切煩惱，成就超過恆河沙數的不可析分、不可思議佛陀功德，清淨本性朗現出來，這種出纏狀態稱為「法身」。達到「苦滅」，也就是煩惱滅，此經取徑「無作四諦」的真理修行，不將苦或煩惱視為對象來消滅，而是開發智慧以觀照如如真理，契悟自性清淨的法身或如來藏，煩惱自消。

〈空義隱覆真實章〉解明如來藏有空與不空二義：「如來藏智是如來空智。……有二種如來藏空智。世尊！空如來藏，若離、若脫、若異一切煩惱藏。世尊！不空如來藏，過於恆沙不離、不脫、不異不思議佛法。」如來藏智與般若智慧是不二的，觀照無住空性境界，不與煩惱染汙相應；此外，具足一切不思議佛法的智慧德用，非空寂無作用。聖嚴法師在《天台心鑰——教觀綱宗貫註》解釋說：「《勝鬘經》所說的如來藏，有兩類不同性質的功能：空與不空，是跟理體及功德有關，如來藏的體性是空，如來藏的功德不空；空是空諸煩惱，不空是過於恆河沙數的不思議佛法。又說生死及法身，即依如來藏、即是如來藏，自性清淨而被生死所依；在纏如來藏即為生死所依，出纏如來藏即是體性功德。」（頁二六九）從空與不空兩面來理解如來藏，意義殊勝，不將如來藏視為離開空性的實有見，亦不落入否定其不可思議功德的虛無見，通過雙照空有的中道實相來觀照其深義。

〈自性清淨章〉說明如來藏是有情生死與成佛的依據。首先，如來藏是生死所依：「生死者依如來藏。……生死者，此二法是如來藏。世間言說故有死有生。死者謂根壞，生者新諸根起。非如來藏有生有死，如來藏者離有為相，如來藏常住不變。是故，如來藏是依、是持、是建立。」什麼是生死？「受根」意為攝取外境的六根，代指有情的身心個體。依據世俗諦，六根壞滅時，為死亡；新的六根生起，為出生。這種生死流轉現象以如來藏為所依，生死雜染不離它，依附於它。並不是說如來藏有生有死，如來藏常住不變，遠離有為生滅相，以如此的如來藏作為有情的依止、支持、基礎。生死虛妄法相即於如來藏的真理體性，才有一個比較穩固的依據。有為法自身生滅無常，無法作為其他有為法的最終依止。如果只以空性為所依，也很難合理解釋如來圓滿具足的一切功德，以及煩惱有情何以能發起追求覺悟的修行動機。

生死流轉依於如來藏，清淨功德也依於如來藏，如來藏同時作為生死依與涅槃依。〈自性清淨章〉說：「若無如來藏者，不得厭苦樂求涅槃。何以故？於此六識及心法智，此七法剎那不住，不種眾苦，不得厭苦、樂求涅槃。世尊！如來藏者，無前際，不起不滅法，種諸苦，得厭苦、樂求涅槃。」六識及它們的相應心所是剎那生滅的，暫起即滅，無法作為於生死中種下諸苦及厭離眾苦、欣求涅槃的依止處。需有無始無終、不生不滅、常住清淨的如來藏，以作為種生死苦及樂求覺悟的根本依據。

如來藏教理至極深妙，是不可思議的如來智慧境界。〈自性清淨章〉說：「如來藏者，是法界藏、法身藏、出世間上上藏、自性清淨藏。此性清淨如來藏而客塵煩惱、上煩惱（隨煩惱）所染，不思議如來境界。」又說：「自性清淨心而有染汙，難可了知。有二法難可了知，謂自性清淨心難可了知；彼心為煩惱所染亦難了知。」如來藏即法界藏、法身藏，是佛陀圓滿智慧所知見的最高真理境界，其自性清淨心本身即是甚深難知。第二種難知境界是清淨如來藏受煩惱與隨煩惱所覆蔽而有染汙，雖隨緣受染而自性清淨不變，此事亦不可思議。大乘行者可透過熟習此經，獲得信解，由聞、思、修建立入大乘道因。

《勝鬘經》的整體結構，首先，受學菩薩戒行，以調伏自心，修行善法。其次，發起大願，攝受正法，自覺覺他。第三，修學大乘的甚深真理教法，也就是如來藏法義，作為趣向如來菩提涅槃境地的大乘（一乘、佛乘）道因。此經對如來藏思想的詮說有其精彩處，如來藏為如來聖智所見境界，不生不滅、常住不變、自性清淨，同時作為生死依與涅槃依；在纏時稱為如來藏，出纏時即為法身；如來藏智具有空與不空二義，依空如來藏遠離煩惱妄染，依不空如來藏照見本具無量不可思議佛法功德。

圓滿覺性的禪觀法門

——《圓覺經》導讀

《大方廣圓覺修多羅了義經》，簡稱《圓覺經》，收於《大正藏》第十七冊。唐代智昇所撰《續古今譯經圖紀》卷一記載：「沙門佛陀多羅，唐云覺救，北印度罽賓人也。於東都白馬寺譯《大方廣圓覺修多羅了義經》（一卷）。此經近出，不委何年？且弘道為懷，務甄詐妄，但真詮不謬，豈假具知年月耶？」將譯者歸於佛陀多羅，但不知翻譯的具體年代。又說弘揚佛典須甄別真偽，但判斷標準非為是否知悉譯經時間，應依據所詮說的教理。唐代宗密於《圓覺經大疏》卷一引述「北都藏海寺道詮法師《疏》」，說佛陀多羅在長壽二年（六九三）攜帶此經梵本來到洛陽，於白馬寺翻譯；參與譯經的大德於「別錄」有所記載。宗密指出不知這種說法依據什麼文獻，但道詮學廣道高，不致輕率虛言，實際情形尚待考證。

《圓覺經》相傳漢譯於武周時代，但其譯經資訊在唐代即已不明，受到某些質疑。無論如何，這部經典對中國佛教思想的影響是無庸置疑的。具有禪宗與華嚴宗傳承的宗密特重此經，撰作《圓覺經大疏》及此疏《釋義鈔》。此經在唐、宋以來頗受禪宗、華嚴宗、天台宗諸宗學人推崇，對禪門影響尤大。關於此經要義，聖嚴法師於《完全證悟——聖嚴法師說《圓覺經》生活觀》說明：「在整部《圓覺經》中，常提到修行人依此經修行所能證得的圓滿覺悟（圓覺）：在第一章裡，佛陀提到圓覺能產生清淨真如、菩提、涅槃和波羅密多，同時亦提到一切佛皆因修學圓覺法門而成佛；在第七、八章裡，佛陀講了三個修行法：奢摩他、三摩鉢提和禪那，禪宗行者通常把這三個方法當成是漸修的法門，但是在《圓覺經》的範疇內，它們是頓悟法門。」（頁八）點出此經的「圓覺」主旨與「頓悟」性格。

本自圓覺，眾生不覺

《圓覺經》由文殊師利、普賢、普眼、金剛藏、彌勒、清淨慧、威德自在、辯音、淨諸業障、普覺、圓覺、賢善首等十二位大菩薩向釋迦牟尼佛請法，而帶出精深圓妙的如來藏教理，及契悟圓滿覺性的修學法門。首先，文殊菩薩請問「如來本起清淨因地法行」，也就是佛陀過去於菩薩因地所修行的清淨智慧法門，以使聞法菩薩們能於「大乘中發清淨心」，不落入邪見，遠離各種生死問題，趣向無上圓滿的佛菩提。

佛陀於是教授名為「圓覺」的陀羅尼法門，由此流出一切清淨真如、菩提涅槃及波羅蜜，強調一切如來過去於菩薩因地，都依憑「圓照清淨覺相」，徹底淨治無明，才成就佛果菩提。如來在因地隨順清淨覺性，了悟如來藏如虛空性，常住不動，無起無滅，無知無見，如法界性究竟遍滿十方。眾生卻自無始以來生起種種顛倒，妄執四大、六塵，遮蔽清淨覺性，不知身心與世界本空如幻，枉自輪轉生死，這是無明的意義。

接著，普賢菩薩向世尊請問：如果有情能知曉一切如幻，身心也如幻，如何以幻回過來修行於幻？既然一切都是幻化，全為寂滅，就沒有了心，那麼，是誰在從事修行？如果一切眾生原本不修行，常處於生死幻化之中，從來不了知如幻境界，如何使妄想心達於解脫？希望如來為末世一切眾生解說透過何種方便漸次修習，得以永離一切幻事。

世尊回覆說：「一切眾生種種幻化，皆生如來圓覺妙心。猶如空花從空而有，幻花雖滅，空性不壞。眾生幻心還依幻滅，諸幻盡滅，覺心不動。依幻說覺，亦名為幻；若說有覺，猶未離幻。說無覺者，亦復如是。是故，幻滅名為不動。」有情的幻化性生命存在，源自同於如來的圓覺妙心，也就是真心實相。了知一切如幻，不執著幻象，幻心不起，諸幻盡滅，照見覺心不動，也不住著覺悟與無覺。這就是「菩薩如幻三昧」的漸次修學法門。

又如世尊向清淨慧菩薩開示「法王圓滿覺性」的境界如下：「圓覺自性，非性性有，循諸性起，無取無證，於實相中實無菩薩及諸眾生。何以故？菩薩、眾生皆是幻化，幻化滅故，無取證者。譬如眼根不自見眼，性自平等。無平等者，眾生迷倒，未能除滅一切幻化，於滅未滅，妄功用中便顯差別。若得如來寂滅隨順，實無寂滅及寂滅者。」圓覺自性本無種種性質，清淨平等，而能隨順因緣以成就森羅萬象的多種多樣差別性質，現象事物緣起緣滅，猶如幻化一般。一切現象事物性自平等，眾生因無明顛倒而執取如幻的差別萬象；如來體得心性寂滅，隨順清淨圓覺自性，無取無證，照見實無所證的寂滅之法及能證的寂滅之人。

此外，世尊開示普眼菩薩說：圓妙覺性遍滿一切諸法，本自清淨，平等不動；當知一一諸法同樣遍滿法界，本自清淨，平等不動。如此修習清淨覺心而得成就，即了知實際上無修亦無成就，圓滿覺性普照一切，寂滅不二，無量無數恆河沙諸佛世界猶如空中所現之花，起起滅滅，而不相即、不相離，無束縛、無解脫；始知一切眾生本來成佛，生死與涅槃猶如昨日夢境。應當了知生死與涅槃不生不滅，無來無去；於真實體悟中畢竟沒有能證者與所證法，一切法性平等不壞。

修習《圓覺經》的如來智慧境界，首先應探求「圓滿覺性」的如實涵義，理解、思惟與參究，通達深妙教理，作為佛法修證的真理指引。由此圓覺自性的了知，亦能照顯眾生的無明妄見所在，假借幻化身心從事如幻修行，消除執著四大、六塵的妄心遮蔽，使清淨平等的圓覺自性朗現出來。此經所顯示的智慧修證程序，類同於《金剛經》所說的「應無所住而生其心」。

理事二障，障盡智圓

眾生無知於佛法最高真理，由愚癡衍生貪愛，成為生死輪迴的根本。有情進入菩提覺證的障礙，可分為事障（煩惱障）與理障（所知障），依二種障礙的遮蔽程度及能否徹底斷除，而有五類種姓（菩薩種姓、緣覺種姓、聲聞種姓、不定種姓、無種姓）的根性淺深差別。如此的教說通於唯識學義理，對於從生死流轉狀態直到體得圓滿覺性的修行過程，給出相對系統性的法義詮說。

彌勒菩薩對於永久斷捨輪迴、清淨智慧眼目、圓悟如來無上知見，提出一系列修行上問題：如果菩薩們及末世眾生想要趣入如來大寂滅海，應當如何斷除輪迴根本？在輪迴中修行的有情分為幾類種姓？修行佛菩提存在幾等差別？菩薩迴入煩惱世間，應當施設幾種教化方便以廣度眾生？這是彌勒菩薩為菩薩大眾及末世眾生所提出的大哉問。

佛陀對這些提問給出詳實回應：首先，論述生死流轉的問題所在，一切眾生從無始以來，因種種貪愛而有輪迴；貪愛為輪迴的根本。欲求由貪愛衍生，生命因欲求而有；如此欲求又成生命的根本。由於對欲求對象產生違逆或順合之心，當所觸境界違背貪愛心理時，會引生厭惡嫉妒，造作種種業行，因此再生於地獄、餓鬼。了知欲求應予以厭棄，捨離惡法，好樂善法，則可轉生於天道和人道。另外，了知種種貪愛應予厭棄，捨棄貪愛而好樂施捨，而仍滋養貪愛的根本，現起有為的增上善果，如此還在輪迴範圍，並不成就聖道。與聖道相應的布施，須以不住著於諸法之心來實踐。眾生想要脫離生死輪迴，應先斷除貪愛與渴望。

大菩薩迴入生死世間的情形非如煩惱眾生受業力所牽引，他們依神通變化示現於世間，非以貪愛為根本，只是出於慈悲欲使有情捨棄貪愛，所以權現貪欲而進入生死世界。如果末世一切眾生能捨離種種貪欲，及去除憎惡與喜愛，朝向永久斷除輪迴，精進追求如來的圓覺境界，便會於清淨心得到開悟。

其次，解說事障與理障的意義，及其滅除方法。一切眾生由過去的貪欲，助長無明，顯現五類種姓的差別，依據兩種障礙的程度而現出深淺。二障為何？其一是理障，障礙正確的菩提知見；第二是事障，使生死相續不絕。五類種姓為何？如果這兩種障礙未能斷盡，即無法成佛。若是眾生永久捨離貪欲，先斷除事障，未斷除理障，只能悟入聲聞、緣覺，未能安住於菩薩境界。如果末世一切眾生想航行於如來大圓覺海，應先發願精勤斷除二障；二障已能制伏，即能悟入菩薩境界；若是事、理二障已經淨除，即證入如來微妙圓覺，圓滿大菩提與大涅槃。

追求體證圓覺的有情遇見大善知識，遵循其過去因地所修法門，那時在修習上可分為頓教的菩薩種姓，及漸教的二乘種姓。頓教意指直接進入大乘佛法，不經由二乘方便教法；漸教是先修學二乘教法，再轉入菩薩道。若是值遇如來無上菩提的正確修行道路，不論根機大小，都會成就佛果，這是指不定種姓。如果眾生雖尋求善知識，卻遇到邪見者，無法獲得正確覺悟，成為外道種姓，也就是無種姓（一闡提）；這屬於邪師的罪咎，非眾生的過錯。玄奘所傳的唯識學說將無種姓、聲聞定姓、獨覺定姓視為不可轉變，已完全無法成就佛菩提；《圓覺經》主張一切眾生成佛，二乘種姓屬於漸教，終會成佛；即便是無種姓者，也是為邪師所誤，並非永久固定。

佛陀對彌勒菩薩的開示，最後以菩薩的發大誓願、廣修眾行、斷盡二障作結：

「菩薩唯以大悲方便入諸世間開發未悟，乃至示現種種形相、逆順境界，與其同事，化令成佛，皆依無始清淨願力。若諸末世一切眾生於大圓覺起增上心，當發菩薩清淨大願，應作是言：『願我今者住佛圓覺，求善知識，莫值外道及與二乘。』依願修行，漸斷諸障，障盡願滿，便登解脫清淨法殿，證大圓覺妙莊嚴域。」《圓覺經》鼓勵一切修行者發起菩提宏願，修行菩薩道以淨治理、事二障，圓滿成就圓覺的菩提境地。

靜心禪觀，悟入圓覺

在《圓覺經》中，佛陀回應威德自在菩薩所問菩薩修行的「一切方便漸次」，而開示奢摩他、三摩鉢提、禪那三種禪觀方便法門。又在回覆辯音菩薩所問「一切菩薩於圓覺門有幾修習」中，以奢摩他、三摩鉢提、禪那三種法門為本，進行排列組合，教導二十五種清淨定輪。

世尊先向威德自在菩薩總括說明無上妙覺普遍於十方，生出如來，與一切諸法同體平等，對於一切智慧修行而言是無二的，而其修習方便數目無量，都歸向清淨圓覺，依其性質差別可分為三種。三種禪觀行法都是修習無上妙覺的方便法門，須先如實了知圓覺真理，而後憑藉禪觀達到真實體悟。

首先，講說「奢摩他」的禪觀方便行法：如果菩薩們領悟清淨圓覺，以清淨圓覺之心，修習靜心；由澄淨一切心念，覺知心識的紛繁擾動，寂靜的智慧生起，身心客塵自此滅除，便能在內心發起寂靜輕安；由於寂靜，十方世界一切如來心在其中顯現，如同鏡中的影像。

接著，解明「三摩鉢提」的禪觀方便行法：如果菩薩們領悟清淨圓覺，以清淨圓覺之心，覺知心性與六根、六塵皆由因緣幻化而生起，即發起幻化修行以去除幻化，以神通變現幻化而開示幻化眾生；由於發起幻化修行，便能在內心生發大悲輕安，一切菩薩從這裡發起修行，漸次提升。那個觀察幻化的心性並非同於幻化的對境，而兩者同樣是幻化，幻相永久捨離。這些菩薩所圓成的妙行，如同土地上長出芽苗。

再來，解說「禪那」的禪觀方便行法：如果菩薩們領悟清淨圓覺，以清淨圓覺之心，不執取幻化與清淨之相，了知身心都是障礙；無知無見的靈明覺性不依止各種障礙，永久超越障礙與無礙的境界，受用世界與身心，顯現幻化相於塵俗界域。如同樂器中洪亮聲音向外發出；煩惱與涅槃不成阻礙，便能在內心中發起寂滅輕安，微妙覺悟隨順寂滅境界，沒有我相、人相與身心相，眾生相、壽者都是虛妄想像。

另外，世尊回覆辯音菩薩的提問，首先說明如果菩薩們只攝集極靜的定心，由於靜定力量而完全斷除煩惱，不起於座位便進入涅槃，這是單修奢摩他。第二，如果菩薩們只觀察諸法如幻，憑藉佛力而變化出世界種種作用，完備地修行菩薩清淨妙行，於陀羅尼不失寂靜定心與靜定智慧，這些菩薩單修三摩鉢提。第三，如果菩薩們只滅除一切幻化，不攝取功用只斷除煩惱，煩惱斷盡，便體得實相，這些菩薩單修禪那。其後，就是這三種定學淨觀的各種組合方式，加上前述三種單用修習，合計二十五種。

圓覺菩薩請法一章末尾的偈頌段落，解說為了覺證無上菩提而修習三種禪觀行法有其初始方便，即是懺悔法門：「圓覺汝當知：一切諸眾生，欲行無上道，先當結三期，懺悔無始業。經於三七日，然後正思惟，非彼所聞境，畢竟不可取。奢摩他至靜，三摩正憶持，禪那明數門，是名三淨觀。若能勤修習，是名佛出世。鈍根未成者，常當勤心懺，無始一切罪，諸障若銷滅，佛境便現前。」修習奢摩他、三摩鉢提、禪那三種淨觀未能得力，應當運用禮懺行法，設定一百二十日、百日、八十日三種不同期限，在佛前至誠禮拜，勤心懺悔業障，以期感得好的境界，身心輕安，順利推進禪觀深層體驗。

關於世尊與辯音菩薩問答這一章的禪法，聖嚴法師在《完全證悟——聖嚴法師說《圓覺經》生活觀》一書中並未提供解說，他認為要講解就必須嚴密地解釋這些禪修方法，而這樣的內容對一般大眾不太合適。如果在缺乏具足禪修經驗的老師指導之下，錯用方法會產生負面的效果。（頁九）據此，研讀《圓覺經》理解真理法義之後，禪修方面還須訪求真善知識的引導，期勉自己能做到定慧雙修。

開啟圓解以起修圓行

——《楞嚴經》導讀

《楞嚴經》，全名《大佛頂如來密因修證了義菩薩萬行首楞嚴經》，據《開元釋教錄》卷九記載：「沙門釋懷迪，循州人也。……因遊廣府遇一梵僧（未得其名）齎梵經一夾，請共譯之，勒成十卷，即《大佛頂萬行首楞嚴經》是也。迪筆受經旨，兼緝綴文理。其梵僧傳經事畢，莫知所之。有因南使流經至此。」又《續古今譯經圖紀》卷一記載：「沙門般剌蜜帝，唐云極量，中印度人也。懷道觀方，隨緣濟度。……展轉遊化，達我支那，乃於廣州制旨道場居止。……以神龍元年……遂於灌頂部中誦出一品，名《大佛頂如來密因修證了義諸菩薩萬行首楞嚴經》一部（十卷），烏萇國沙門彌迦釋迦譯語，菩薩戒弟子前正諫大夫同中書門下平章事清河房融筆受，循州羅浮山南樓寺沙門懷迪證譯。……其僧傳經事畢，汎舶西歸。有因南使流通於此。」大抵可知此經是武則天離世、唐中宗復位的神龍元年（七〇五），在廣州制旨寺（今光孝寺）由印僧般剌蜜帝主譯。

前述兩本佛經目錄同為唐代智昇所撰，對《楞嚴經》的傳譯情形記述不一，譯經的「梵僧」或「般剌蜜帝」之後便不知去向或乘船西歸，使此經蒙上一層神祕色彩。近代以來，佛教學者曾就此經真偽展開激烈辯論。本文無意捲入這項論爭，值得關注者是此經在中國佛教史上的深遠影響，極受禪家與講家所推崇，收入藏經的註疏即有五十餘種。梁朝寶唱等所編《經律異相》卷六提及如來涅槃後，佛法將滅盡時，《首楞嚴經》與《般舟三昧經》會先行滅去。所言的《首楞嚴經》雖非指本經，後人援用此說來提升《楞嚴經》的地位。

本文以介紹《楞嚴經》義理為主，經本收於《大正藏》第十九冊。關於《楞嚴經》的教說梗概，明末蕅益智旭所撰《閱藏知津》卷十一說：「阿難示墮摩登伽難，佛放頂光說咒，敕文殊將咒往護，提獎來歸，啟請大法。佛為先開圓解，次示圓行，次明圓位；乃至精研七趣，詳辨陰魔。此宗教司南，性相總要，一代法門之精髓，成佛作祖之正印也。」揭示本經開示圓滿了義教說、展開圓滿修證道路，並對修持法門與禪修魔障多所指導。

七處徵心，除妄顯真

世人具有見、聞、覺、知等種種心識活動，背後是否有個「真心」在主宰其事？如果沒有，那麼，何以會有這種種認識作用？若主張有，會不會落入類似佛教所破斥的梵我思想？《楞嚴經》透過層層論辯回應這些問題。

當阿難遭受摩登伽女施用幻術攝到房間，戒體即將破毀之際，如來派遣文殊師利菩薩持神咒前往營救，將兩人帶回佛陀面前。阿難悔恨過去只重多聞，缺乏真修實證，以致抵擋不了邪術，希望如來為他開示圓滿修證的「最初方便」。

如來詢問阿難當初為何發心出家？阿難回覆是因見到如來莊嚴身相，生起喜愛之心。佛陀又問他憑藉什麼看到？又是誰在喜愛？阿難說：「如是愛樂，用我心、目。由目觀見如來勝相，心生愛樂。」用眼睛去看，用心去喜愛。然而，這個心並非「常住真心性淨明體」，而是虛妄分別識心。想要進行佛法實修，須先具備真實的理解，所以如來首先為他破除妄心，藉以揭顯妙明真心的意義。

如來問說這個能喜愛的心在哪裡？阿難先回答心在身內。然而，能知之心既在身內，對身內的心、肝、脾、胃等怎會不知不覺？阿難轉而回答在身外，所以只知身外事物。若心在身外，則身、心兩不相干，心所知者身不能覺知，身所覺知者心不能知，而實際上眼睛看見時心也在分別。阿難又回說潛伏在眼根內。這也不合理，因為如此便應先看到眼睛。阿難又答：「開眼見明，名為見外；閉眼見暗，名為見內。」這也存在問題，比如說閉眼見暗（身中腑臟），眼睛是向內看，則開眼見明時，應能看見一切在明處的事物，為何看不見自己的臉？阿難又說「思惟體實我心性」，思惟心體與外境相合之處，就是心的所在。既然說是心的「體性」，就不可與他物和合；再者，能在自身內外找到這個體性嗎？阿難又回答在眼、色中間。然而，中間只是相對於內、外而假立，非一定的處所；而且這樣會使能知之心與無知之物混雜在一起。阿難最後被逼著回答：「俱無所在，一切無著，名之為心。」這也不對。是否存在一個無著的真心？若說沒有，無著之心就像龜毛、兔角一樣不存在；如果說有，那怎麼會是「俱無所在」？

以上就是著名的「七處徵心」，顯示種種邏輯矛盾，破除分別識心的真實存在；妄心不實，尋覓此心了不可得，由此逼顯對真心的領會。阿難錯把臆想分別的識心當作真心，經文說：「阿難言：『如來現今徵心所在，而我以心推窮尋逐，即能推者，我將為心。』佛言：『咄！阿難，此非汝心。』」這種推尋思慮的心並非真心，而是「前塵虛妄相想」，阿難認賊作子，受妄想所惑亂而見不到真心。那麼，真心是什麼？如何知道吾人有真心？

《楞嚴經》具有唯心思想，常住真心不離一切，是一切萬物生起的依據，經中說：「諸法所生，唯心所現，一切因果，世界微塵，因心成體。」又說：「色身，外泊山河、虛空、大地，咸是妙明真心中物。」這個真心又有不與事物混雜的真實清淨面，在現象事物上找不到能普見萬法的真心：「（佛告阿難：）『汝可微細披剝萬象，析出精明淨妙見元，指陳示我，同彼諸物分明無惑。』阿難言：『我今於此重閣講堂，遠泊恆河，上觀日月，舉手所指，縱目所觀，指皆是物，無是見者。』」然而，又不能離物有見，如果林園、日月種種物象與見者無關，如何可被看見？所以說：「是萬象中，微細發明，無非見者。」真心是無為的、清淨的、遍在的，與萬象的關係是相即不離、非一非異：「當知如是精覺妙明，非因非緣，亦非自然非不自然，無非不非，無是非是，離一切相，即一切法。」世人可以見、聞、覺、知，這是依於妙明真心所現起的認識作用，只是與客塵煩惱共在時，真心即受到遮蔽與汙染；完全離開煩惱惑障，即能展現真心的清淨覺照。

如此的常住妙明真心唯有覺悟者能知能見，覺悟之心即是真心。真心本非凡夫境界，如來本於覺悟之心透過語言為世人慈悲開示，然而，一旦落入語言之中，煩惱眾生便用攀緣心來執取，就會「於中措心，以諸世間戲論名相，而得分別」。事實上，這個真心是與空性相應的無住體悟境界：「十方如來及大菩薩於其自住三摩地中，見與見緣，并所想相，如虛空華，本無所有。此見及緣元是菩提妙淨明體，云何於中有是非是？」見性及其所見對象（見緣），無非真空妙有。體達真心的聖者是了無所得的：「生滅、去來本如來藏常住妙明不動周圓妙真如性，性真常中，求於去來、迷悟、生死，了無所得。」說常住，說妙明，說周圓，說真如，是為了指示煩惱眾生；在真心的體悟當中全無這些戲論，連「真心」概念都成戲論，掃蕩一切妄想，始得契悟真心。

真心不變，隨緣現法

一切本來清淨，生死染汙從何而起？佛陀告訴阿難有兩種根本：「一者，無始生死根本，則汝今者與諸眾生用攀緣心為自性者。二者，無始菩提涅槃元清淨體，則汝今者識精元明能生諸緣，緣所遺者。」生死的根本是無明妄動，無始時即現起；而真心自無始以來即清淨不改。眾生卻認攀緣心為真性，遺失了清淨的菩提涅槃心體。然而，圓妙真如遍在於隨緣現起的一切染淨諸法，從未失落其清淨本性。

世間一切無非清淨真心的顯現，但眾生遺忘本具的真心覺性，只認迷亂的識心：「汝身汝心，皆是妙明真精妙心中所現物，云何汝等遺失本妙圓妙明心寶明妙性，認悟中迷？」經文接著談論世間色、心諸法的創生過程，及世人對虛妄識心的迷執：「晦昧為空，空晦暗中，結暗為色。色雜妄想，想相為身。聚緣內搖，趣外奔逸，昏擾擾相以為心性。一迷為心，決定惑為色身之內。」本為圓妙靈明的清淨真心，因無始無明妄動，形成渾沌晦暗的頑空，進而建立虛空，在虛空中將渾沌晦暗聚成物質要素（色），無明妄想再與物質要素結合，而有個體身心的現起，並將昏擾的心理狀態迷執為心性，認定心性局限在色身之內。這是真心的陷落。

在這整個世界與眾生的形成過程中，雖說森羅萬物是真心如來藏隨緣顯現，但真心不是主動去創生萬物，無明妄想才是根本驅力。對於這個創生過程，再對照偈頌來了解：「覺海性澄圓，圓澄覺元妙；元明照生所，所立照性亡。迷妄有虛空，依空立世界；想澄成國土，知覺乃眾生。」本覺心性原是圓滿澄澈，朗然常照，無能知與所知的分別。在真心明照中忽生無明妄想，生成所照對象，形成能所二分，覺照心性就隱蔽了。在無明驅動之下，有虛空現起，為世界萬有的存在空間。「想澄成國土」意謂無明妄想將渾沌晦暗凝結成物質國土，由此亦有色身要素；「知覺乃眾生」指靈知真心陷落於色身之中，衍成個別有情的知覺識心。

雜染世間無非真心如來藏的隨緣影現，如來藏仍不改其清淨本性，此為「隨緣不變」。清淨如來藏隨順無明妄想的驅力，作為萬法現起的所依，此為「不變隨緣」。這種圓妙了義的解說，是圓滿真實的修道指引。繼續說明圓滿的修行道以前，須先處理一個問題：如來藏是否為永恆不變的實體？這種對真心的說解方式會不會落入梵我思想？阿難也有這個疑惑，他問佛陀：「與先梵志娑毘迦羅所談『冥諦』，及投灰等諸外道種說有『真我』遍滿十方，有何差別？」確實，在思惟理路上有某些相類處。

佛教與外道的最大區別，在於緣起性空的如實觀照，運用語言積極解說「常住真心性淨明體」，是第一義諦，但不能說成與空義相悖。《楞嚴經》卷五偈頌說：「真性有為空，緣生故如幻；無為無起滅，不實如空華。言妄顯諸真，妄真同二妄。」無為的真性與有為的萬象同與空性相應，空的體悟當中無真無妄，是為不了解的人才說真以破妄，若執取有真有妄，二者都是妄想。《楞嚴經》所說的真心體性，應透過無分別、無執著的心境去領會，而非只想用言語思辯的進路去掌握。

依於圓解，起修圓行

有情無盡期地流轉於生死大海，找不到脫離輪迴樊籠的出路，由於不知究竟真實的教理，不識清淨圓明的真心，在修行道路上缺少了正確指引。佛陀告訴阿難：「汝等當知：一切眾生從無始來生死相續，皆由不知常住真心性淨明體，用諸妄想，此想不真，故有輪轉。」不明真心覺性，不知復歸真心，修行一直走在歧路。佛陀演說《楞嚴經》的目的，是為了開眾生的法眼：「吾今為汝建大法幢，亦令十方一切眾生獲妙微密性淨明心，得清淨眼。」開悟心眼所照見的，是本性清淨的明覺真心。了知真心，消解妄心，始能發起真實修行，解決生命存在問題。

如來開示微妙圓明的真理法義，破除修行者的妄想迷執，行者必須在圓妙教理的引導之下修習圓通法門。圓通是說所證性體周遍圓滿，其作用明通無礙；圓通法門意指證入圓通境界的行門。在《楞嚴經》卷五，共有二十五位聲聞尊者與大菩薩講述他們獲證覺悟的圓通法門，包括六塵（色、聲、香、味、觸、法）圓通、五根（眼、鼻、舌、身、意）圓通、六識（眼識、耳識、鼻識、舌識、身識、意識）圓通、七大（地、水、火、風、空、識、根）圓通，及觀世音菩薩的耳根圓通。種種入手的方便處，都在「修習真實圓通，彼等修行實無優劣、前後差別」，同樣導歸圓通境界的體悟。

二十五種圓通法門之中，文殊師利菩薩稱讚觀世音菩薩的耳根圓通最為殊勝。耳根圓通之所以特勝，主要針對娑婆世界人道的特點而說，圓瑛法師《大佛頂首楞嚴經講義》指出：「一、以此方眾生，耳根最利。如文殊選根偈云：『此方真教體，清淨在音聞，欲取三摩提，實以聞中入。』二、因聞佛教示悟圓入一科中，已密選耳根為圓通本根，故引古觀世音佛，教示從聞、思、修法門，正是從耳根下手。三、以阿難偏於多聞，不勤定力，故詳談修證，次第解結之法，令阿難得以就路還家，下偈文云：『將聞持佛佛，何不自聞聞？』是以從容陳述也。」（頁八八二）在這個娑婆世界，人類的耳根最利，其認識能力較不受障礙，所謂「隔垣聽音響，遐邇俱可聞」。加上世人主要依靠語音來溝通思想，佛陀發出法化之音，眾生以耳根聽聞，進而依照所聞教理而思惟、修習。

觀世音菩薩過去從古觀世音佛那裡習得「從聞、思、修入三摩地」的法門，其次第如下：「初於聞中入流亡所，所入既寂，動靜二相了然不生。如是漸增，聞、所聞盡，盡聞不住；覺、所覺空，空覺極圓；空、所空滅，生滅既滅，寂滅現前。」這是極高深的修證體驗，很不容易領會，聖嚴法師做了深入淺出的解說：「觀世音菩薩的耳根圓通修行方法，是耳根不向外聞，而是向內自聞耳根中能聞的聞性，由此做到『動靜二相，了然不生』；這也就是觀察分析世間音聲之虛妄不實，而能不受所動，入於如如不動的大解脫境。不像一般人的耳根是向外分別聲音，以致於受外境例如讚歎或誹謗所動，生起貪瞋愛惡的煩惱，促成殺盜淫妄的惡業，再受輪轉生死的苦報。」（《菩薩行願——觀音、地藏、普賢菩薩法門講記》，頁十七）耳根不再向外馳逐聲音，而是返向內在參究聞性，最後泯絕能聞、所聞的分別，趣入動靜不二的解脫自在境地。

進入真理法流，泯除能所二分，本覺妙心呈現，這種解脫境地是徹上徹下的：「忽然超越世出世間，十方圓明，獲二殊勝：一者，上合十方諸佛本妙覺心，與佛如來同一慈力。二者，下合十方一切六道眾生，與諸眾生同一悲仰。」此時即無如來、菩薩、眾生的分別，體現無緣大慈、同體大悲。體得圓通境界能生發自在無礙的功用：「三十二應入國土身，皆以三昧聞熏聞修無作妙力自在成就。」觀世音菩薩能變現種種應化身救度眾生，即為耳根圓通境界自然展現的廣大妙用，透過音聲來與受苦眾生感通：「由我所得圓通本根，發妙耳門，然後身心微妙含容，遍周法界，能令眾生持我名號，與彼共持六十二恆河沙諸法王子，二人福德正等無異。」契悟圓通者的身心等虛空、遍法界，諸大菩薩與諸佛如來體大用大，所以眾生持念一尊名號與持念無量名號，功德實無差異。

二十五種圓通法門的殿軍是大勢至菩薩的「念佛圓通」，此章被納入「淨土五經」之一。大勢至菩薩教導「都攝六根，淨念相繼得三摩地」的念佛三昧法門，屬於禪觀念佛行法，以期歸於淨土。這種念佛法門的要訣如下：「十方如來憐念眾生如母憶子，若子逃逝，雖憶何為？子若憶母，如母憶時，母子歷生不相違遠。若眾生心憶佛念佛，現前、當來必定見佛，去佛不遠，不假方便，自得心開。」堅持憶念佛陀，念到如子憶母、如母憶子那樣一心相應，進入念佛三昧，自得成就無生法忍。

持戒攝心，修三摩地

圓通境界的體得須仰賴三摩地的修習成就；修習三摩地的基礎在於持戒清淨，佛陀告訴阿難說：「汝常聞我毘奈耶中宣說修行三決定義，所謂：攝心為戒，因戒生定，因定發慧。是則名為三無漏學。」縱然是極高層次的圓通法門，也須以持戒攝心為入手門徑。尤其是在末法時代，離佛日遠，邪師說法此起彼落，佛教行者想要攝持心念以進入禪定，應當「安立道場，遠諸魔事，於菩提心得無退屈」。此事必須從精持戒律開始，否則容易流於邪定。

關於持戒攝心，如來首先教示遠離淫欲心：「我滅度後，末法之中，多此魔民熾盛世間，廣行貪婬，為善知識，令諸眾生落愛見坑，失菩提路。汝教世人修三摩地，先斷心婬，是名如來先佛世尊第一決定清淨明誨。」愛欲是人類世界的大問題，有人貪淫甚重卻偽冒善知識，誤導修行大眾。不斷貪淫心而想成就禪定，如「蒸沙石欲其成飯」，絕無可能；即使習得禪定，亦屬邪定，落入魔道。更甚者，自己尚且會輪轉三惡道，如何引導眾生修行？

其次，應斷除殺害之心：「其心不殺，則不隨其生死相續。」不斷殺害心的人，縱使修得禪定，也落入鬼神道。末法時代鬼神充滿世間，甚至有人傳播「食肉得菩提路」的邪說。此經主張禁斷肉食，說明佛陀時代讓弟子們食用五淨肉，那是如來神力變化所生，未因此而斷絕眾生命根。奈何佛陀入滅後，食眾生肉者還自稱「釋子」。當佛教徒得以自由選擇食物之時，就不宜繼續食肉，因為：「食肉人縱得心開似三摩地，皆大羅剎，報終必沉生死苦海，非佛弟子。如是之人相殺相吞，相食未已，云何是人得出三界？」食肉者難斷殺害之心，增生輪迴業力。不食肉之外，也延伸到不穿戴絲織品及皮製品。

第三是不偷盜，偷盜者就算禪定現前，必落入精靈、妖魅之中，或為精怪所附身。在末法時代許多偽善者宣稱自己修證很高，要他人傾家蕩產供自己享用，這等於是嚴重的偷盜行為。佛教徒應懂得過清貧生活，不貪得非分之財，否則不僅無法進入禪定，將來還須償還宿債業果，遭遇貧窮困乏的處境。

第四是大妄語，所謂：「未得謂得，未證言證。或求世間尊勝第一，謂前人言：我今已得須陀洹果、斯陀含果、阿那含果、阿羅漢道、辟支佛乘、十地、地前諸位菩薩。求彼禮懺，貪其供養。」這種人發心不正，追求名聞利養，缺乏真實體證而虛妄宣稱體悟境地，即使得到三摩地，也是「不得清淨，成愛見魔，失如來種」。在末法時代，真正的修行者與眾生同事同行，讚歎大乘使人獲得利益，終究不自稱我是真菩薩、真阿羅漢。那些宣稱修證境界，輕易向未學者講說如來密因的人，大多是在說大妄語惑亂眾生。

持戒的次第，是先持聲聞戒，後持菩薩清淨律儀。持戒清淨，能引發禪定，趣向聖位的安立：「如是清淨持禁戒人心無貪婬，於外六塵不多流逸。因不流逸，旋元自歸，塵既不緣，根無所偶，反流全一，六用不行。十方國土皎然清淨，譬如琉璃內懸明月。身心快然，妙圓平等，獲大安隱。一切如來密圓淨妙皆現其中，是人即獲無生法忍。從是漸修，隨所發行，安立聖位。」戒行清淨則內心不向外馳騁，不隨從六根的作用，反歸整全不分的圓明真性，因真實定境現前而安立於聖位菩薩道，漸次證入無生法忍。

五陰魔事，善加觀破

最後，經中九、十兩卷論及五十陰魔，是指在修習禪定的過程中，包括色、受、想、行、識五蘊各有十種魔事的現起。修行者若無法正確判斷，以為是了不得的境界，心生執取，即遭受種種魔事的擾亂。這是《楞嚴經》的特殊教法，於其他經典未見如此詳細的解說。如來說此五十陰魔之事，是擔心末世眾生發心不正，修習止、觀時視邪為正，受魔事所誘導：「吾今已說真修行法，汝猶未識修奢摩他、毘婆舍那微細魔事，魔境現前，汝不能識，洗心非正，落於邪見。」修行者除了掌握正確禪修方法，也須對淺陋、偏差的禪觀境界能夠識別。

禪修行者識見不明，群魔就會乘虛而入；若對真實教理與正確禪法了無疑惑，群魔則無可奈何：「成就破亂，由汝心中五陰主人。主人若迷，客得其便。當處禪那，覺悟無惑，則彼魔事無奈汝何。」例如，色蘊中的十種魔事，是禪修過程中現起的形象境界，如：身能出礙、身內透徹、精魂離合、境變佛現、空成寶色、暗中見物、身同草木、遍見無礙、妄見妄聞、妄見妄說等，這些都是暫時現起的虛妄境界，非聖者的如實體證內容，不去執著它們，始能超越這些境界，繼續在修行道上邁進。其他受、想、行、識方面的魔事，《楞嚴經》都有詳述。

《楞嚴經》是一部義理包羅宏富的經典，植基於真心如來藏思想，對佛法修學的各個層面提供指導，從了義的教理、圓通的法門、三學的實修，到禪境的魔事，皆有系統解說，極受中國佛教歷代各宗古德所重視。由於此經所詮說的本覺真心教理與止觀禪修行法相當精深，細加思惟和體會，相信對佛法修學能帶來諸多啟發。

直入佛心的真言道法

——《大日經》導讀

《大日經》，全名《大毘盧遮那成佛神變加持經》，可說目前所見最早使密教理論化、體系化的密續經典（tantra）。此經在漢地的傳譯經過，《開元釋教錄》卷九記載：沙門輸波迦羅（Śubhakara），漢名善無畏，中印度人，釋迦牟尼後裔。過去有沙門無行西遊天竺，學成想歸國，回到北天竺，不幸過世。他所攜帶的梵本受敕迎回中國，收藏於長安華嚴寺。善無畏與其高徒一行在那裡選取數本梵文經典及陀羅尼法門，都是先前未曾翻譯者。唐玄宗開元十二年（七二四）他們隨駕進入洛陽，住錫在大福先寺，善無畏受一行所請漢譯《大毘盧遮那經》。寶月擔任譯語，一行擔任筆受，兼潤色文句。相傳此經完整梵本有十萬頌，現今譯出者不過是取其精華。

《大日經》共七卷三十六品，收於《大正藏》第十八冊。其中，第七卷的五品是善無畏所譯補的此經《供養次第法》，所以經本實際只有六卷三十一品。這部經典是唐密胎藏部的根本經典，另有數部與其搭配的漢譯儀軌典籍；一行為此經撰作《大毘盧遮那成佛經疏》（簡稱《大日經疏》）的二十卷完整註疏，有利弘傳。此經漢譯本經善無畏弟子與入唐僧人傳至韓國和日本，成為日本密宗的重要思想與實踐依據。關於此經提要，蕅益智旭《閱藏知津》卷十一說：「〈入真言門住心品〉第一，祕密主問得一切智方便。佛言：菩提心為因，悲為根本，方便為究竟。及廣釋其義。」第一品是全經義理重心所在，揭示菩提心、大悲、方便三大綱領；第二品開始詳細解說修行儀軌。

菩提自心，本性清淨

密教的教主為毘盧遮那如來（大日如來），為至高唯一的法身佛，一切諸佛均由其佛心所顯現。法身佛理智合一，以其無邊智光遍照一切世界有情。密教的菩提心教理及其修證行法，與顯教之間存在著明顯區別。第一品〈入真言門住心品〉（以下簡稱〈住心品〉）講述密教修行的真理觀與菩提心，及如何進入菩提心，也就是體悟菩提的修習方法。發菩提心是大乘菩薩道的起點，不同於於顯教發起菩提心之後修學真理教法以期達於真實覺證，密教真言道（真言門）發菩提心即是對佛智菩提的悟入。有別於顯教對空性實相的漸次開顯與體悟過程，真言道尋求對圓滿空性真理的直接悟入，頓時照見同於佛心的自心清淨本性。

〈住心品〉是由毘盧遮那如來回應執金剛祕密主（金剛手）的一系列法義提問而帶出深妙教理。核心問題有關如來的一切智智（了知一切的智慧）是：「以何為因？云何為根？云何究竟？」如來首先以「三句」做出總結性的回答：「菩提心為因；悲為根本；方便為究竟。」第一品主要闡釋菩提心的涵義及其悟入途徑。

這個菩提心就是對相應於空性無相的自心清淨本性的如實了悟：「云何菩提？謂如實知自心。祕密主！是阿耨多羅三藐三菩提乃至彼法少分無有可得。何以故？虛空相是。菩提無知解者，亦無開曉。何以故？菩提無相故。祕密主！諸法無相，謂虛空相。」依於無相空觀的智慧心始能進入自心無上菩提的真實體悟。

既然無上菩提是空性無相，無任何一法可得，金剛手又追問：是「誰」在尋求一切智？「誰」修菩提成就正覺？「誰」發起這個一切智智？世尊回覆說：「自心尋求菩提及一切智。何以故？本性清淨故。心不在內，不在外，及兩中間，心不可得。……虛空相心離諸分別、無分別。所以者何？性同虛空，即同於心；性同於心，即同菩提。如是，祕密主！心、虛空界、菩提三種無二。此等悲為根本，方便波羅蜜滿足。是故，祕密主！我說諸法如是，令彼諸菩薩眾菩提心清淨，知識其心。」自心的清淨本性如虛空相，本來不生，超離分別與不分別，即是菩提正覺，無所不知，若明了此義，應當修習無所住著之心，以契悟菩提覺性。了悟此菩提心為無上正覺的內因，尚須仰仗大悲心與密法方便，達於究竟圓滿。

這種直捷了悟清淨自心的淨化菩提心門徑，稱為「初法明道」（最初的法光明之道），是在進入菩薩初地之前的階段。真言道的修習需要此種真理觀作為指引，不然會流於盲修瞎練。安住於「初法明道」以修習密法，不須歷經長久艱苦修行，即可體得除一切蓋障三昧，與諸佛菩薩同住；發起五神通；獲得無量語言音聲陀羅尼；了知一切眾生心念；獲得諸佛加持；處於生死而無染著；為法界眾生而不辭勞倦；成就與安住於無為戒；遠離邪見而通達正見。最後，快速圓證一切佛果功德。

超越凡心，住菩提心

真言道直悟菩提自心以成就如來一切智智的要門，在於如實照見自心的清淨覺性；然而，這種頓時悟入自心菩提的密法道路亦非一蹴可幾，有其從凡入聖的前行方便轉化歷程。執金剛祕密主為此進一步向世尊請問幾個問題：㈠菩提如何在心中生起？㈡由什麼徵相了知已發菩提心？㈢歷經幾個相續而起的心靈轉化階段使此菩提心生起？㈣有哪些必須超越的錯誤心理？㈤體得菩提所需的時間多久？㈥功德的匯聚如何？㈦所做的修行如何？㈧眾生的異熟識心如何？㈨瑜伽行者的特殊心相如何？

世尊首先概述必須排除一百六十種雜染的心理，超越心行戲論，以使廣大功德生起，其性質恆常堅固，這是菩提生起的徵相。菩提如虛空一樣無法衡量、不受汙染、恆常安住，諸法不能使其動搖，本來寂滅與無相。在菩提之中，無量智慧成就，圓滿覺悟呈現。修持真言門的供養儀軌行法（身、口、意供養），如說修行，由此最初生發菩提心。

愚癡凡夫執取自我與我所，繫連於如此的分別心以希求解脫，在菩提心生起之前所歷經的八個心理轉化階段，稱為「世間八心」：㈠愚癡凡夫猶如公羊只想著飲食和愛欲之事，忽然產生持守齋戒的意念，心生歡喜與多次實踐，這是善法的最初萌芽，稱為「種子」。㈡在六齋日時，布施父母、男女親屬，此為第二的「芽種」。㈢更將布施對象擴大到非親非故者，此為第三「苞種」。㈣選擇德行高尚者布施，此為第四「葉種」。㈤以歡喜心布施於具才能者及供養耆年長老，此為第五「花種」。㈥對於前項布施，更以親愛心來恭敬供養，此為第六的「成果」（結果）。㈦持守戒律以期生天，此為第七的「受用種子」（由一種子生眾多果實，果實再生果實）。㈧從善友處聽聞天神教說，非常歡喜，從而虔敬供養，隨順修行，這是愚癡凡夫在生死流轉中尋求遠離恐懼之依止的第八「嬰童心」。在此之上，更有殊勝行，隨順天神教導，安住於殊勝法，生起追求解脫的智慧。只是此階段所隨順的教導仍不離斷見與常見的世間分別計執以理解空，不明真實空義，無由了知涅槃。

接下來講述應當超越的一百六十種雜染心理，經中具體列出六十種心相，包括貪心、無貪心、瞋心、慈心、癡心、智心、……海等心、穴等心、受生心等，經中對各種心相提供簡單定義。這六十種心相可再衍生成一百六十種心相，都為煩惱分別心理，應加以辨識與超離。對於這種種心相，如果能超越世間的粗、細、極細三重妄執，出世間心即可生起。大乘行者以佛果為修證目標，最初層次的出世心雖與聲聞境地齊平，但不墮入聲聞正位。此際的出世心明了唯有五蘊等而無自我，停留於根、境、識實有的觀念而修行，拔除生出十二因緣的業和煩惱及無明種子，脫離各派的錯誤見解。

由此住於五蘊等的出世間心，更有智慧生起，於五蘊等擺脫執取，觀察如聚沫、水泡、芭蕉、幻景、魔術等，而得到解脫，了知蘊、處、界、能執、所執等皆遠離法性，證得寂靜境地。如此了知法無我性（法空），遠離世間八心及業煩惱網，稱為超越第一大阿僧祇劫的瑜祇行（密法修行）。其次，修學大乘行，發起無所緣對象的心（無緣乘心），了知心外無法可得以觀修法無我性，深觀諸蘊的阿賴耶，了知其自性如同幻景、魔術、影子、回音等，捨棄依外境而觀的無我性，照見心體自在，自心本來不生，稱為超越第二大阿僧祇劫的瑜祇行。修行真言道的菩薩行者完全成就於無數劫所積集的無量智慧與方便，超越二乘境地，了知空性超越戲論，無邊無際，至極無自性的心生起，一切諸佛功德依此相續而生；這是真正成佛之因的初心，於業與煩惱解脫而又依於業與煩惱（亦即領悟煩惱即菩提），進入信解行地（菩薩初地之前的階段），觀察菩提心、大悲心、方便心的因、根、究竟三心，及無量波羅蜜多慧、四攝法，獲得進入初地的十心與無邊智慧，如此又超越一大阿僧祇劫。

大乘顯教依循諸蘊性空、唯識無境、中觀離言的次第真理觀行，逐步深化對法空實相的體悟，過程需要漫長的三大阿僧祇劫。真言道憑藉修習身、口、意三密相應的密法方便，得以快速超越三大阿僧祇劫，直接進入初地的如來本地法身體悟。

修行真言門的菩薩行者深入觀察「十緣生句」（十個緣生的譬喻），有助通達真言行及達於親身體證。這十個譬喻是魔術、幻景、夢、影子、乾闥婆城、回音、水中月、水泡、空中花、旋火輪。藉由這十種譬喻通達法界實相的空性與不可思議幻現，以與如來的圓融無礙智境相應。〈住心品〉的最後，說明如此了知大乘、心、無等等、必定、正等覺、漸次大乘生的文句意義，將能具足佛法財富，生起種種大智巧用，及全面了知一切心相。如此則能自己快速達到覺悟，也教化他人使其覺悟。

大悲胎藏，生佛壇城

《大日經》從第二品〈入漫荼羅具緣真言品〉開始（本文「曼陀羅」依原典用「漫荼羅」），講述漫荼羅密法的修持儀軌，比較屬於密教的專門技術層面，是成就佛智慧的捷徑法門。關於「漫荼羅」（maṇḍala，壇城，亦有音譯作「曼荼羅」）的名義，「漫荼」（maṇḍa，精髓）意味著生出諸佛；「羅」（la）意指圓滿、超勝。又出於對無量眾生的悲憫，此經所傳授的漫荼羅在廣義上可用「大悲胎藏生漫荼羅」來總括。這是如來於無量劫積集的無上菩提所加持，因此具足無量功德。這個漫荼羅具有生出諸佛的無上圓滿意涵，依照教法與儀軌精進修持可快速成就佛果功德。

有關漫荼羅壇場的建立，對傳法阿闍梨（上師）所要求的適格條件，包括：發菩提心、具足妙慧與慈悲、廣博通曉種種技能、善修般若波羅蜜多、通達三乘教法、精熟真言的真實意義、了知有情心念、敬信諸佛菩薩、獲得傳教灌頂、善解漫荼羅畫法、性情調柔、遠離我執、確立於真言行、深入瑜伽禪修、安住勇健菩提心。如此的阿闍梨受到諸佛菩薩所讚歎，能承擔起漫荼羅的修行與傳法大任。

阿闍梨若見有人堪為法器，心靈潔淨，具堅定信心，精勤堅毅，總是心念利益他人，如果弟子具備如此特質，阿闍梨應主動向前勸勵，告訴他說：「我將為你這個法器講說大乘佛法的真言道行法，這是過去、未來與現在諸佛所安住者，為眾生帶來利益。這些聖者們了知真言妙法，坐在菩提樹下體得無相的一切智智。真言的力量無與倫比，釋迦族的獅子用以摧毀強大的忿怒魔軍。因此，佛子！你應憑藉如此的智慧，勤行方便使一切智智成就。你應當發起與擴展大悲心。」

真言道法門是三世諸佛都親身修行成就的卓越行法，使學佛大眾於成佛道上有所憑藉。具傳法資格的上師應當主動發掘根機適合者，慈悲地引導與鼓勵他們修學密法。首先要選擇修法的合宜地點，像是山林清淨處的平地，花果充足，流泉怡人；或在有鵝、雁等悠遊的流水處；或在佛陀、緣覺、聲聞弟子曾在之處；及其他的吉祥地點。應當依照規定淨化那個地點，依據慧解而繪製大悲胎藏生漫荼羅，以利益弟子。具體的建立壇場與實修儀軌，可參考經典所述及請教具有傳承專業者，於此不再贅述。

如來智慧境界是離相的、無為的，而真言道的漫荼羅與儀軌是如此形相化，中間落差太大，執金剛祕密主感到疑惑，向世尊請問：「佛法離諸相，法住於法位，所說無譬類，無相無為作。何故大精進，而說此有相，及與真言行，不順法然道？」大精進的世尊為何教導有相的真言道行法？這樣不是不符合法性之道？世尊回應說：「真理之法超離分別及一切妄想，淨除妄想與種種起心動念，我所成就的究竟圓滿覺悟，正如同虛空一樣。這是愚癡凡夫所不知者，而錯誤地執取境界。他們被無明所蒙蔽，追求時間、方位及諸相的萬物起因論。為了度脫他們，而隨順運用這個方便法門。實際上並不存在時間、方位、造作、造作者，一切諸法只安住於實相。」

真言道法門由毘盧遮那佛的覺悟心中流出，雖是有相的，卻與諸法實相全然相應，有效地導向佛陀正覺的體證。此法有別於世間諸相源自無明與貪愛，只會引發煩惱和業力，導向生死果報。在世人深著諸相的生命存在處境，與空性無相的教法不易相應，形相化的漫荼羅及其儀軌，不失為良好的引導方便。

三密相應，速得成就

《大日經》「三句」中的「方便為究竟」，通常理解為身、口、意三密相應的修習行法。善無畏於《大日經》卷七所增補的《供養次第法．持誦法則品》說：「或依彼說異儀軌，或以普通三密門，若能解了旋轉者，諸有所作皆成就。」又一行所撰《大日經疏》卷一說：「入真言門略有三事：一者，身密門；二者，語密門；三者，心密門。……行者以此三方便自淨三業，即為如來三密之所加持，乃至能於此生滿足地波羅密，不復經歷劫數，備修諸對治行。」依三密方便行法清淨身、口、意三業，得到如來三密加持，能於此生快速成就十地波羅蜜行，即身成佛。

密教行法原本多為持誦陀羅尼，後來又有結印法，《大日經》中置入觀想法，具備三密的形態，只是「三密」之詞是由善無畏與一行所提出。此經〈入漫荼羅具緣真言品〉提及「三世無礙智戒」如下：「若族姓子住是戒者，以身、語、意合為一，不作一切諸法。云何為戒？所謂觀察捨於自身，奉獻諸佛菩薩。何以故？若捨自身，則為捨彼三事。云何為三？謂身、語、意。」這是依於平等智慧來修持戒律，則身、口、意即是平等法界，具足一切諸佛律儀，不會違犯任何戒行。無礙智戒如此，三密方便行法亦應具有相類的慧觀意涵。

〈入漫荼羅具緣真言品〉有二處傳授口誦真言及心做觀想的行法。擇取一個吉祥處所整治堅實，取未落地的牛糞與牛尿調合進行塗抹（因牛在印度是神聖動物），念誦一首稱歎一切諸佛平等與清淨的真言加持香水進行灑淨。其次，行者應於心中觀想大日如來坐在白蓮花座，髮髻作為冠帽，全身放出種種色彩的光明；接著觀想四方諸佛的身形與身色，及其他護法神尊，也就是觀想整個漫荼羅。接著，念誦一首稱歎諸佛受一切如來所加持而不動與本性清淨的真言，真言行者發起悲憫心，在西方專心繫念而安睡，思惟菩提心中的清淨無我。於夢中會見到無量大菩薩與諸佛從事種種教化事業；或來勸慰行者，說他應為了眾生而製作漫荼羅，攝受條件具足的弟子，給予灌頂與度化。

〈入漫荼羅具緣真言品〉教導真言教法中各個字母所蘊含的真理法義：「云何真言教法？謂『阿』字門一切諸法本不生故。『迦』字門一切諸法離作業故。『佉』字門一切諸法等虛空不可得故。……『沙』字門一切諸法性鈍故。『娑』字門一切諸法一切諦不可得故。『訶』字門一切諸法因不可得故。」這個真言三昧門是諸佛所開示的最高真實教法，了知此真言教法，觀想各個字母的真理蘊義，可獲得種種悉地（成就），圓滿成就不可思議佛果的願望。

第五品〈世間成就品〉說：「如真言教法，成就於彼果，當字字相應，句句亦如是。作心想念誦，善住一洛叉。初字菩提心，第二名為聲，句想為本尊，而於自處作。第二句當知，即諸佛勝句，行者觀住彼，極圓淨月輪。於中諦誠想，諸字如次第。」這裡可見到應思惟與念誦真言十萬遍（洛叉）；及觀想自己與本尊相合、字母布於心月輪的指引。第九品〈密印品〉舉出各種真言及其相應的密印結法。第十四品〈八字品〉舉出八個真言及其對應的漫荼羅。第十七品〈布字品〉解說如何將三十五個字母分布於身體各個部位的「安布諸字門」；了知這個法門，修持相應，行者成就正覺，心中常具一切智慧法財。

《大日經》詳細講述真言門的真實教理、修法過程的相續心理，及漫荼羅繪製法與修行儀軌，是密教胎藏界的根本經典，為修持真言乘的所依寶典。此經的真理教法精深，密法儀軌更需專業指導，一行參與此經漢譯，所撰《大日經疏》解釋詳盡，是極佳的研修參考文獻。

金剛法界的大曼荼羅

——《金剛頂經》導讀

《金剛頂經》原是梵本十萬頌十八會的通稱，是金剛界密法所依的根本經典。漢譯中並無此經十萬頌的全譯本，而有諸多節譯本，較著名者包括唐代不空所譯《金剛頂一切如來真實攝大乘現證大教王經》三卷；金剛智所譯《金剛頂瑜伽中略出念誦經》四卷；及宋代施護等漢譯的《佛說一切如來真實攝大乘現證三昧大教王經》三十卷。不空譯本相當於十萬頌本初會的初品；金剛智譯本大體為初會略說；施護譯本相當於初會四品的全譯。本文導讀主要依據不空譯本，即簡稱《金剛頂經》，收於《大正藏》第十八冊。

《金剛頂經》的主體內容大分為兩部分：首先，一一舉出從毘盧遮那如來自心中流出的諸佛、金剛薩埵與菩薩等。他們都來集會，形成一個金剛界的大曼荼羅，十方諸佛共同加持，能使一切有情界拔除苦痛，獲得利益與安樂，甚至體得一切如來平等智神境通最勝菩提。其次，解說修持金剛界曼荼羅的具體儀軌，說明想進入的金剛弟子應先發起對一切有情界的拔濟、利益及使其獲得最勝悉地（成就）之心，依照經典所說儀軌如法修持。這部經典主要講述曼荼羅儀軌，較少闡釋佛法真理，屬於密教瑜伽部的體系性儀法密續，對於了解與研修金剛乘密法是最重要的典籍依據。

大日如來，五相成身

《金剛頂經》初會的初品為〈金剛界大曼荼羅廣大儀軌品〉，卷上首先解說普賢大菩薩安住於一切如來心，坐在菩提道場，一切如來為其指導密法及傳授出於自心本性的真言，因而現證自身如來，成為金剛界如來。進而前往須彌盧頂金剛摩尼寶峰樓閣，在諸佛加持與灌頂之下，覺證為毘盧遮那如來（大日如來）；其後，普賢菩薩再由如來心中出來，接受金剛杵，名為金剛手菩薩。整個過程讀來有點繁瑣與費解，卻是了解一切如來心從普賢心生，及從毘盧遮那佛心生出一切諸佛、金剛菩薩及其他護法菩薩，如此的大曼荼羅中諸佛與聖眾一體的重要教示。

在這部經典中，普賢菩薩有個很長的名號「婆伽梵大菩提心普賢大菩薩」，他安住於一切如來心，普賢心即是一切如來心。此時，一切如來遍滿這個佛世界，雲集於一切義成就菩薩（普賢菩薩別名）安坐的菩提道場，示現受用身，告訴他說：「如果不能了知一切如來真實安忍諸難行苦行，如何證得無上正等正覺？」普賢菩薩受此警覺，於是從阿娑頗娜伽三摩地（微細金剛觀）出來，請求諸佛教授如何修行及真實安忍。諸佛指示他應觀察自心三摩地，並傳授一首從自性成就的真言，令普賢菩薩念誦。

普賢菩薩由此觀見自心的清淨月輪相。諸佛告知自性光明如同遍修一切功用，想做什麼都能成就。這時，諸佛為了使普賢菩薩的自性光明心智增盛，又再度傳授一個自性成就真言，使他藉此發起大菩提心。普賢菩薩發起菩提心以後，稟告諸佛：「如同圓滿清淨月輪相，我也如此明了照見自心清淨月輪相。」諸佛進一步教導：「你已發起一切如來普賢心，獲得等同的金剛堅固性，應於自心月輪中思惟金剛杵相。」並再傳授真言。普賢菩薩回覆說已見到月輪中的金剛杵相，一切如來更指示他應堅固一切如來普賢心真實金剛，及傳授一首真言。

這時，遍滿一切虛空界的一切如來的身、語、心金剛界，憑藉一切如來加持力，全部進入薩埵金剛（普賢菩薩同體異名）中。諸佛於是為一切義成就菩薩取祕密名號為「金剛界」，以金剛灌頂法為其灌頂。金剛界菩薩向諸佛說：「我見一切如來身（即）為自身。」諸佛又告訴他說：「薩埵金剛諸相具足，應如理觀察自身佛形相。」再度向他傳授一個自性成就的真言。金剛界菩薩即將現證自身如來，他向一切如來頂禮後，如此說：「希望諸佛世尊加持，使此現證的菩提堅固。」一切如來即進入金剛界如來薩埵金剛身中；在那個剎那，金剛界菩薩進入一切如來平等智三昧耶，現證一切如來法平等智自性清淨，成就一切如來法平等自性光明智藏，圓成如來、應供、正遍知。

那時，諸佛又從一切如來薩埵金剛身中出來，以虛空藏大摩尼寶為其灌頂，使其生出觀自在法智，安立一切如來種種事業。其後，共同前往須彌盧峰頂金剛摩尼寶峰樓閣。這時，金剛界如來得到諸佛加持後，坐在一切如來獅子座上，面向四方。此時，不動如來、寶生如來、觀自在王如來、不空成就如來等，由於釋迦牟尼世尊（即毘盧遮那如來，位於中央）成就一切如來所加持身，於一切平等完全通達，四佛向一切方向普遍觀察，隨四方而安坐。

毘盧遮那如來於一切如來普賢心覺證不久，受一切如來虛空所生大摩尼寶灌頂，得一切如來觀自在法智波羅蜜，於一切如來種種事業不空無礙教中，圓滿事業，圓滿意樂。即進入一切如來普賢摩訶菩提薩埵三昧耶，生出薩埵加持金剛三摩地，名為一切如來大乘現證三昧耶，即是一切如來心，從自心說出真言。剛生出一切如來心時，其中的金剛薩埵普賢菩薩就示現眾多月輪，使一切有情的大菩提心普受淨化後，在一切如來四周安住。從那些月輪又生出一切如來智金剛，即進入毘盧遮那如來心。由於普賢心體的堅固性，在金剛薩埵三摩地中，憑藉一切如來加持，普賢心與金剛智合為一體，其量遍滿虛空，形成五峰光明。

自五峰光明中生出一切如來身、口、心金剛所成的金剛杵相，從一切如來心出來，安住於佛掌中。又從金剛杵現出種種金剛相微妙光明，普遍照耀一切世界。從金剛光明門生出一切世界微塵數量佛身，周遍法界，充滿一切世界；遍證一切如來平等智神境通，發起一切如來大菩提心，成辦種種普賢行，降魔、成道、轉法輪，示現一切如來神通遊戲。由於普賢心體及金剛薩埵三摩地的堅固性，合為一體，生出普賢摩訶菩提薩埵身，安住於毘盧遮那佛心。普賢菩薩說出一首感興頌：「奇妙啊！我普賢的堅固薩埵自然生起；從堅固的本來無身，獲得金剛薩埵身。」

此時，普賢大菩提薩埵身自世尊心中下來，在一切如來前住於月輪中，更請示教令。世尊即進入一切如來智三昧耶的金剛三摩地，以一切如來成就的金剛杵，為普賢大菩薩進行一切如來轉輪王一切佛身寶冠繒綵灌頂，將金剛杵授予其雙手掌中，取名號為「金剛手」，並以金剛手灌頂法為他灌頂。那時，金剛手菩薩左手結高慢印，右手舞動金剛杵，將金剛杵安在自己心間，展現出勇進姿態。

以上的大日如來成佛歷程，密教學人歸納為「五相」成就佛身，不空所譯《金剛頂瑜伽中發阿耨多羅三藐三菩提心論》說：「明五相成身者：一是通達心；二是菩提心；三是金剛心；四是金剛身；五是證無上菩提獲金剛堅固身也。然此五相具備，方成本尊身也。其圓明則普賢身也，亦是普賢心也，與十方諸佛同之。」又不空所譯《金剛頂經瑜伽十八會指歸》說：「五相者，所謂通達本心、修菩提心、成金剛心、證金剛身、佛身圓滿。此則五智通達。」五相的相應段落可自前述經文摘錄中讀出。圓滿的佛身與普賢身、普賢心、十方諸佛為一體交融的關係。

三十七尊，壇場聖眾

《金剛頂經》的金剛界大曼荼羅中，安置了「三十七尊」，即經文中一一介紹的五佛、四波羅蜜菩薩、十六大菩薩、八供養菩薩及四攝菩薩。五佛已於上一節中帶出，此處將介紹其餘三十二尊。經文中出現的順序是十六大菩薩、四波羅蜜菩薩、八供養菩薩、四攝菩薩。這是了解金剛界曼荼羅構成內容的重要資訊。

十六大菩薩是：㈠普賢菩薩，世尊授與金剛杵，名金剛手，依一切如來前方月輪而住。㈡不空王菩薩，授與金剛鉤，名金剛鉤召（金剛召），依一切如來右方月輪而住。㈢摩羅菩薩，授與金剛箭，名金剛弓，依一切如來左方月輪而住。㈣歡喜王菩薩，授與金剛歡喜（金剛戲），名金剛喜，依一切如來後方月輪而住。㈤虛空藏菩薩，授與金剛寶，名金剛藏，依一切如來前方月輪而住。㈥大威光菩薩，授與金剛日，名金剛光，依一切如來右方月輪而住。(七)寶幢菩薩，授與金剛幢，名金剛幢（金剛利），依一切如來左方月輪而住。(八)常喜悅根菩薩，授與金剛笑，名金剛喜（金剛愛），依一切如來後方月輪而住。(九)觀自在菩薩，授與金剛蓮，名金剛眼，依一切如來前方月輪而住。(一〇)曼殊師利菩薩，授與金剛劍，名金剛慧，依一切如來右方月輪而住。(一一)纔發心轉法輪菩薩，授與金剛輪，名金剛場，依一切如來左方月輪而住。(一二)無言菩薩，授與金剛念誦（金剛誦），名金剛語，依一切如來後方月輪而住。(一三)毘首羯磨菩薩，授與金剛羯磨（金剛業），名金剛毘首（金剛巧），依一切如來前方月輪而住。(一四)難敵精進菩薩，授與金剛甲冑（金剛甲），名金剛慈友（金剛勤、金剛護），依一切如來右方月輪而住。(一五)摧（伏）一切魔菩薩，授與金剛牙，名金剛暴怒（金剛忿），依一切如來左方月輪而住。(一六)一切如來拳菩薩，授與金剛縛，名金剛語，依一切如來後方月輪而住。

這十六尊菩薩從毘盧遮那佛心生成的過程，舉不空王菩薩為例：世尊進入不空王大菩薩三昧耶，所生薩埵加持的金剛三摩地名為一切如來鉤召三昧耶，即一切如來心。從自心生出一首真言。剛生出一切如來心時，其中的金剛手菩薩就示現一切如來大鉤。生出後，進入毘盧遮那如來心，合為一體，生出金剛大鉤相，安住佛掌中。從金剛大鉤相現起一切世界微塵數量如來身，召請一切如來平等示現一切佛神通遊戲。由於妙不空王心體及金剛薩埵三摩地的堅固性，合為一體，生出不空王大菩薩身，安住毘盧遮那佛心。不空王大菩薩身從佛心下來，依一切如來右方月輪而安住，又向世尊請問教令。世尊就進入一切如來鉤召三昧耶，為一切有情界鉤召一切如來，使一切有情安樂悅意，甚至使他們獲得一切如來集會加持最勝悉地。然後將金剛鉤授與不空王大菩薩雙手，一切如來為其取名為金剛鉤召。在每一場金剛鉤召灌頂時，金剛鉤召菩薩以金剛鉤來召請一切如來。

其次是四波羅蜜菩薩：(一)不動如來成就毘盧遮那如來一切如來智（大圓鏡智）以後，進入金剛波羅蜜三昧耶，從自心生出真言，此時即現起金剛光明門，生出世尊的持金剛菩薩，示現大金剛杵相，依毘盧遮那如來前方月輪而住。(二)寶生如來成就如來一切如來智（平等性智），進入寶波羅蜜三昧耶，現起寶光明，生出持金剛菩薩，示現大金剛寶相，依毘盧遮那如來右方月輪而住。(三)觀自在王如來（阿彌陀如來）成就如來一切如來智（妙觀察智），進入法波羅蜜三昧耶，現起蓮華光明，生出持金剛菩薩，示現大金剛蓮花相，依毘盧遮那如來後方月輪而住。㈣不空成就如來成就如來一切如來智（成所作智），進入一切波羅蜜（羯磨波羅蜜、業波羅蜜）三昧耶，現起羯磨光明，生出持金剛菩薩，示現大羯磨金剛相，依毘盧遮那如來左方月輪而住。

八供養菩薩（為金剛薩埵女）如下：㈠世尊毘盧遮那進入一切如來適悅供養三昧耶，從自心生出真言，現起金剛印，生成金剛嬉戲天女，依不動如來曼荼羅左方月輪而住。㈡世尊進入一切如來寶鬘灌頂三昧耶，現起大寶印，生成金剛鬘天女，依寶生如來曼荼羅左方月輪而住。㈢世尊進入一切如來歌詠供養三昧耶，現起一切如來法印，生成金剛歌詠天女，依觀自在王如來曼荼羅左方月輪而住。㈣世尊進入一切如來舞供養三昧耶，現起一切如來舞廣大儀，生成金剛舞天女，依不空成就如來曼荼羅左方月輪而住。㈤不動如來為了酬答世尊毘盧遮那，進入一切如來能悅澤三昧耶，以種種燒香供養，生成金剛燒香天女，依世尊金剛摩尼寶峰樓閣一隅左方月輪而住。㈥寶生如來為了酬答世尊，進入寶莊嚴供養三昧耶，以一切花供養，生成金剛華天女，依世尊金剛摩尼寶峰樓閣一隅左方月輪而住。㈦觀自在王如來為了酬答世尊，進入一切如來光明供養三昧耶，以一切光明供養，生成金剛光明天女，依世尊金剛摩尼寶峰樓閣一隅左方月輪而住。㈧不空成就如來為了酬答世尊，進入塗香供養三昧耶，以一切塗香供養，生成金剛塗香天女，依世尊金剛摩尼寶峰樓閣一隅左方月輪而住。

最後，是四攝菩薩，擔當攝引眾生修學密法的大任，包括：㈠世尊毘盧遮那進入一切如來三昧耶鉤三昧耶，現起一切如來一切印眾，生成金剛鉤菩薩，依世尊金剛摩尼寶峰樓閣金剛門中月輪而住。㈡世尊進入一切如來三昧耶的引入摩訶薩埵三昧耶，現起一切如來三昧引入印眾，生成金剛索菩薩，依世尊金剛摩尼寶峰樓閣寶門間月輪而住。㈢世尊進入一切如來三昧耶的鎖大薩埵三昧耶，現起一切如來三昧耶縛印眾，生成金剛鎖菩薩，依世尊金剛摩尼寶峰樓閣法門中月輪而住。㈣世尊進入一切如來遍入大菩薩三昧耶，現起一切如來印主，生成金剛遍入（金剛鈴）菩薩，依世尊金剛摩尼寶峰樓閣羯磨門中月輪而住。

如法修持，三密相應

《金剛頂經》用了三卷中近兩卷的篇幅解說法身佛大日如來的「五相成身」過程，及如來與普賢菩薩的一體融貫，還有三十七尊聖眾自佛心流出的情形，顯示出整個金剛界曼荼羅是大日如來的具現。這是修法者首先應了知的深妙意趣，獲得整體貫通的理解，有利於修習密法時的觀想，及強化對曼荼羅與聖眾神尊的信心。

《金剛頂經》卷中的最後，說明大日如來所示召集一切如來與菩薩集會於曼荼羅，應做金剛彈指相及其相關真言。十方前來集會的諸佛說了一首頌讚：「奇哉大普賢！菩薩之敬儀。是如來輪壇，影現於如來。」反映出「普賢」（普賢心、普賢菩薩）於整體金剛界密法的特殊地位，及揭示這個曼荼羅壇場全是大日如來的影現。接著，講述對於十六位持金剛菩薩的一百零八句讚頌，持誦這些金剛名號以讚歎和祈請，可助益成就金剛灌頂，現證大乘三昧，弘傳微妙密法理趣。最後，解說金剛界曼荼羅的結界方法及其中諸佛與聖眾的布置方式。

此經卷下就是一系列的禮敬與修法儀軌，每個儀式環節都有應念誦的真言，應結的手印，及心中應做的觀想，這些內容在研讀經文之餘，最好請教通曉與精修此經儀法的善知識。修法者必須嫻熟儀軌及專心致志，依法修持，以期達到身、口、意三密相應，圓滿一切願望，快速現證如來智慧。

在進入修法儀軌之初，《金剛頂經》先說明進入此曼荼羅修持密法的金剛弟子應發心願進入無盡有情界，拔濟眾生苦痛，使他們獲得利益與安樂，及令其成就最殊勝悉地。如此始合於大乘菩薩道的精神。攝受有情修學這個密法，不應挑選是法器或非法器，原因何在？如果有情造作重大罪業，進入這個金剛界曼荼羅，可遠離一切惡趣。有情貪求錢財、飲食、愛欲者，憎惡佛法與密法，隨著他們的喜好，進入壇場可滿足其願望。有情愛好歌舞、嬉戲、玩樂器物者，因不了解一切如來大乘現證法性，而進入其他天神崇拜的曼荼羅以尋求滿足願望，執著於導向惡趣的外教壇法，對於一切如來曼荼羅的受學法，畏懼而不敢進入，應當攝受他們進入這個金剛界曼荼羅，受用一切喜悅和安樂，甚至最上悉地亦能成就。

對於修學正法的佛教行者，為了追求無上佛菩提，長久修習一切禪定、解脫、十地等行法，歷經無量無邊的艱苦與勞倦；這一類人如果進入這個金剛界曼荼羅，體得佛果智慧就不致那麼艱難，會快速相應。仰仗這個密法，如來無上菩提尚且不難體得，何況是其餘一切成就法！修習金剛界大曼荼羅，不宜忘失大乘佛法以覺證無上菩提為終極目標，有自覺與覺他的菩薩道實踐要求，結合大乘佛法的真理教導，是修學密法的穩健進路。

參考文獻

太虛大師著：《佛遺教經講要》，收於《太虛大師全書》第三冊，臺北：善導寺佛經流通處，一九八〇年。
印順法師著：《雜阿含經論會編》，臺北：正聞出版社，一九八三年。
印順法師著：《般若經講記》，臺北：正聞出版社，二〇〇〇年。
印順法師著：《印度佛教思想史》，臺北：正聞出版社，一九九三年。
印順法師著：《原始佛教聖典之集成》，臺北：正聞出版社，一九九四年。
印順法師著：《初期大乘佛教之起源與開展》，臺北：正聞出版社，一九九四年。
印順法師著：《成佛之道》（增注本），新竹：正聞出版社，二〇一四年。
印順法師著：《藥師經講記》，新竹：正聞出版社，二〇一四年修訂版。
呂建福釋譯：《大日經》，高雄：佛光文化，一九九七年。

夏金華釋譯：《金剛頂經》，高雄：佛光文化，一九九七年。
陳士強著：《大藏經總目提要・經藏》，上海：上海古籍出版社，二〇〇七年。
黃國清著：《《金剛經》與《藥師經》的當代釋讀》，臺中：高文出版社，二〇二〇年。
湯用彤著：《漢魏兩晉南北朝佛教史》，北京：北京大學出版社，二〇一一年。
圓瑛法師著：《大佛頂首楞嚴經講義》，臺北：佛陀教育基金會，二〇〇八年。
聖嚴法師著，釋常華、葉文可譯：《完全證悟——聖嚴法師說《圓覺經》生活觀》，臺北：法鼓文化，二〇〇六年。
聖嚴法師著：《佛陀遺教——四十二章經、佛遺教經、八大人覺經講記》，臺北：法鼓文化，法鼓全集二〇二〇紀念版。
聖嚴法師著：《福慧自在——金剛經講記與金剛經生活》，臺北：法鼓文化，法鼓全集二〇二〇紀念版。
聖嚴法師著：《心的經典——心經新釋》，臺北：法鼓文化，法鼓全集二〇二〇紀念版。

聖嚴法師著：《修行在紅塵——維摩經六講》，臺北：法鼓文化，法鼓全集二〇二〇紀念版。
聖嚴法師著：《菩薩行願——觀音、地藏、普賢菩薩法門講記》，臺北：法鼓文化，法鼓全集二〇二〇紀念版。
聖嚴法師著：《四十八個願望——無量壽經講記》，臺北：法鼓文化，法鼓全集二〇二〇紀念版。
聖嚴法師著：《自家寶藏——如來藏經語體譯釋》，臺北：法鼓文化，法鼓全集二〇二〇紀念版。
聖嚴法師著：《天台心鑰——教觀綱宗貫註》，臺北：法鼓文化，法鼓全集二〇二〇紀念版。
聖嚴法師著，單德興譯：《禪的智慧——與聖嚴法師心靈對話》，臺北：法鼓文化，二〇二四年。
水野弘元著，劉欣如譯：《佛典成立史》，臺北：東大圖書公司，二〇〇七年修訂二版。

田村芳朗著：《法華經——真理・生命・實踐》，東京：中央公論社，一九八九年。

Conze, Edward. *Selected Saying from the Perfection of Wisdom*. London: Buddhist Society, 1968.

Giebel, Rolf, trans. *The Vairocanābhisaṃbodhi Sutra*. Berkeley: Numata Center for Buddhist Translation and Research, 2006.

Suzuki, T. Daisetz, trans. *The Laṅkāvatara Sūtra: A Mahāyāna Text*. Boulder: Prajñā Press, 1978.

Wayman, Alex & Tajima, Ryujan. *The Enlightenment of Vairocana*. Delhi: Motilal Banarsidass, 1992.

智慧人 57

印度佛教經典一本通

——30本必讀佛經思想入門

All About Indian Buddhist Texts:
An Introduction to the Philosophy of 30 Must Read Buddhist Sutras

著者	黃國清
出版	法鼓文化
總監	釋果賢
總編輯	陳重光
編輯	詹忠謀
封面設計	化外設計
內頁美編	小工
地址	臺北市北投區公館路186號5樓
電話	(02)2893-4646
傳真	(02)2896-0731
網址	http://www.ddc.com.tw
E-mail	market@ddc.com.tw
讀者服務專線	(02)2896-1600
初版一刷	2024年11月
建議售價	新臺幣550元
郵撥帳號	50013371
戶名	財團法人法鼓山文教基金會—法鼓文化
北美經銷處	紐約東初禪寺 Chan Meditation Center (New York, USA) Tel: (718)592-6593 E-mail: chancenter@gmail.com

法鼓文化

國家圖書館出版品預行編目資料

印度佛教經典一本通：30本必讀佛經思想入門 / 黃國清著. -- 初版. -- 臺北市 : 法鼓文化, 2024.11
面； 公分
ISBN 978-626-7345-46-7 (平裝)

1. CST: 佛經

221 113014384